古典文獻研究輯刊

三九編

潘美月・杜潔祥 主編

第 28 冊

《胡廣集》點校(上)

顧寶林 著

國家圖書館出版品預行編目資料

《胡廣集》點校（上）／顧寶林 著 -- 初版 -- 新北市：花木
蘭文化事業有限公司，2024〔民 113〕
序 8+ 目 36+196 面；19×26 公分
（古典文獻研究輯刊 三九編；第 28 冊）
ISBN 978-626-344-948-0（精裝）
1.CST：（明）胡廣 2.CST：明代文學 3.CST：研究考訂
4.CST：傳記
011.08　　　　　　　　　　　　　　　　113009818

ISBN-978-626-344-948-0

古典文獻研究輯刊
三九編　第二八冊　　　　　　ISBN：978-626-344-948-0

《胡廣集》點校（上）

作　　者　顧寶林
主　　編　潘美月、杜潔祥
總 編 輯　杜潔祥
副總編輯　楊嘉樂
編輯主任　許郁翎
編　　輯　潘玟靜、蔡正宣　美術編輯　陳逸婷
出　　版　花木蘭文化事業有限公司
發 行 人　高小娟
聯絡地址　235 新北市中和區中安街七二號十三樓
　　　　　電話：02-2923-1455 ／傳真：02-2923-1452
網　　址　http://www.huamulan.tw 信箱 service@huamulans.com
印　　刷　普羅文化出版廣告事業
初　　版　2024 年 9 月
定　　價　三九編 65 冊（精裝）新台幣 175,000 元　　版權所有 · 請勿翻印

《胡廣集》點校(上)

顧寶林 著

點校者簡介

顧寶林，江西人。博士畢業於中國社科院研究生院。現為井岡山大學人文學院教授、廬陵文化研究中心研究員，主要從事古代文學和江西省地方文化研究。近年來主持完成國家社科基金項目1項、省部級項目多項，在《文學遺產》《文學評論》等刊物發表論文50餘篇，出版專著3部、古籍整理3部，榮獲江西省社科優秀成果獎二等獎3次。兼任中國歐陽修研究會副會長（2017）、江西省文藝學會歐陽修專業委員會副主任（2020）、中國楊萬里研究會常務理事（2017）以及中國詞學研究會和中國文學地理學會理事（2015、2016）等。2016年入選江西省「百千萬人才工程」。

提　　要

　　胡廣（1370～1418），字光大，號晃庵，明吉安府吉水縣大洲村（現江西省吉安市青原區胡家邊村）人。建文二年（1400）庚辰科狀元，明朝初期文學家、內閣首輔，南宋名臣胡銓的十二世孫。著有《胡文穆集》等。

　　本著根據世傳胡廣《胡文穆集》——《四庫全書存目叢書》影印復旦大學藏清乾隆十五年（1750）胡氏後裔張書刻本，對其現存的各類文體1247篇（首）進行標點或對校，並就狀元胡廣的創作、生平、以及相關文化思想進行簡單探討。

項目資助：江西省社科基金重點項目
（編號：21WX02）

乾隆庚午年重鐫

吉水胡文穆先生集

世祿堂藏板

復旦大學圖書館藏清乾隆庚午（十五年）刻本書影

胡文穆公文集二十卷（一）

〔明〕胡廣撰

復旦大學圖書館藏清乾隆十五年刻本

胡文穆先生文集序

夫道莫大於仁論莫定於孔子

余讀明史嘗掩卷三嘆而嘆靖

難諸賢之不浮其平也夫鼎革

之際人所難言若非鼎革

以鼎革應之併欷歔天、

勇功之士蹈海穴山而使父不

浮貽人材于子弟不得受臣工

干兄是五臣不如巢許之高而

微箕不如比干之忠也豈定論

我蓋於胡文穆先生重有感焉

方公之魁多士也在洪武大定

《四庫全書存目叢書》版首頁書影

〔明〕胡廣　撰

胡文穆公文集二十卷

清乾隆十五年胡張書刻本

《明別集叢刊》版據復旦大學藏本影印封面書影

序　言

　　胡廣（1370～1418），一名靖，字光大，號晃庵，明代吉安府吉水縣大洲村（現江西省吉安市青原區胡家邊村）人。明建文二年（1400）庚辰科進士狀元，授翰林院修撰，賜名靖。建文四年（1402）「靖難」之後，改奉朱棣，擢翰林院侍講，進入內閣，改任翰林院侍讀。永樂二年（1404），遷右春坊右庶子。永樂五年（1407），進翰林學士兼左春坊大學士，為內閣首輔。永樂十四年（1416）遷文淵閣大學士、右春坊右庶子兼翰林院侍講。永樂十六年（1418）五月，胡廣卒，時年四十九歲，追贈禮部尚書，諡號文穆。著有《性理大全》七十卷、《胡文穆集》二十卷等。

一

　　胡廣祖籍為明代南直隸應天府上元縣（今江蘇省南京市），「予家自金陵徙吉，於今凡二十餘世」（卷十二《胡氏族譜序》）。盧陵吉州始祖為胡霸，時為南唐吉州刺史。其子勝開始定居盧陵蒝城。其七世祖為南宋名臣、愛國文學家胡銓（1102～1180）。十一世祖敬之徙居吉水大洲（今胡家邊）。十四祖胡元享，元吉，字鼎亨，號鼎峰，生宋咸淳甲戌月日，歿於故元至正辛卯月日。曾祖敬之，宋修職郎、知沅州錄事參軍。祖諱震龍，字啟晦，宋宣義郎、將作監丞。祖崧，字彌高，號貫齋，「博學而志篤，行純而寡言」（卷十四《先曾祖鼎峰先生墓表》《先太父貫齋先生墓表》）。

　　胡廣之父胡壽昌（1333～1378），字子祺，「自小聰慧好學，治《尚書》、習《五經》，凡天文、地理、兵律、曆律，無不精研」（唐富水等《吉水縣人物志》）。在元末明初這個戰亂、動盪的時代，胡壽昌雖有滿腹才華，卻難以施

展，只有將一腔熱情獻於設館辦學。他將自己所居房舍當作書院，取名「長林書屋」，位於村頭，「屋中藏書兩千，弟子數十」（唐富水等《吉水縣人物志》）。胡壽昌不僅致力於教書育人，亦關心政局，心懷百姓，於洪武元年（1368）被選為「州文學」，洪武三年（1370）被薦為文學士，後因辭章修養優異被選為監察御史。胡壽昌多次議論政事，識大體，不久朝廷收復廣西，胡壽昌被授予廣西按察僉事，因政績卓然，改任彭州（現隸屬四川成都）知州。他心懷百姓，廉明勤政，每到之處平反冤獄，銷毀淫祠，又修築墮廢的堤壩，獎勵墾植，使百姓安居樂業，深受百姓愛戴。（參卷十四《先考中憲大夫延平府君贈翰林學士奉政大夫墓表》、袁春梅《胡廣詩歌研究》第 1 章）

胡廣七歲時，其父胡子琪沒於官宦途中：「小子廣生一月，先公宦遊，不幸七年而孤」（卷十四《先考中憲大夫延平府君贈翰林學士奉政大夫墓表》），但父親留下的勤政為民孜孜不倦的形象和深得民心的精神使他終身不忘：

> 先公居鄉黨，治家理官，動必由禮，雖一飯未嘗不敬。對人無疾言遽色，有犯不較。重義樂施，甚於嗜欲。有孤弱者，矜憐扶植，不使失所。故仕宦所至多惠愛，凡有利於民者，盡心竭力，不辭勞瘁。俸入以周賓客，服食無華美，取適可而止。歷官數任，不隨一僕，所處蕭然，無異平時。暇則賦詩，暢懷寄興，高遠胸襟，湛然無所凝滯。與人言，惟以忠孝廉讓、惇厚誠敬為先，故當言路，傾竭不諱。揚歷風紀，持憲公平，典領州郡，盡心撫字。懇懇愛恤，吏感於德，民懷於仁。棄諸孤之日，無一毫長物，惟圖書數卷，遺田園僅可營衣食。有文集、詩集若干卷。

父親的過早離世，促使幼年的胡廣心靈遭受人生第一次重大打擊，好在母親吳氏也是不凡女子，她篤志將胡廣養育成人，「賴太夫人長育教訓」（卷十四《先考中憲大夫延平府君贈翰林學士奉政大夫墓表》）。吳氏，名瑞慶，永新人。外祖師尹，號莘樂先生，元進士，永豐縣丞。吳氏為當地世家官族，家資殷實，自幼接受過良好教育。丈夫胡子琪過世後，吳氏決意接過丈夫的擔子，傾心培育胡廣：「汝無父，吾寧必汝之有成也。」（胡儼《頤庵文選》卷六《故延平知府贈翰林學士胡公宜人吳氏墓誌銘》）在吳氏及叔祖胡子貞等人的督導下，胡廣日益勤奮，好學深思，對待前人著作並不盲從成章，而往往有自己的見解和看法。在鄉先生黃伯器、吳勤、聶鉉等人的教導下，胡廣的學問工夫大有長進。成年之後有游歷川、粵、閩等地，不僅增長見識，還結識不少道

中同仁，這些經歷對他日後成才具有非同一般的影響，尤其是關於科舉道路甚或思想。

二

建文二年（1400），時胡廣三十一歲，以鄉試第二名、會試第八名的成績參加殿試。當年策問「堯舜之世，親則象傲，臣則共鯀之凶」，意在燕王。胡廣對策有道「親藩陸梁，人心搖動」之語，甚合建文帝意，於是擢為進士第一，並被賜名為「靖」，授翰林修撰（黃虞稷《千頃堂書目》卷十）。可惜初登科舉大位的胡廣還來不及大展拳腳，建文四年（1402）「靖難」事變爆發，一心期有所變的胡廣偕解縉等人迎附燕王朱棣即位，改年號永樂。胡廣隨即因迎駕有功，擢為侍講，改侍讀，恢復原名「廣」，時年三十三歲。永樂元年（1403）九月，成祖命胡廣與黃淮、楊士奇、金幼孜、楊榮、胡儼入值文淵閣，賜五品官服。永樂二年（1404）正月，賜二品織金衣；三月，晉封右春坊右庶子，仍兼侍讀學士。永樂四年（1406），進學士兼左春坊大學士、奉政大夫。永樂五年（1407），任《永樂大典》副總裁。（黃佐《翰林記》卷二）由上可見，進入朱棣時代的胡廣，深得成祖寵信器重，仕途一路開掛，不斷擢升。胡廣成了成祖朱棣的股肱之臣，還前後多次扈從出巡出征。

永樂七年（1409）正月，胡廣與諭德楊榮、金幼孜及修撰王英等扈從出巡北京。胡廣有詩云：「曉隨仙仗出時巡，聖主恩深四海春。萬馬薈雲開輦路，六龍扶日度天津。陽和布德初回暖，別苑飛花不動塵。惟羨楊雄能獻賦，卻慚載筆列詞臣。」（卷二十《春日扈從幸北京》）

永樂八年（1410）二月，成祖領兵親征韃靼部，胡廣與楊榮、金幼孜等人同行。《北征錄》記載：

> 永樂八年二月初十日，上親征北虜。是日，駕出德勝門，幼孜
> 與光大胡公由安定門出。兵甲車馬旌旗之盛，耀於川陸。

十月，胡廣與楊榮等人護駕南還，賜鞍馬綿衣袴襪及路費。

永樂十一年（1413）正月，朱棣再次北巡，繼而征北寇，胡廣與楊榮等三人偕修撰王直、梁潛扈從。永樂十二年（1414）三月，朱棣再次親征瓦剌，命胡廣與楊榮、金幼孜於軍中「講析義理，開其聰明」（黃佐《翰林記》卷十五）。《後北征錄》記載：

> 永樂十二年三月十七日庚寅，上躬帥六師，往征瓦剌胡寇答裏
> 巴、馬哈木、太平、把禿孛羅等，馬步官軍凡五十餘萬，予與學士

胡公光大、庶子楊公勉仁偕扈從。

永樂十四年（1415），復扈從南還。是年，胡廣四十七歲，進文淵閣大學士，仍兼左春坊大學士。永樂十五年（1416）三月，朱棣復巡北京，胡廣等人復扈從。

由上可見，胡廣多次追隨扈從朱棣出巡視邊，或北征瓦剌韃靼，足以證明他成了明成祖左右周邊不可或缺的詞臣和親信。解縉亡後，胡廣擔任內閣首輔大學士，對於王朝的建章立制獻言獻策盡職盡責，忠心輔佐永樂君王，內安黎庶，外靖邊患，出力甚多。永樂十六年（1418），胡廣終於積勞成疾。三月因病告假，成祖特命太醫前去診病施藥；可惜藥石無效，五月初八，卒於北京官舍，終年四十九歲。贈禮部尚書，諡號「文穆」。明朝開國後，文臣得諡號，即從胡廣和姚廣孝開始。仁宗即位（1425）後，加贈胡廣為榮祿大夫、少師。同里同僚楊士奇為之撰寫神道碑銘，有云：「太宗皇帝御天下二十有三年，文武之臣各展其才能，達諸事功，若竭誠效力，始終不渝者，其身雖沒，所以寵眷之率有進而不衰，其文臣遭遇之盛者，文淵閣大學士兼左春坊大學士胡公尤著也。」（楊士奇《東里文集》卷二十）

三

胡廣在世較短，四十九年中勤於政事，筆耕不輟，著述頗豐。不僅曾參與《永樂大典》的編撰，並任副總裁，又主編了《太祖實錄》《性理大全》等書。據張廷玉《明史·藝文志》記載，胡廣奉成祖之命修撰的《周易傳義大全》二十四卷、《義例》一卷，《書傳大全》十卷，《詩集傳大全》二十卷，《禮記大全》三十卷，《春秋集傳大全》三十七卷，《四書大全》三十六卷，《文丞相傳》一卷，《性理大全》七十卷，這些義理傳書均收入《四庫全書》，以至於「他主持編輯出版書籍達20075卷，是江西狀元出書最多的一個。」（唐富水等《吉水縣人物志》第一篇《宋朝人物》）

胡廣現存文集創作，主要保留在《胡文穆文集》中，凡二十卷。存世版本僅有復旦大學圖書館藏乾隆十五年（1750）裔孫胡張書刻本，包括各類詩歌八卷、應制詩賦一卷、記序等各體散文七卷、題跋二卷、雜著一卷、扈從詩一卷，其中雜著又有單行本《胡文穆雜著》，《四庫全書》子部小說類收錄。1997年齊魯書社《四庫全書存目叢書》集部28／29冊影印出版復旦大學圖書館藏《胡文穆文集》，2013年黃山書社《明別集叢刊》第1輯28冊據復旦大學圖書館藏本影印出版，這些傳承印影活動多少讓長久淹沒在故紙堆中的胡廣文

集有了新的傳承版本，為後世閱讀、研究胡廣提供了更多的機會。

　　胡廣生前文名影響甚大，個人創作也頗具時代特色，但在明清時代，其文集傳本卻如此稀少，僅有清乾隆年間家刻本傳世。這種寂寥的傳刻局面與大名鼎鼎的大學士胡廣聲名大相徑庭。推其因，大概與胡廣在「靖難」事變中附依朱棣的表現和解縉入罪後，與之解除婚姻的舉動有關。不少後人認為，胡廣作為建文帝狀元，卻在關鍵時候背主求榮，媚事燕王，有失士人節操；而解除與解縉姻親關係則有落井下石之嫌。如查慎行《人海記》卷下有論道：「靖難師至金陵，廣與翰林周公是修，刻其約同死。周既自經，胡負約，與金幼孜、解縉等迎降。艮後竟死節。若廣，所謂有負科名者也。」四庫館臣在遴選刊刻文集時，也因胡廣這一點，導致其文除《雜著》外，其餘皆置之於外而不選：「然公論久定，要非可以他說解也。」

　　客觀而言，胡廣這兩處表現，無論從封建倫理視角還是為人處世角度，做官還是為人，確實是一大污點，即使放置當下，也不宜肯定和提倡。這大概是胡廣文集長久以來不彰的一個原因吧。不過這些並不是禁錮、遮蔽胡廣文學創作的理由，正如現代人言：「在對待著作時，確實不能因人廢言，不然我們就無法正確對待胡廣集中的精華」（彭庭松《內閣首輔胡廣》）。

　　其實，從文史創作而言，《胡文穆文集》別有可取，其文學成就也可圈可點。

　　楊士奇評價道：「其學博究經史百氏，下逮醫卜老釋之說亦皆旁通，而用志性命道德之旨。晚益有造詣，為文援筆立就，頃刻千百言，沛然行雲流水之勢，賦詩取適其性情，近體得盛唐之趣。」（《東里文集》卷十二《故文淵閣大學士兼左春坊大學士贈榮祿大夫少師禮部尚書諡文穆胡公神道碑銘》）

　　同僚金幼孜高度評價胡廣才思，認為胡廣：「雅善筆劄而才思敏速。其為文溫潤典則。每數敕俱下，公索筆一揮，恒數千百言頃刻而就，略無血指汗顏之態。」（《大學士胡公挽詩序》）

　　清乾隆年間，上官謨則認為胡廣文集別有洞天，其文風思韻，可上追司馬遷和歐陽修。他序其文集云：「先生預禁苑，讀秘書，置身清華論思之地十有七年。而又以扈從北征，深入沙漠，一切山川所經，風雨所遇，盡涵濡於得心應手之趣，與夫鳥語卉者，採其奇狀，恣情記臆，時流露於歌思翰墨之餘，而其體格風蘊，類多司馬子長、歐陽文忠之遺意焉。」（《重修胡文穆先生文集序》）

將胡廣文比作司馬遷、歐陽修一類，當有拔高之嫌，然而不予置評而旁落顯然也非公允客觀，其文集中還是不少有思想和藝術價值的。遺憾地是，胡廣沒後六百年來，真正研究其人及文集者寥寥無幾。今世以來，稍有吳琦、龔世豪之《明初江西士大夫仕宦、交遊與鄉邦團體——以胡廣為中心的研究》，唐朝暉、歐陽光之《江西文人群與明初詩文格局》，陳文新、郭皓政之《從狀元文風看明代臺閣體的興衰演變》，曾繁全之《明代江西士大夫群體——以永樂至景泰時期為中心》，鄭禮炬之《明代洪武至正德年間的翰林院與文學》以及袁春梅碩士學位論文《胡廣詩歌研究》等數篇。這種落寞情狀殆與胡廣文集未能整理大有關係。

有鑑於此，筆者不揣才識淺陋，懷抱一顆挖掘鄉賢文集智慧之光的初心，願意為之努力。

四

本次整理點校胡廣文集，即以《四庫全書存目叢書》影印版胡廣文集唯一傳世本——復旦大學圖書館藏清乾隆十五年（1750）胡氏後裔張書所刻《胡文穆公文集》二十卷為底本，其中卷十九《雜著》以文淵閣《四庫全書》版《胡文穆雜著》一卷為校本，其餘各卷，因無比對版本，只能一依張書刻本。

關於點校、出版的幾點說明：

一、本書卷次順序，一依原本不變。

二、所有篇目，均作點讀標記。

三、題目一般不做標點，個別充當小序者外。

四、原文脫落缺字或漫漶不清無法辨識者，一律以「□」代替，不出校注。

五、原文被後世人為塗抹遮蔽者，一律以「■」代替，且在頁腳出具注釋。

六、一些明顯音同形近而錯訛之字，直接修改，不另出校。如卷十八《書嶘子山所書捕蛇者說》：「制行高潔」，當為「志行高潔」；「己」「已」「巳」等易混字，根據上下文直接校訂。等等。

七、古今字，一般換成今代通行字；若無法找到對應今字，則予以保留。

八、衍文逕自刪去，不出具校注。

九、本稿授權花木蘭文化事業有限公司出版，全書以繁體字格式，專用人名、地理名詞，一般保留原文，不做修改；個別文字無法打印出來，姑以文字圖片格式呈現。

古籍整理工作諸多不易，個中甘苦，一言難盡。感謝江西省社科規劃辦和花木蘭文化事業有限公司資助。因學識所限，本書錯誤之處，還請方家、讀者多多批評指正，以待他日修正。

顧寶林

甲辰年春月於廬陵寓所

目次

原　序

胡文穆公先生文集序〔註1〕

夫道莫大於仁，論莫定於孔子。余讀《明史》，嘗掩卷三復，而歎靖難諸賢之不得其平也。夫鼎革之際，人所難言，若非鼎革□□，以鼎革應之，並歎悉天□□□勇功之士，蹈海穴山，而使父不得貽人材於子，弟不得受臣工於兄，是五臣不如巢、許之高，而微、箕不如比干之忠也，豈定論哉？

蓋於胡文穆先生重有感焉。方公之魁多士也，在洪武大定之後，洎乎建文、齊、黃諸人，變更祖制，皆汲汲如狂，而公獨無所建白，得毋有百里奚之見歟？逮永樂而後，初登卿貳，再入奎閣，大文勝籌，迭出不窮，廟堂資其運籌，閭閻受其惠澤，數百年之下，誦其文章，想其風采，休休之度，躍然紙上。偉哉！利濟之仁人乎！或不能無求焉，或又為之。考其日月以辨之，餘皆無取也。孔子之論管仲曰：「如其仁，如其仁」。又曰：「豈若匹夫匹婦之為諒也」，自經於溝瀆而莫之知也。孟子之論百里奚曰：「知虞公之不可諫而去之，知穆公之可與有為而相之。可不謂賢乎？」夫穆公猶可相，而況其子若弟，取若青田阿璟之辮髮，魏國勳戚之閉戶，則士各有志，人各有能，有不能耳，要皆與於仁而用不同者也。方邑諸君子，重輯邑乘日，余持是義久矣。暨書成，公之嗣孫張書等，將重梓公集，而求言於余，余即以是義授之。

乾隆十五年歲次庚午季冬月，關中米嘉績題於文江官衙。

〔註1〕原文後注：芬案：廣名靖，建文二年庚辰科狀元。江西吉水人。本名廣，建文親賜名靖。後仕永樂復名廣。

重修胡文穆先生文集序

《西銘》有之曰：「大臣者，天子之家相也。富貴福澤，將厚吾之生也。」然而席寵位而不疚，負榮名而無忝，則無有學問文章，以永歌太平之盛績，而鼓吹一代之休明，然後垂之史冊而有光，傳之鄉國而可徵。而其為言也，有典有則，是彝是訓，不獨其子若孫，世守寶之，抑將以流傳扮鄉校士大夫之口。有令人頌其詩，讀其書，因以知真為人者，是又俾尚論古人者之一助也。

吾邑文穆胡先生遭遇明時，躬逢聖主，擢甲第，位卿相，生有令名，死有崇諡，可謂前明一代之福人矣。及讀《明史》所載，先生預禁苑，讀秘書，置身清華論思之地十有七年；而又以扈從北征，深入沙漠，一切山川所經，風雨所過，盡涵濡於得心應手之趣。與夫鳥語卉者，採其奇狀，恣情記臆，時流零於歌思翰墨之餘，而其體格風蘊，類多司馬子長、歐陽文忠之遺意焉。蓋天所以篤厚其材，每於功名福澤之中，隱寓有憂戚玉成之道，此古今來克勝大任者，就今富貴素履，末有不動心忍性，以增益其才能者也。

欣逢志書告成之前二年，合邑同志人士，廣求先賢著作。而先生孫嗣赴局繳卷，余翻閱之下，惜其字畫脫落、疑誤，而以及時重鑄為勸。今其令嗣張書君等捐資重修，不數月而工告竣，而又持其卷帖，偕余四第誥，以求弁端於余。余仰慕先生之福澤生榮，所哀為不可及。今捧讀先生之文章，又得窺其學問充積，光輝發越，裨同鄉之來學，竊取其緒餘，將死有私淑於被服澤躬之間者，益歎前人之手澤薪傳，得後人之表彰，重新作與述，蓋兩胥賴也，是不可以不序。

告乾隆十六年辛未孟春月良旦，賜進士出身，原任江南蕪湖縣知縣邑後學上官謨撰。

重修文穆祖集序

吾祖有明大魁，當代祠臣，弱冠入庠序，廿二成狀元，文章彬彬鬱鬱，光朝寧而映龍日。其生平所纂《四書》《五經》《性理大全》及《周易備觀》諸書，當世固已頒行天下，稿存秘府。其他從行吟詠，獻納歌謠，與夫一切承制裁答，應酬時務，有文若干，嗣祖種、積、穗匯而刊刻行世。明末兵焚，集版毀沒，僅有紙刻存留於家，因時際衰微，未獲重鐫。

已巳歲，邑修志乘，需吾祖集入局證佐，自慚祖德深厚，後嗣弗克繼述，而琅玕珠璣，可任其日即消亡乎？且一二姻友，亦收詞勖，因不揣貧乏，謀

為重新記。其原本一十九卷，仍前編定，其屚從詩四小卷，未入卷內。茲將此卷合為一卷，足成二十，其中二次屚從北京、北征，照原分別。吾祖精英，庶幾其與河漢並流矣。但中有殘缺，曾為廣求補葺，一時未獲，俟得原本，原加刊湊，寶氣定光，牛斗明珠，豈或晦暗，祖德自輝，後嗣又何勞乎？今雕鏤告竣，爰立數語，俾知美玉自不磨也。後裔張書等謹識。

　　翰林侍講：男稑暨穆、穗編次；

　　裔孫：張書、經、宗侃、攸援、蘭、德順、兆麟、升、文敏、紹安、宿、宰、宮，重梓；

　　遠孫婿：尹學清對閱；仝弟拜恩，校正。

卷一・古詩

贈別

驅車出郭門，迢迢欲何之。駕言向關隴，指日西北馳。
朝登黃河壖，暮投洛與伊。歷覽有古蹟，馮高多曠辭。
由來賢達人，壯志在四陲。焉能事局促，徒負蓬桑為。
念子本超宕，雅懷良不羈。所希在前轍，離別何足悲。

題悠然樓

高樓對南山，悠然愜陶情。登臨或傷詠，頗覺幽思清。
白雲當戶起，涼飆拂簷空。優哉聊寄傲，孰知趨利名。
睇彼羲皇人，吾心欲何營。

樂清軒

結廬依青嶂，地偏寡塵蹤。山水蘊秀色，花竹清興濃。
白雲來戶牖，爽籟生簾攏。有時把鸞尾，掃石彈絲桐。
音響亦何幽，泠泠間松風。欣言倒玉壺，坐邀明月同。
怡然對茲境，焉知朝市□。滌慮悟至樂，俯仰無終窮。
胡能謝俗鞅，與子期從容。

萋萋庭畔草

萋萋庭畔草，秀色發華滋。涼露淒以零，雖榮不及時。
玄蟬久寂寥，黃鳥向何之。物情有遷謝，四序迭推移。

古來桃李顏，難競松柏姿。蜉蝣不終朝，長生為可期。
誰為賞心者，試用此理推。

贈叔昭南歸

束髮事遊好，攜手念宿情。所居共鄉縣，恩愛猶弟兄。
孰知中道乖，超越萬里程。別離愴衷曲，況乃殊死生。
北風揚沙塵，慘淡連邊城。心逐浮雲馳，淚墜悲茄聲。
還顧思舊交，胡為能合併。飛蓬恨流轉，落葉怨飄零。
君雖阻山海，我懷良不勝。悠悠感孤夢，迢迢渡滄溟。
徒勞傷五內，晤覿曷由憑。回首歲易徂，寒暑坐代更。
陽春昫萬匯，枯朽咸敷榮。游鱗戀舊淵，戢翼思南征。
君來自東夷，歸棹留神京。相見忽如夢，歡戚兩相嬰。
聊沽白門酒，暫向樽前傾。中懷浩難窮，何以慰不平。
且還故里閭，田園葬昔盟。散袟次第收，種菊旦暮成。
誦讀有餘暇，時復事躬耕。臨岐乏瓊玖，寫此送君行。

題畫菜

久諳山野趣，對此興無涯。清味良足惜，故園歸夢賒。
猶憶酌新酒，夜雨宿田家。

題萬伴讀朝陽軒

朝陽麗華采，照子軒窗中。山色翠微入，霞光掩映紅。
仙鶴下碧落，鳴鳳棲梧桐。伊人事芳潔，高才際時雍。

舅氏莊山先生教授開封賦此以別

憶昔初有知，階前拜舅氏。烏髭映朱顏，紅蕖照秋滋。
錦繡羅心胸，虹霓吐浩氣。宦遊三十載，相見各迢遞。
悠悠隔山嶽，往往形夢寐。向來客京華，聚處喜慰意。
白髮已盈顛，青雲遂初志。奚云有別離，中道忽分袂。
未賦渭陽詩，先感濠梁思。當衢聊酌酒，臨岐一灑涕。
豈因晨風發，而使我心噎。人生相見難，飄散亦胡易。
黃葉墮清秋，孤雲倏天際。舉首望嵩高，遊刃有餘地。

尚懷老司馬，周南久留滯。願言善調攝，千金以為質。
永保松柏堅，凌傲霜雪歲。

存耕堂詩

達士洞至理，高曠寄遐思。服力非畎畝，潛心以自治。
仁義乃銍鋤，方寸為鎡基。一息弗苟懈，終日惟孜孜。
播種非秬稷，耘耔不待時。蟊賊莫我蠹，稂莠不吾滋。
既耕斯有獲，所事在謀詒。睇彼昏瞀徒，營營求其私。
倏忽取快足，千載豈能期。良苗攓萌蘗，稊稗菀繁而。
豐穰尚寡獲，歉乏曷由資。擊節歌雨塗，為君寫此詞。

題程節婦卷

結髮誓同穴，百歲以為期。託身在一諾，此情惟心知。
夫君既奄忽，妾生亦何為。飛鳥有比翼，樹木尚連枝。
嗟人秉靈性，胡能乖所持。一死信獨難，義重復奚疑。
茫茫長夜臺，皎皎冰玉姿。相見宛如夢，精魂常倡隨。
高堂有舅姑，不必念孤兒。兒啼不用悲，太史有哀辭。

獨善詩為游達兼賦

為學師聖賢，修道本乎身。窮則獨善己，達則推及人。
所以古先哲，元不羞賤貧。飲水有至樂，悠然見天真。
遊君本曠士，飭躬日循循。好善希往轍，於以求吾仁。
行藏隨所寓，胡能嗟屈伸。勖哉崇明德，永結芝蘭親。

養志齊為徐景高賦

君子在養志，養志本乎心。心既得其正，志則無惉淫。
所以善學者，持志靡奔駸。淡然寡所欲，外物焉能侵。
猗歟南州彥，廳養知所欽。口不嗜邪味，耳不聆哇音。
固執弗苟動，守道甘淪沈。三歎良起敬，載誦君子吟

題畫龍

雲霧起倏忽，滄海浩無垠。飛潛隨所適，變化已如神。

董生妙揮灑，邀得垂胡真。尺素見騰踔，雙影同屈伸。
八埏需霖雨，九夏多疲民。何當注甘澤，大地回陽春。

題鍾孟振望思卷

宦游離鄉縣，邱隴關河隔。二親久云逝，千里空悲惻。
觸目感愁思，臨風念窀穸。人生亦何促，百年如過客。
寒暑逼歲徂，容顏豈金石。嗟子屬望勞，況乃事行役。
馳情苦鬱陶，灑涕長歎惜。

郭氏交翠堂

大樸久飄蕩，至道不復聞。陵夷五季間，頹風日紛紛。
天運有往復，賢達生奇芬。春陵秀南紀，挺生聖者群。
於焉續既絕，乃以宣人文。圖書發幽賾，庭草春自薰。
風月浩無際，此意妙難云。郭氏慕往轍，仰鑽惜寸分。
潛心寡外騖，富貴薄浮雲。交翠以名堂，虛窗少塵氛。
悠然得真樂，流波振奔沄。

立本堂

為學貴立本，立本在乎敬。一心靡他適，萬里皆明淨。
瑩然淡秋水，湛然懸玉鏡。折旋中規矩，耳目慎瞻聽。
持之苟或失，百體靡從令。牽泥於外物，顛倒成眩瞑。
所存者幾希，乃以為厥疾。肖氏邦之彥，好學仰先正。
芸窗事簡編，於以窮性命。永言在戒之，庶幾可齊聖。

題仙石書隱

安逸非所尚，習隱恒自娛。謝茲塵綱羈，愛此泉石居。
開軒無雜言，讀我案頭書。書閒或散步，涉園看嘉蔬。
歸來酌春酒，新月已盈裾。呼童秉華燭，簡編仍可舒。
俯仰思至理，悠然天壤俱。曲肱有其樂，此外復何如。

和畦樂詩

守志弗苟尚，行樂在邱園。方畦五畝餘，晨夕涉其間。
種蔬日已成，荒穢理其蕃。偶然共鄰叟，披草相與言。

但道桑麻長，焉知雨露繁。日入荷鋤歸，乃忘異患乾。
宿鳥投故林，孤雲還暮山。敝廬孰雲卑，床席求自安。
時復一觴酒，且為開心顏！形跡吾何拘，所念非飢寒。
苟謂道在茲，固窮復何歎。

永思堂為蔣院判作

逝川無停流，寒暑曷時已。悲哉父母思，永言亦若爾。
升堂聞氣息，入戶見容止。怳惕春雨濡，悽愴秋霜屨。
有色常在目，有聲不忘耳。所念去者遠，著存則伊邇。
起敬慎夙夜，思成綏孝子。勖哉崇令德，庶幾保終始。

贈別鍾伴讀

戚戚復戚戚，送君遠行遊。遠遊何所適，駕馬古幽州。
侵晨出門去，車馬臨道周。仰視白雲飛，俯瞰滄波流。
雲飛有斂散，水流無時休。君行日已遠，我心胡不憂。
念茲攜手好，況乃為同裘。中懷鬱以紆，斯須且淹留。
安得凌風翼，與子結綢繆。勉旃崇明德，忠藎誠嘉猷。

題陳氏明其明齋

太虛何朗朗，經緯縱以橫。彤霞散綺麗，河漢皎晶熒。
浮雲倏四起，曠野層陰生。瓊霄蔽真體，七耀潛光精。
飆輪忽西來，噓彼昏翳清。於馬復其初，萬象畢以呈。
惟人秉至靈，銀海昭日星。毫末罔不燭，千里可一覰。
或為塵所眯，遂若戶牖扃。泰山雖在前，瞠視有如瞑。
陳君擅奇術，方伎著令名。金鎞妙刮眚，乃能明其明。
我心久疏滌，照見雙瞳青。孟氏有遺訓，了然示徑庭。
苟謂亦若茲，歲晏可同盟。

幽居為劉氏賦

幽民近城府，而無城府跡。耕鑿樂歲時，樵牧共朝夕。
鳥啼芳樹深，犬吠村巷僻。乘閒或杖屨，有酒邀鄰客。
掃石奠醆斝，藉草為茵席。陶然忘外求，所顧非所適。

贈李伯葵先生南歸

一見慰久濶，殊未罄中情。胡為倏分別，百感交縱橫。
異鄉對耆舊，親知念平生。通家貴道義，所欽遺孤撐。
令子尚書郎，粉署蜚英聲。朝聘擯方國，蕭蕭將其誠。
茲來因祿養，匪以徇利名。觀光睹佳麗，樓閣疊飛甍。
康樂愛山水，故園懷宿盟。言歸春載陽，喈喈鳴蒼庚。
冠蓋集衢路，車馬出西城。臨岐一解袂，挈壺聊共傾。
蘭棧沿流去，掛席朔風行。楚川渺空曠，落日漾波明。
願祝加餐飯，旦夕慎修程。我亦理裘褐，扈從向北京。
耿耿高堂思，迢迢重遐徵。但希仁者語，引彀示鵠正。
素心秖為此，曷以釋煩縈。豈謂離易戚，良以會難並。
盤洲金螺側，芙蓉開青並。幽期若可愜，白首同釣耕。

題竹間

屏跡遠塵雜，蕭然坐竹間。靜聽清風起，行招明月還。
幽鳥時一轉，隔林聲關關。對此堪自適，足以怡心顏。
古來賢達士，高舉不可扳。勉旃慎所持，歲久有餘閒。

以扇畫竹石寄子仍

猗猗南山竹，鑿鑿北磵石。堅貞兩相宜，歲久聊共適。
彼美君子人，習靜愛幽僻。託此可同調，霜雪不改色。
嗟哉豔陽姿，華采僅朝夕。煩言慎行持，久矣保貞跡。

題志雅堂

大雅久希聲，清風轉寥寂。斯人尚古道，守志慕往昔。
淫哇雖悅耳，俗好有頗僻。揮手謝時流，取正聊自適。

積雨偶然作

仲秋久淫雨，出門苦泥濘。凝雲濕不開，陰室晝易暝。
飛鴻滯徵羽，林葉落深靚。霏霏日暮看，靄靄夜中聽。
屋溜穿漏隙，欹枕眠無定。起坐視燈花，頹壁污几凳。
舊廬水沒膝，鄰舍蝸滿甔。耿耿望澄霽，忽忽成瞪儜。

吾為語蓐收，農穀已垂稜。毋令禾生耳，早界金氣應。

明當麗晴旭，呼童掃苔徑。把酒邀月明，豁我高秋興。

永樂戊子秋八月十二日，積雨初霽，是夕月色皎然，四無雲翳，予獨坐庭中。時夜將半，童子皆睡，群囂俱寂。階前疏竹，數竿篩影於地，微風動搖，如鸞遊鵠舉，亦奇觀也。因見光景如晝，可以觀書，信手探架上，得《文選》一帙，開卷視之，乃《楚辭・九歌》也。對月朗誦一過，殊覺清興灑然。予惟良宵月明常時固多，然或景與心違，不能取適。夫偶然之遭有可樂者，蓋情與景會故也。遂賦古詩一章，用寫予懷。

微雲斂遙空，皓月升東海。生魄欲成圓，入戶流光彩。

涼飆度疏竹，高樹散餘靄。起坐獨徘徊，空庭延爽塏。

俯仰周八極，豁我中隗磈。聊抽架上書，庶以警愚怠。

開卷得楚辭，幽怨有深慼。託興思美人，馨香貴蘭茝。

高歌聲激烈，林葉忽飄萎。曠懷浩無垠，悠然慕千載。

古來賢達士，芳躅惟長在。勳業須及時，年華不相待。

取樂愜所適，情景多乖倍。星河漸西轉，寒暑易遷改。

此夕足清歡，誰能共瀟灑。

對酒和李白

酒行勿停杯，春光難再來。王母瑤池花，誰見一回開。

煉藥求長生，何如傾尊罍。百年會有期，四序迭相催。

擎劍睇晴昊，清歌凌歊臺。白鷗沒滄波，黃鵠離浮埃。

醉飲寧復辭，懷古興悠哉。

贈人歸吳興

家臨具區藪，門俯雪川澳。滄波渺空闊，秀色見天日。

澄涵水晶宮，滉漾麗晴旭。苔葉綠洄渚，菡萏映深淥。

煙樹淡明滅，岸芝散芬馥。蘭橈罨畫船，簑笠煙波曲。

微茫間島嶼，浩蕩汎鷺鷟。九月炎涼中，輕飆滌煩燠。

馳情戀舊遊，逍遙念往軸。十載住京華，歸興何蹙縮。

曠望白蘋洲，超遙度川陸。東華足良疇，南山有書屋。

故廬成別業，歲久長松竹。桑麻藹芊芊，膏雨既霑霂。
雕胡正可炊，秔稻亦已熟。年豐有餘積，蠶絲盈杼軸。
肥羜速親戚，清觴洽鄰族。蓴葅雜殽俎，鱸鱠切香玉。
於以慰契闊，兼之論昔宿。暫爾就閒居，開軒理葵菊。
對此心頗適，而得遂幽獨。時復登西塞，悠然動遐矚。
去留諒可由，慎勿厭驅逐。鳳臺丹霄迥，重來會當卜。〔註1〕

雨過池上偶然作

雨霽澄夕涼，燕坐臨清池。圓荷泛新綠，芳葵豔華滋。
翻藻見遊魚，隔樹聞鳴雛。屏跡寡塵雜，適興幽景宜。
陶情若有得，吟詠古人詩。懷哉浴沂者，千載乃吾師。

寄外兄王所存

五載不相見，憂思如縷積。若堪付機杼，製錦可千尺。
於此孰云少，而尚累朝夕。茲情諒豈殊，中腸有如擘。
兄弟非他人，焉得比相誠。舊友猶繾綣，骨肉寧不惄。
向聞來京師，扁舟達采石。聚歡在俄頃，歸期忽迫迮。
一笑苦難逢，令我翻不懌。昨者二郎至，拜我臨圖席。
蒙寄尺素書，萬金甚珍惜。開緘喜數誦，宛見真顏色。
置書問二郎，次第到飲食。所欣起居好，但云頭半白。
課兒躬力作，而不廢簡冊。雖居城郭間，卻少市廛跡。
安貧樂有餘，遇事恒懇懇。老兄富道義，賤子拘形役。
相見邈難期，安得有羽翮。南望會昌雲，萬水千山隔。
寄詩道中素，聊以慰所憶。

戊子除夕

冉冉歲雲暮，悠悠予所思。勞生三十九，兀兀強自持。
來者何蹙縮，去者已如馳。但憂道茫昧，豈惜鬢成絲。
剪燭對寒爐，吟詠古人詩。流年歎頗同，所至其猶茲。

〔註1〕吳興山水最為清絕，常欲一遊而不可得。某還吳興，引動余情，因作五言詩一
首為贈，蓋亦想像而賦之者也。然辭非工而意已獨，至某泛大湖之舟，眺天目
之岑，為我擊楫和之。

四十不動心，孟氏千載師。舉杯聊自慰，更闌坐忌疲。

飛鴻蕭徵羽，棲鵲依故枝。物固知節候，人生復奚為。

顧慚淺薄資，登庸際明時。荷蒙寵眷深，天地重恩私。

努力竭忠悃，金石以為期。

樂天詩云「行年三十九，歲暮日斜時」；東坡詩云：「龍鍾三十九，勞生已強半。歲暮日斜時，還為昔人歎。」吾今行年亦三十九，道德日荒於舊學，而事功有愧於古人。叨沭聖恩，深懷感激，因賦此詩用發一歎。

正月十九日，大雪初霽，薄暮獨坐南軒，清興浩發。載酒蹋雪訪士奇楊諭德。及門，士奇亦由雪中訪友歸，顧視大笑。開尊共酌，士奇出先世文翰及《海桑集》並諸先輩詩讀之。每終一篇，輒飲一杯，不覺傾倒。夜久，僕夫告予以三鼓，遂振袂而歸。士奇送出門，同步於雪月之中，如身在瑤臺，超逸世外，自渭茲興不減山陰。惜子猶不見安道，而其樂久有歉於吾二人者，可與知者道也。逐賦此詩，為後日佳話云。

暮色薄西牖，獨坐南軒中。飛雪集瓊瑤，積素晃廉櫳。

對此清興發，思君豁情悰。載酒出門巷，蹋雪如乘空。

故人喜我至，開尊意尤濃。銀燭燦寒輝，嘉殽紛前崇。

示我詩與文，滿帙皆名公。一觴聊一詠，雅頌聲渢渢。

高韻有餘響，何必聆絲桐。勸酬甚真率，好客歡兒童。

夜闌厭僕夫，笑語聒鄰翁。七星低北戶，微月轉朦朧。

揮手一為別，拂袖凌天風。飄然天壤間，此樂將無同。

題子昂畫太白廬山觀瀑

我有千古思，緬懷謫仙人。高才宇宙間，獨立疇與倫。

清風不可攀，海月懸孤耀。自惜魯仲連，倜儻與同調。

向來遊匡廬，遙望瀑布水。銀河幾千尺，瀉落九霄裏。

長吟對五老，彭蠡輕一杯。新詩足奇語，浩蕩發天才。

遂令岩石間，草木有生色。置樓邈難追，孰為躡前跡。

後來趙吳興，雅韻亦絕代。畫筆妙通神，悠然見丰采。

蹇予樸遨輩，謬忝居詞林。撫卷卓遐想，舉首涕雲岑。

題淵明

淵明辭彭澤，種菊柴桑裏。五斗懶折腰，千秋貴青史。

賦詩聊見意，大筆書甲子。浩歌歸去來，知命乃如此。

俯仰羲皇人，高風安可擬。

卷二・古詩

鍾氏琴清軒

　　幽居抱貞素，淡然寡塵想。孤桐絚珠弦，時復激清響。
　　顥氣發西商，空林散餘爽。臨流漱寒玉，開軒坐閒敞。
　　對此怡心神，焉能拘鞅掌。安得拂煩襟，聊共知音賞。

送梁不移還鄉

　　昔年客京華，相歡成旦暮。寒燈照清尊，時復誦佳句。
　　別來倏數載，今日欣良晤。有酒欲共斟，奈此塵鞅致。
　　茲意苦未酬，曷以祛百慮。先生二男兒，兢美文術富。
　　麒麟與鳳凰，翩翩好毛羽。榮身與顯親，祿養足三釜。
　　胡不少躊躇，而乃賦歸去。晴川理舟楫，落日孤雲度。
　　綠渚長新蒲，薰風扇嘉樹。分攜及茲晨，迢遞懷往路。
　　尺咫及鄉閭，西山隔煙霧。抱甕有哇樂，總機狎鷗鷺。
　　高情諒無營，幽棲復何慕。臨別寫贈言，聊以道中素。

題畫扇

　　幽居寡塵雜，抱琴度溪橋。高樹散餘靄，遠岫微雲消。
　　清風生衣裾，行樂自逍遙。

別甥洸

　　爾由蘭林寒，又向宿州去。想見始足慰，相別傷情緒。

爾年將及冠，新詩頗能賦。讀書志求道，非云事章句。
免旃匆怠荒，日月嗟其除。臨行復贈言，耿耿道中素。

樸暗

太素始由質，至味不調和。所貴在淳樸，雕斫胡足多。
末俗委其本，靡靡隨流波。竟為玉楮葉，鋒殺繁莖柯。
焉知造化功，萬物豈鐫磨。藐然智力私，視不一毫加。
惟君雅尚古，厭藻斥彼華。結庵以名樸，守道矢弗過。
而我亦蹇拙，戾世其如何。幸諧心所願，撫缶聊以歌。

感興二首

去者以不返，來者行尚新。萬匯皆本寓，飄若隨車塵。
舜花不度夕，蘼草僅榮春。金石有銷洖，天地亦混淪。
達士洞至微，中懷浩無垠。衰榮固有定，豈用拘常身。
籛鏗與巫咸，孰能識彼真。造化委至和，且復嚅其醇。
對酒會須飲，胡勞役心神。彭澤歸去來，誰為千載人。
仰觀浮雲馳，飄飄隨長風。倏經華嶽西，忽過滄海東。
海水不歸川，華嶽終難移。雲飛無定蹤，聚散焉可期。
君看垂楊柳，結花在條上。一朝相辭去，無情東西蕩。
途泥濺車轍，依託能萬里。偶然尚膠固，永歎弗如彼。
人生百年中，往者今不存。所貴任所適，行止何須論。

野亭春思為寧行人賦

高亭俯林薄，適興閒且幽。窗涵九峰翠，門瞰雙溪流。
日夕此燕坐，怡心亡外求。靜擷孤蘭芳，仰見歸雲浮。
青陽倏推遷，職思良悠悠。不悲時易晚，但苦德罔修。
勗哉在努力，毋徒嗟白頭。

題畫扇

湘靈下瑤浦，乘鸞泛明月。倚曲發清商，涼飆起倏忽。
杪秋霜露降，與君相隔越。離合操不移，失心等堅碣。

謁青陽先生祠

征艫泊修渚，前登皖城隅。曠懷浩無際，弔古重踟躕。
偉哉青陽公，文武足憲謨。搶攘奠南服，勁氣空萬夫。
百戰撫創殘，六載枕戈殳。四郊轉多壘，三復徒上書。
盼窮援兵絕，力竭形勢孤。天步挽不回，已矣夫何如。
慷慨盡一決，取義以捐軀。全家萃忠節，之死失不渝。
精誠懸景耀，赫赫凌蒼虛。綱常振蘠蕩，靡波障奔驅。
褒揚炫汗竹，廟食悠龍舒。大江逝滔滔，令名胥與俱。
祇肅拜英爽，靈飆揚斯須。淒涼西日下，慘淡寒鴟呼。
企矚仰餘烈，攬涕成長籲。媲美巡與遠，千古同馳驅。

以扇寫竹石題寄黃叔昭

明月出滄海，皎皎麗雲端。美人隔千里，共對清光寒。
幽意素有愜，朋情浩漫漫。修竹凌高節，貞石共琅玕。
託此遠相遺，置君懷袖間。卷舒從所適，歲久永為歡。

分韻得門字

玉堂散僝直，向夕出金門。中秋屬良辰，爽籟滌餘煩。
蟾兔浩以盈，皎潔懸崑崙。璿霄斂氛翳，大地邈無垠。
朋儕惜光景，要我開芳尊。張筵近華館，露坐臨西垣。
美實羅榛栗，佳餚列盤餐。飛觴洽四座，高談無雜言。
為茲文酒會，清興靄騰騫。盍簪諒所難，歡聚亦何繁。
悠然愜心賞，此樂失弗諼。吾儕際盛平，感沐君親恩。
流連恒警惕，古道彌自敦。詠歌媲雅什，遺響寧足論。

別太僕寺丞吳鑒

雁飛南雲迥，雪霽居庸碧。長橋度盧溝，征馬憩寒驛。
去程一何遙，離別在旦夕。微忙楚天低，重疊太山隔。
相見歡未央，分攜情轉迫。落日隱高城，暮煙起荒陌。
撫景歲雲徂，懷人念行役。匪茲邀塵鞅，同此宦遊跡。
況爾為舊交，且得論疇昔。信宿邈難期，重來會當適。
孤騫杳莫追，諒靡晨風翮。佇立更斯須，俾我愁成懌。

歲暮東胡祭酒鄒侍講李中允梁修撰許秀才

扈蹕當聖代，驅車遊北京。山川偉雄壯，風景何淒清。
倏忽歲雲暮，飄揚雪紛零。感時適中年，胡為念勞生。
燕坐思朋儕，默默對前□。與君共鄉郡，同宦趨承明。
交深誼轉篤，氣味芝蘭馨。聊持一壺酒，送子當壚傾。
舉杯勿云薄，式以序故情。所欣諸宿歡，嘉會良難並。
侑觴靡珍肴，倚歌有新聲。永言繼伐木，神聽終和平。

北京別家兄

永樂癸巳夏，扈從至北京。迢迢在遠道，戚戚思弟兄。
兄為五湖客，高興凌滄溟。蘭酌玉壺酒，放歌北風行。
超然有曠懷，外物無所嬰。竭來黃金臺，且喜逐合併。
旅寓愧蕭條，風雨似彭城。開甕倒新釀，剪蔬炊糝羹。
千里骨肉聚，百年手足情。苞體詠行葦，急難誦脊令。
聊為十日留，又復向南征。觸熱緣流去，長河水正生。
悠悠指齊魯，何時過江寧。故鄉南斗下，落日白雲橫。
風餐與露宿，尚慎保修程。老親在高堂，八十登耄齡。
倚門旦暮望，憂心亦惸惸。毋為久淹滯，速以達家庭。
甘旨備供奉，緩我愁結縈。廣也身許國，優寵被恩榮。
夙夜圖補報，志在竭忠誠。君親兩難酬，徒此抱怦怦。
老兄稟至性，孝友自天成。勉罄臣子職，努力揚令名。
臨歧豈忍別，佇立以屏營。胸臆寫不盡，相對各吞聲。
後會邈無期，安得如長賡。但願玉山下，白首同躬耕。

為周編修題松雪蘭竹

擷英當擷蘭，種卉須種竹。竹堅君子操，蘭風播芬馥。
蘭竹相因依，結根在磐石。旁有蒼蒼檜，芘蔭好顏色。
幽偏心所擇，貞素乃同德。薰蕕不同處，蘭艾難並陳。
紛紛桃李花，徒自兢芳晨。朝榮豔陽質，莫落車馬塵。
詎知竹與蘭，寂寞空山春。人情翻覆手，古道慨已矣。
孤高遠蘭竹，繁華愛桃李。君看松雪翁，託興正如此。
貴賤慎結交，毋逐頹波靡。

哭鄭博士孟宣

憶昔弱冠初，東遊無諸城。海上望三島，邂逅浮邱生。
撫髀共一笑，意氣五嶽傾。朝登釣龍臺，夜揚岊江舲。
載酒泛月色，鼓枻溯空明。千杯不辭醉，和歌激商聲。
風動林木振，水響魚龍驚。九州耿茫眇，甕甕視入紘。
興酣欲超舉，翻作江上行。便腰虛盤囊，送我過延平。
延平鐔津水，下有龍劍精。揮手招雷華，呼龍借我乘。
歸來耕玉田，坐感歲月更。倏忽易云久，蓬萊見淺清。
歘有紫霞想，相逢在神京。且諧宿所好，而得遂故情。
離合固有定，歡聚良難並。初若匣中物，復為水上萍。
晚承博士命，終欣白髮榮。高尊二戴《禮》，口授伏氏《經》。
草聖軼張旭，雄辭繼長卿。公乎抱令器，模範足儀刑。
云胡溘埃風，飄然上遐徵。學省失知己，舊交無老成。
反骨葬黃壤，淒神向青冥。我聞公訃來，悲感戚不勝。
已咽馬融笛，真草新宮銘。掛劍未有時，致芻心益怦。
寫懷序哀曲，涕淚隕縱橫。

題鍾氏玩藻軒

為士慎所玩，所玩在日新。玩人乃喪德，德孤乃寡隣。
玩物乃喪志，志卑役其身。所以善學者，切近立本根。
孜孜不遑處，於以求吾仁。窮達固有命，良貴不為貧。
操執戒外馳，勉旃在持循。大禹惜寸陰，後來當惜分。
百年寄一生，萬遍祇徒云。軒窗間玩藻，益盍玩典墳。
經訓實菑畬，社稷可饎饋。紛華奚足尚，墾闢慎鋤耕。
作詩以為勵，謬語焉足陳。規言故無詖，請子書諸紳。

貝司業母挽詩

去年我失怙，今歲子喪母。心肝欲迸裂，哀哉共茲苦。
視彼具慶樂，孤生孰印拊。悲聲徹上天，血淚漬下土。
劬勞恩莫酬，銜恤及千古。母氏信令善，伊我誠愧負。
彼蒼浩無極，踽擗誦靡監。拭淚慰所懷，相對益悽楚。

斬馬服麻苴，獨行何踽踽。忍聞烏夜啼，忍見烏反哺。
況忍說烏傷，是子近鄉路。子歸慎卜厝，荷器躬築墓。
莫剪墓門蕀，天天不堪睹。多植墓門松，會成連理樹。
行見巢白鳩，時復遊馴兔。神明眷孝念，休徵應罔迕。
勖哉事顯揚，德業期昭著。永以賁泉臺，前修踵高步。
我言不忍文，嬰憂寫中素。因有淚如河，相隨向南注。

石鼓碑〔註1〕

蒼姬八百籙，中葉適零亂。大道墜文武，冢宰七奭旦。
南征去不返，馬跡志澶漫。匪惠祈招音，幾靡蕭離叛。
厲胡卑王室，卒以召大難。憂傷託苕華，劬勞哀鴻雁。
宣王中興主，修德因癙旱。召虎闢四方，申甫為蕃翰。
外則事攘卻，內以集流散。氣焰日赫霅，事業仍前觀。
才臣頌成功，斫鼓鑿山矸。史籀變蝌斗，刀錐費鐫鑽。
體質自堅確，脫落橫十叚。棄置久岐陽，百戰歷秦漢。
磨劍擊野火，而免為礪碫。斯文固不喪，鬼物為捄扞。
可誦僅數言，字畫亦漫漶。摧殘碧樹枝，交錯珊瑚幹。
浮躁蔽層呉，隱見晨星璨。翳回鸞鳳翥，撲蝶蛟龍斷。
缺裂齧追蠡，偏傍猶點竄。讀籍子詹口，感激昌黎歎。
二公既歌詠，何用一辭贊。至寶重琬琰，九鼎焉足換。
赤刀與天球，已隨塵土爛。幸此偶永存，留為來者看。
移置今□所，蓋覆乃在泮。安能打萬本，家傳作清玩。
詩書備遺逸，考索籍憑按。寄言慎愛護，毋貽後惜惋。

黃金臺〔註2〕

燕昭稱賢王，郭隗豈奇才。一朝師事之，高築黃金臺。
買駿市死骨，將為天下媒。所以戰國士，聞風翕然來。
協謀以伐齊，軍聲訇震雷。幾弘召公業，豈但雪前哈。
達人重道德，貪夫徇貨財。貴瑤賤璞玉，而惜所招乖。

〔註1〕原注：岐陽石鼓，舊在鳳翔，金時移置於此。今在國監文廟戟門下。
〔註2〕原注：按《地志》，黃金臺在易水南，後人因慕其名於燕京重建。此臺在舊城
內，今不存。

末流匹夫諒，致斃良足哀。減減竟何救，一往不復回。
彳亍古城隅，周覽重徘徊。故址久寂寥，野草飛黃埃。
名存跡則泯，華表亦為灰。浩歌眄易水，懷昔思悠哉。

銅馬門〔註3〕

典午遭板蕩，職由清談宗。中原氣隔閡，五胡扇腥風。
步搖鮮卑種，而起為慕容。漸漬企諸夏，遷邑居遼東。
彼哉奕洛環，挺為部落雄。假節以勤王，要拜昌黎公。
覬稱擅權略，嗣有朝鮮封。僭猾本素志，舉表豈丹衷。
謬希魏武跡，馬事齊桓功。谿壑固難滿，匡輔哀無□。
□□□大號，曆數謂在躬。欲廣卷京洛，將俾六合同。
塵□□□□，疇能嬰其鋒。三世一良馬，比擬鮑氏驄。
駿逸有奇相，圖像因鑄銅。雖非大宛種，而異漢武蹤。
置之薊城門，勒銘期無窮。象成馬竟死，齧臂怒季龍。
虐嫗賊勳德，胤暗材凡庸。天命實難諶，王業弗克終。
戰馬入西關，銅馬□□□。虜運靡百年，往跡久已空。
但遺舊時名，無復鄴瑩宮。惟有玉泉水，曾見洗風鬉。

憫忠閣〔註4〕

煬帝征高麗，三駕骨已疲。文皇自神智，奈何蹈亡隋。
英主固好事，武功欲窮奇。志圖拓疆場，豈在莫離支。
六軍度遼澤，萬乘親乘危。雨雪載饑渴，士卒多尪羸。
攻城與野戰，千里橫積屍。本欲舉弔伐，而乃成敝靡。
始者葬朽骨，晚節久爾為。雖能降耨薩，焉足賞費□。
決勝誇老人，僅可詫東夷。一將譏魏武，吒劍亦已卑。
世□□□□，遂良陳忠□。黑白諒昭□，誠復誠□龜。
□□□□□，知復昭班師。不售臨終言，卻樹已僕碑。
歸來柳□□，□□悔何追。憤恥昧燕翼，結纓詒俊來。

〔註3〕原注：在舊城東南隅，慕容□有名馬，至慕容俊時猶存。□□□□□□□□
　　　門因名曰銅馬。
〔註4〕原注：唐太宗貞觀九年、高宗上元二年，憫征遼將士沒於戎事，卜地將建寺為
　　　之薦福；則天萬歲通天元年，追感二帝先志為創是閣。

搏擊幾二紀，固隙乃平之。掊克困中原，乾鈞懸一絲。
嗟人既云亡，邦國胥殄襄。既有傷玄感，誰為來護兒。
隋唐本一轍，得失差毫釐。武氏啟同號，惻愴二帝思。
承志建高閣，為思徼福禔。煌煌憫忠額，雖恤竟何裨。
茫忙異域魂，永作長夜悲。燐火招不回，遙隔滄海涯。
滄海填精衛，茲閣行見墮。故址蔓草莽，徒為百世嗤。
俯仰增慨歎，式以賦此詩。鄙辭誠見縷，聊為前事規。

文丞相祠 〔註5〕

丞相生異質，挺特真天人。勁氣薄宵漢，國亡以軀徇。
方當橫犇日，盡瘁任艱幸。上書抗旨言，屢欲斬賊臣。
迴翔沮孟蠱，素抱鬱難伸。大事已云徂，乃付乘軸鈞。
降表夜竊出，六宮竟蒙塵。嗟彼賣國者，致公何狡兔。
萬死出虎口，努力支蒼旻。崎嶇走領海，顛沛念君親。
鞠旅以勤王，臨危焉顧身。要俾將墜緒，再蘇垂絕晨。
徒手格猛獸，胡馬正駪駪。勢窮猝被執，誓死以成仁。
甚貴景輿膝，豈憚弘範嗔。悵望零丁洋，欲濟迷遠津。
天高憐戢翼，水涸悲縱鱗。羈縲詎遑恤，犴獄經數春。
采薇恥食粟，泳歌傷獲麟。從容以就義，慷慨怒目瞋。
辯論詞不屈，萬聲若霆震。聞者皆吐舌，為公卻逡巡。
宋無不道君，而無可弔民。大命屬更革，皇路哀沉湮。
速死乃甘分，苟生鄙胡蟓。所學希聖賢，臨死載書紳。
使公死仰藥，雖忠徒荊榛。使公死絕粒，雖義徒江濱。
天以公報宋，也以全公純。良金堅百鍊，美玉燦璘霦。
先明暴天下，萬古終寡隣。道增名教重，志競日月新。
煌煌忠節傅，每讀必沾巾。公胡歸帝鄉，箕尾騎公神。
在地為河嶽，在天為星辰。陟降在帝旁，為雨為風雲。
豐年生百穀，室家咸溱溱。聖明啟隆連，褒典昭儀文。
祠廟學宮傍，歲時肅嘗禋，重為事君勸，永以敦彝倫。

〔註5〕原注：在府學文廟旁，每歲仲春祀以一豕。

居庸疊翠〔註6〕

居庸太古秀，倉翠排雲浮。連峰天半出，佳氣無時休。
青林密掩靄，素壁常不秋。勢橫五嶽高，下戴六鼇幽。
塵沙隔荒幕，根抵蟠中州。俯視平原藐，回遏滄海流。
磅礴跨鴻蒙，微茫入冥搜。奔崖飛鳥怯，絕澗窮猿愁。
風雷隱繆窈，煙嵐翳巖籟。翁匈但一色，遠睇決凝眸。
屩從恒經覽，超舉凌上頭。□□躡丹梯，□若乘空遊。
坐看陰陽變，倏暢忽已摯。軒豁露端倪，曠望入極周。
東顧蓬萊山，西指崑崙邱。縹緲瓊瑤闕，逶迤十二樓。
大哉霄壤內，名勝不易求。惟天作佳麗，何必論十洲。
長城壯神京，豐水詒嘉謀。聖圖鞏磐石，萬世固金甌。

瓊島春雲

瓊島蘊靈異，噓氣成浮雲。迎日出海嶠，作瑞來禁垣。
非煙亦非霧，為需更為氛。飄飄呈五彩，或或砌龍文。
拂樹陰醃靄，羃花暖氲氳。流光散晴霞，晚色映餘曛。
嵌巖忿棲宿，石角難鈎援。或依金銀闕，間隨鸞鶴群。
從類各有合，翕張固無繹。近水清見影，匝地濕留痕。
有時彌遙空，施雨被八垠。乘風起倏忽，礙車激頹輪。
真宰撤豐陸，翻驅雷電奔。山川變晦冥，車木滋華黃。
沾濡既已足，下隰無高原。八方斂膚寸，太虛朗崑崙。
神化不可測，出入無窮門。於時韞天用，豈比徒紛紜。
豐年介黍稷，永以粒烝民。油然慰所望，下土咸蒙恩。

太液晴波

靈湫出無底，萬頃漾寒碧。澄陰涵太虛，晨光濯陽魄。
沉浸匪旦暮，由來自開闢。幽深閉真源，決潾浮地脈。
坤維厭混範，窮探杳難測。其上接銀潢，其下通碣石。
天池應青冥，滄海終不隔。龜魚咂雕琢，神物茲窟宅。
氣清秋宇高，玉鏡靚如拭。朗然洞罔象，可以鑒至賾。

〔註6〕原注：後北京八景。

微風漸飄揚，靜體隨動激。輕盈蹙簟紋，瀲灔皺衣襀。
平搖煙樹綠，細蕩水花白。至文生所遇，聲息了無跡。
幾度從宸遊，於焉得良覿。優游羨鱗鳥，蕭散忘魯戈。
同此感至仁，兼俾性情適。河潤僅九里，沾濡耿何極。
一勺瀉天瓢，四海俱承澤。徒說漢蓬萊，敢冀今太液。

玉泉垂虹

昔遊五華山，更登玉泉峰。飄飄凌紫煙，冉冉隨飛龍。
探奇歷仙洞，訪古追鴻蒙。下見玉泉流，感沸靈穴通。
乘風濯素練，暎日垂長虹。喧豗沖石礴，瑩澈涵虛空。
噴沫灑晴雨，傾厓漱高松。逶迤轉平陸，遇塹還沖瀜。
積漲蹙行潦，群川疾會同。齧沙坼欹岸，赴海逾溝封。
杪秋霜露降，灝氣澄陰雰。清泠見豪發，遊沫數鰒鱐。
含星拱太微，照月昇天東。曉迎河漢落，暮浴霞光紅。
與物淡無期，形影託至公。翻然究易畫，取象以養家。
徂源尋往迦，疇能作聖功。昭代復玄化，以道協民中。
經始作□沼，泳歌樂辟雍。萬方皆育德，大雅回淳風。

薊門煙樹

驅馬出薊門，遙望薊邱路。路傍饒古磧，藹藹多嘉樹。
空蒙見畫圖，慘淡入煙霧。參天閉黛色，引吹曳練素。
但聞幽鳥啼，不見飛鳶渡。崔巍隱樓閣，蒼莽隔烽戍。
瞪迷重關迥，坐恐白日暮。緋桃暗著花，垂柳低黏絮。
粉榆翳菴□，松栢凝陰沍。青簾蔽酒家，遠市籠菜務。
嗟予契幽寂，屢與佳境遇。冥搜寄曠懷，取適愜中素。
笙竽發靈籟，聽之得真趣。清賞邈再期，欲往且復駐。
夕陽下城闉，歸馬數回顧。喬林間翁蔚，呵禁神明護。
中藏琴瑟材，亦有棟樑具。可以柱岩廊，兼足諧韶護。
剪伐遠斧斤，滋息蒙雨露。積儲備所需，一一中繩度。

西山霽雪

西山幾千仞，浮雲上繆繞。綿亙出海壖，蒼翠落宮沼。

寒風吹朔雪，飄飄集巒嶠。瓊瑤閉嵌岩，琪花綴林杪。
篝空素屏列，瑩壁凝華嶠。層巔失崷崒，焉能辨宸窅。
日晴色更睍，月出影逾皎。朗然洞毫髮，一舉即可了。
東挹岱宗青，下瞰滄溟潎。氣凌□門迥，凍合渾河小。
□盛百萬家，因得供遠眺。開窗封玉岑，凝睇入孤島。
由來城郭中，奇觀固云少。便當跨黃鵠，飛覽窮幽藐。
探索陰陽秘，蕩豁心目了。勢雄虎豹蹲，騰躍蛟龍矯。
惟天壯神京，萬世從茲肇。皇德協重華，光輝被四表。
大明麗霄漢，普照天下曉。豐穰自年年，顯徵預為兆。

盧溝曉月

曙月臨西崦，委照下層霄。澄暉染乾水，滉漾盧溝橋。
明沙積渚雪，翻波接海潮。殘星伴孤落，斷河橫相邀。
素娥濯玉鏡，欲俾蟾免漂。露彩凝兼葭，霜華映翹饒。
寒鞠散餘芳，脫葉紛辭條。晨光入熹微，野色薄山椒。
茅店促雞鳴，煙火生市囂。疏鐘動僧寂，清笳送鶴遙。
行人催早發，秣馬風蕭蕭。悠悠駕言邁，載驅振鸞鑣。
縞鶴麗修影，翩翩來沉寥。上有羽衣客，云是王子喬。
翱翔碧雲裏，嗚嗚吹洞簫。我欲與之遊，舉手不可招。
來去謁太清，天衢复迢迢。閶闔啟九重，群佩森以朝。
大樂奏廣庭，希聲度咸韶。文軌萬方會，垂拱同軒堯。

金臺夕照

夕陽下遙巚，回耀憑川陵。寂寂黃金臺，中蘊千古情。
遺扯述舊觀，廢郭存古名。寒鴉向林飛，饑鼠出穴鳴。
高壟散牛羊，小徑樵牧行。繁華水東流，芳草春自生。
惟有夕照來，還滋燒痕青。弔古懷昔人，築宮招賢英。
千金賣駿骨，□隗揚先聲。遂俾戰國士，奔走趨膻腥。
攘臂立功業，掉舌談從橫。暫時勢利合，焉與安危並。
一朝風雲散，滅沒同秋螢。往事付感慨，悠然望青冥。
會當鏟陳跡，庶以解盱衡。聖皇撫靈運，穆卜建鎬京。

禮樂興文治，漸被周八紘。皋夔與稷卨，濟濟登朝廷。
君臣道相契，皇網肅以宏。中天昭日月，萬古仰大明。

芳洲春草〔註7〕

芳洲倚江滋，彌彌水縈抱。地偏行跡稀，物榮覺春早。
和風扇淑氣，駘蕩滋青草。根荄託吹欨，披芭賁華藻。
芊芊成薈蔚，藿藿敷蓁葆。荒畦帶煙秀，小圃迷行道。
雖無五畝園，生意亦自好。中歲聊荷鋤，屏居事幽討。
鄰里或相親，門徑寂如掃。有時藉豐茸，一壺獨傾倒。
興酣歌古調，悠然望窮昊。折條驅牛羊，臨流一曳鴞。
勞形若有役，糗糒忘饑飽。日斜枕肱臥，屢空靡憂惱。
所幸遇羲皇，優游樂熙皞。聲名有餘貴，懷賤以為寶。
顧此芬芳姿，惕厲恒自保。但恐霜霰零，蕭瑟委枯槁。
願言當慎持，寸心答鴻造。

竹塢雲林

種竹繞門巷，歲久還成塢。高林翠連雲，茂樹陰欲雨。
開軒陰夕涼，荷風散微暑。習靜厭物喧，幽鳥啼當戶。
嚶嚶聲韻和，彈琴聊和汝。豈伊求友心，而樂此焉處。
欣然若有託，終日為儔侶。一朝忽分飛，各自理毛羽。
翩翩棲上林，飲啄因得所。相隨九包鳳，作瑞符明主。
時清世運泰，文采天下睹。回首望故林，還應憶貧窶。

滄江煙雨

滄江渺千里，煙雨時溟溟。瀟瀟迷枉渚，漠漠隔遙汀。
空蒙翳浦樹，黯靉連林坰。扁舟垂釣者，披蓑入津綱。
不辨山水色，但聞擊榜聲。飄飄狎鷗鳥，汎汎竟何營。
我居正相近，式以諧幽情。彼姑食所力，我亦事躬耕。
帶煙引瓜苗，冒雨理蔓菁。非徒備衣食，亦以養性靈。
怡然忘外慮，且復究遺經。仲尼既已遠，微言誰為呈。

〔註7〕原注：山居八景。

君子道固窮，豈用驚賤榮。向來辭草莽，忝竊趨承明。
晨煙排瑣闥，夜雨聆禁鐘。叨恩罔由報，夙夕惟怦怦。
永言堅宿志，無以崇令名。

天玉泉石

峨峨天玉山，上有仙人居。境偏眾囂寂，其下是吾廬。
盤澗多奇石，泉沃壤膏腴。鞭牛自耕種，日旰尚犁鋤。
朝出暮還家，向曙復如初。但望稼穡成，焉惜勞微軀。
豈不見古人，服力尚勤渠。秋至百穀登，禾黍盈村墟。
鳥雀亦自得，人心固欣如。東鄰新釀熟，招邀酌園蔬。
勸酬意真率，一飲連數壺。不覺頹然醉，枕石臥將晡。
醒來浴清流，乘風詠歸歟。襟懷淡無營，聊誦架上書。
懶學巢居子，願作希顏徒。謀生豈在多，簞瓢顧有餘。
竭來謁金門，翰墨冒虛譽。名實兩難稱，何以厲迂疏。
素心正耿耿，懷昔惟慎諸。

石屋晴瀾

家鄰石屋邊，門對章江流。危幾障回瀾，翻濤拍空浮。
上有百仞山，下有千丈湫。蜿蜒茲窟宅，魚鱉從戲遊。
西溪舊釣徒，要我乘漁舟。鼓枻共觀瀾，吹簫坐兩頭。
取樂在適興，垂綸繫直鉤。歸來對妻子，不復知戚憂。
顧無儋石儲，安用今古愁。翩翩五陵兒，富盛儗公侯。
白馬絡金羈，意氣軼道周。一朝豪華盡，名蹟委荒邱。
衰榮哂舜花，生死齊蜉蝣。焉知貧賤者，汲汲惟道謀。
所以千載下，獨貴魯黔婁。予生際盛時，學疏仕則憂。
樸愚兼戇昧，所慎厥身修。但恐逐物遷，當循初志求。

螺岡夕照

螺岡西南峙，夕陽薄其陰。回光照墟落，耀我門前林。
黃葉影紛披，籬菊粲垂金。漁舟歸遠浦，雲木下棲禽。
蒹葭水霧起，網罟滄洲深。樵牧望暝煙，鄰舍動寒砧。
徒倚出柴關，蕭條眄嶔崟。行歌聊拾薪，得酒時復斟。

高齋坐寥寂，捫撫陶令琴。琴中有真趣，此外亡知音。
因之養性情，淡然抱沖襟。憂樂兩不干，焉用究升沉。
一生固貧賤，豈謂遽至今。本儗形同化，乃為名蹟侵。
曠古多賢達，俛仰夙所欽。萊蕪有塵甑，公孫甘布衾。
守道貴蠱虛，允契向來心。常情易安肆，撫景賦為箴。

墨潭秋月

墨潭清見底，澄映天一色。明月海上來，光輝漾秋碧。
川平波浪靜，浦潤漁火聞。近巘倒涵青，遠郭遙帶白。
放艦恒近遊，愛此佳景夕。不見乘槎人，或逢賣綃客。
河漢諒可尊，一木終難隔。孤生本微賤，棲息託藪澤。
於焉愜幽賞，敢儗即官跡。達士萬古心，焉知為形役。
宵分轉蘭棹，江皋影寥寂。縞鶴忽飛來，別激聞吹笛。
幽壑度餘響，高林露珠滴。蟾兔有朒盈，疇能固陰魄。
羿姬竊靈藥，未解療虧蝕。大化竟範茫，斯理蘊至賾。
北斗漸西斜，唯舟歌岸側。刈蘆聊作薪，喚婦起炊淅。
舉岸希德耀，亦以事筐績。遼遼貧賤心，窹寐懷怵惕。

芙蓉寒雪

參差芙蓉峰，秀色五千丈。四時常青青，煙雲自來往。
寒風變凝沍，飛雪集其上。巖龕炫璀璨，草木渝莽蒼。
清晨啟柴扉，映我窗戶朗。茅庵洞虛寂，豁落挹暉晃。
忽動緣蘿輿，著屐尋幽賞。空山四無人，惟聞伐木響。
搴裳以即之，顧我若惘惘。偃蹇對松柏，退心隔霄壤。
置斧聊與言，掃石坐閒敞。高談太古前，歷歷如指掌。
超然道德論，令我中憖悅。日晏負薪還，我愧寔泚顙。
南鄰有賃舂，北渚多漁網。生涯各經營，胡能獨肮髒。
誓將窮歲年，託跡終嶜嵤。努力登險阻，滌慮絕塵想。
一入金馬門，致身轉蕭爽。補報乏才猷，抱拙焉所倣。
周防慎檢束，從欲易流蕩。耿介企前修，操持在勉疆。

卷三・古風

到長風沙

我乘浮雲朝帝闕，萬里空江夜飛雪。絕似王猷泛剡溪，興闌欸乃驚離別。匡廬之仙，恍惚遙相迎，瓊樓十二彷彿如玉京。湖旁一覽看不足，放歌一曲升天行。便向小孤沽美酒，船頭坐酌，千杯不停手。卻憶當年李謫仙，詩賦百篇傾一斗。酒酣感慨休歎嗟，古來賢達四海皆為家。莫說舒城久留滯，晚晴喜到長風沙。

池口阻風

避風貴池口，維纜臨洲渚。白浪如山卷雪花，黑雲挼地飛陰雨。此時魚龍爭沒浮，江翻石裂無安流。馮夷擊鼓怒黿吼，恍惚可以追冥搜，須更雲散風亦息。將船買酒澆胸臆，鮮魚雖得豈論錢。從飲高歌忘寥寂，便覺紅光添入顏。推窗且看池陽山，九華濕翠杯中墮，對此奚用論間關。尊前揮手道知己，何須嗟歎徒為爾。青霄有路待我來，明日掏風欸千里。

繁昌夾值風

繁昌夾前風，阻客逆浪，牽舟滯行色。坐數歸船疾如箭，俄頃飛恍望中沒。我非尋常流浪人，等閒不遇銜悲辛。讀書學得萬人敵，直將富貴輕埃塵。君不見，當壚逸才題駟馬，不如安石濟天下。古來豪傑為時出，肯逐青牛度關者。丁寧北風且少停，會看一舉登玉京。未把升沉問詹尹，欲共莊周論達生。不須對此歎坎坷，世事到頭俱瑣瑣。功成拂衣歸去來，依舊東山日高臥。

采石述懷

我生厭局促，江海忘奔馳。扁舟薄暮過采石，仙人招我登蛾眉。蛾眉亭前波浩渺，百尺懸崖俯飛鳥。三山潮到浪欲平，明月時來漾珠小。錦袍公子李謫仙，騎鯨一去經千年，作詩往有三百篇。上追風雅同流傳，卻向此中看月色，翻身跳入龍宮眠。纖塵不染骨已蛻，空餘荒塚埋雲煙。便呼斗酒酹江水，再起共乘墳下船。將攜兩妓歌扣舷，玉簫吹斷催繁絃。世上黃金不如土，取醉何須論十千。悠然懷古思莫極，留得青山似相識。旁人訝我酒家仙，亦有從前好詩癖。夜闌慷慨曲未終，起舞拂袖來天風。朝雞促報東方曙，放手但覺金尊空。君不見，摩娑銅狄徒搔首，今古英雄歸一朽。虛名落在宇宙間，惟有文章可長久。

題脊令圖贈鄧給事乃兄還鄉

枯荷倒蘸橫塘水，脊令飛來秋風起。獨立蒼茫有所思，遙望天邊五雲裏。五雲深處蓬萊宮，卿家難弟早從龍。一經別後倏三載，扁舟歲暮來江東。朔風吹寒雪花落，壚頭新醅可同酌。客舍怡怡骨肉情，眼前暫慰忘蕭索。春風欲動花雨微，布帆又向南湖歸。此情眷眷為君惜，憑寫新圖寄相憶。

送葉先生赴廉州同知

天台先生鸑鷟群，胸羅五色星斗文。處世無心事生業，濟時有策干明君。向來闕下見天子，萬言書上龍顏喜。郎官未理宓賤琴，直筆先修董狐史。前年校文居禮闈，門牆桃李春芬菲。不才謬蒙藻鑒力，魚目忝混明珠輝。相從過眼忽三載，鶴髮童顏挹丰采。詩成豪氣藹空雲，詞發狂瀾注滄海。編來實錄貴璠璵，九重讎勘頒恩俱。一官初試南服外，五品新除中大夫。拜辭卻畏天涯遠，叩陛陳情頻輾轉。聖主長懸率土心，銓曹方重邊臣選。廉州之地接交趾，異服殊音更夷鄙。但勸藥餌祛炎蒸，莫憚旁人猜薏苡。都門臨別欲如何，別情更擬江流多。好將事業答優寵，矍鑠君看馬伏波。

長江春色圍為季周賦

憶昔閩南看春色，十里鐔津漾晴碧。芳林錦樹鳴栗留，翠浪銀濤浴灘鵝。季君家住劍江上，流水青山繞門巷。有時邀我坐談笑，對客開尊恣吟望。雙峰秀色高入雲，梵宮琳宇無纖紛。題詩每羨謝康樂，灑筆應懷王右軍。惟公高誼異流俗，日日相尋復相逐。交遊自許結金蘭，景物胡能蕩心目。

只今一別十載餘，鳳城握手情如初。且論往日豪華事，更示長江春色圖。
我觀此畫重增歎，飛夢徒勞隔霄漢。欲沽斗酒澆旅懷，謾賦長歌答青盼。
幽居無復清書閒，致身卻在龍虎關。遙憶故園千里外，都寄生綃半幅間。

仁山精舍為劉子齡賦

最愛文江好山水，東山萬仞連雲峙。勢如蒼龍走復蟠，影落青霄伏還起。
中有拄笏之高峰，仁山屹立相與雄。四時不雨灑寒瀑，六月大暑生涼風。
劉君家住山之下，卻傍丹崖結精舍。門前流水引泉來，繞屋濃陰樹相亞。
我時登覽慕清賞，著屐林間幾來往。醉彈棋子落燈花，臥聽松飆作琴響。
有時坐長夜，不覺東方明。有時攜壺佳，發興直向凌空頂上行。
放歌，騰碧落，富貴一毫輕。蓬萊之仙若可遇，恍惚駕鶴吹鸞笙。
舊遊回盼今十載，當日朋儕復安在。天邊飛夢度蘿關，矯首看雲重增慨。
君來訪我龍虎都，因嗟往事懷山居。惟有多情解文學，雄辭述記為君書。
歎我不才事升斗，金馬玉堂誠愧負。他年應許賦歸來，願共幽樓息奔走。

贈歐陽參政之官河南

城上涼飆動秋色，跨馬出效向江北。新沾恩渥下九天，御賜宮袍雲錦鮮。
黃門給事久侍從，河南參政初承宣。君家先公曾作尹，事業至今猶炳炳。
文章光焰若生存，復喜相傳有裔孫。穎水好尋居士跡，鄭州遙拜太師墳。
宦遊與子同鄉縣，祖帳都門聊設餞。一片雲山寫畫圖，千里相思即相見。

瑞菊詩為黃庶子賦

黃君官舍多種菊，長得幽叢旁修竹。秋來開遍滿枝花，黃者如金白如玉。
中有一枝開最奇，膩紅豔質凝胭脂。兩葩相併共一萼，萬片紛綴還雙蕤。
夜深涼月照疏影，彷彿丹邱鶴駢頂。又疑秦虢醉東風，夢入華清呼不醒。
乃知瑞物和氣鍾，寒芳不與群英同。託根別承雨露力，賦形自有神明功。
朝退從容揭書幌，手彈古琴奮逸響。橙香酒綠蟹正肥，邀我燈前共清賞。
醉來行酒酌巨觥，醒後不覺東方明。玉堂展卷為君賦，俯仰柴桑千古情。

送大紀遊北

君從故鄉來，又向金臺去。相見未盡歡，相送傷情緒。
自憐辭家頻作客，五載京畿看春色。交遊聚散若浮雲，倏忽飛揚易南北。

君昔西行入巴蜀，劍閣瞿塘騁遊目。逢人多寄別來書，開緘每對燈前讀。
讀罷相思思耿然，鷹飛不過峨眉巔。山中雪後梅花發，知君已繫歸來船。
歸來兩月居鄉縣，便促行裝索相見。一杯欲共澆旅懷，又似秋蓬逐風轉。
白門楊柳輕絮飄，艤舟正待秦淮潮。直泛黃河通碣石，壯觀千里關山遙。

送胡子澄之官西蜀

客舍相逢春已老，楊花亂撲長安道。斗酒燈前敘舊情，遙憶故園皆弟兄。
一從佐宮象山幕，縣治蕭條似村落。床頭無酒不肯沽，旦暮盤餐只葵藿。
作官何必論高卑，惠澤及人方有為。當年幾郡考稱最，留得清名時總知。
即今遠調向巴蜀，聊賦新詩寫心曲。蜀山點點向君青，漢水迢迢為誰綠。
都門臨發且踟躕，交遊還惜別來疏。情深唯念平安好，遠道逢人多寄書。

送別

七月西風流大火，梧桐一葉先秋墮。江南倦客苦思家，楚國行人忽相過。
許郎自是湖海英，胸中浩氣吞鯢鯨。向把千金曾一擲，滿堂豪俠為之傾。
錦囊盛卷索我賦，正值朝回日將暮。燈前提筆一揮灑，窗外蕭蕭走風雨。
天涯飄轉路萬重，歸心遙逐南飛鴻。嬌歌緩舞留不住，樓船明日辭江東。
到家應是重陽後，坐看黃花酌新酒。

題謝安東山圖

天外諸峰入雲去，樹杪樓臺出煙霧。青林露轉碧溪幽，傳是謝公舊遊處。
蒼苔滿地空屐痕，絕巘孤亭見棋墅。遙憶當年攜妓遊，憂樂誰能識其故。
長笑胡兒擾中土，清談卻恨王夷甫。風聲鶴唳寂不同，一夕山河非典午。
惟公雅量坐鎮俗，過眼猶為人竊睹。可憐恢復未乘時，忽夢溫嶠識金鼓。
存亡真足繫安危，徒使蒼生氣消沮。為君展圖三歎息，俯仰乾坤思千古。

題範紀善攀桂軒

有地莫栽桃與李，種花莫種蜀葵子。桃李春風能幾時，蜀葵朝開暮離披。
不及君家栽桂樹，千尺團團陰滿戶。群英搖落已獨榮，霜雪相看只如故。
秋來開花粲金粟，隨風到處揚芬馥。孤根本是月中分，幹葉終當異凡木。
君家書香猶桂香，綿綿相續川流長。鄱林一枝何足數，竇家五株徒自芳。
高柯秀色連雲上，迎風樓鸞氣蕭爽。殷勤留與子孫攀，雨露年淡好培餐。

盤洲釣遊歌

端華之陽羅湖西，縈回九曲之深溪。溪流涓涓清漱玉，中有盤洲似盤谷。
隔江羅列雲錦屏，面對芙蓉三十六，桃花流水人不知，魚鳥猶疑愛幽獨。
先生家住盤洲陽，濯纓濯足歌滄浪。有絲不繫渭川竹，有楫不理煙波航。
間來適興或爾汝，只與釣者同徜徉。坐窮歲月閱今古，歠傲白雲清思長。
一從別後慚疏曠，七年不到盤洲上。平生心事向誰論，矯首臨風重遐想。
我家亦住滄州間，長林茅屋門前山。舊日釣徒今寂寞，白沙翠竹輕鷗閒。
何日放歌許蕭散，時泛扁舟共往還。

送崇威歸省

翩翩鳳池客，謁告今南還。朝辭鵁鵲觀，暮出龍虎關。
朔風吹寒雪花落，江上雲帆去揮霍。可憐骨肉平生情，相見難頻別仍數。
二親高堂俱鶴髮，不得家書經幾月。三年做官遠定省，一片丹心戀金闕。
彩衣斑斕舞稱壽，應及新年奉春酒。尊前兒女笑相歡，故里交遊欣聚首。
我家老母七十餘，欲歸未遂心何如。遙念倚門日思我，喜見半子情懷舒。

送周編修孟簡南還

北來豪傑地，送子多感慨。千杯莫放酒如淹，萬折離情漲東海。
與子故鄉親，況復為同寅。九年詞館編修職，三考優為翰墨臣。
翰墨兩京誇好賦，黃金臺下同懷古。賣金不惜買歌舞，座上賓朋散如雨。
我起為子擊筑歌，大風吹沙水揚波。明日扁舟需早發，昨夜寒霜初凍河。
河邊水流聲嗚咽，與子相看忍離別。別後相思隔兩京，唯有丹心戀金闕。

為楊庶子題王中書孟端寫竹

北地冰霜不宜竹，高館華軒應少見。九龍山人妙入神，移置瀟湘來赤縣。
筆勢縱橫萬葉垂，琅軒交錯珊瑚枝。深山大澤蛟龍怒，雷雨晦冥真宰嘻。
忽然坐我素屏下，似覺秋聲起清夜。影動涼飆毛髮寒，況聞絕澗奔湍瀉。
山人山人真罕儔，寫竹不減文洋州。等閒一紙尚足貴，何況滿紙飛颺颺。
淡濃老嫩各有能，宓妃鼓瑟湘娥愁，乃知興到能為爾。顛倒毫端隨所以，
墨池迥奪造化功。胸次橫吞九江水，武夷之陽雲山深。楊君種竹春深深，
故憑寫竹寄高節，冰雪年年惟此心。

白雲辭

朝望親舍兮，白雲高；暮望白雲兮，親舍遙。白雲高兮，猶可望；親舍遙兮，徒夢想。安可得白雲兮，同上下。朝登玉堂兮，暮親舍；白雲高飛兮，不可結。涕淚滂沱兮，雨愁絕。

題楊太僕趙子昂春牧圖

吳興公子興清發，翰墨通神忝超越。意先曹霸掃驊騮，筆比韓幹勻肌骨。沙場春暖豐草齊，疋疋疑來月窟西。立眠飲齕隨所適，奔踶躑齧長嘶鳴。雄姿絕足信奇妙，虎□龍翼回光濯。青驪紫燕兼小驦，花驄影逐追風驃。世人畫馬得馬形，趙公畫馬通性靈。不圖早櫪重羈絆，要使坡陀自□□，□爾來為太僕，歲歲攻駒看春牧。從今曠野順水草，不用深閒飼趨菽。駉駉牝牡日為群，天廄年年遂蕃育。君不見，唐家沙苑何茫茫，四十萬匹俱騰驤。只今內外馬盈臆，嘶雲踏霧皆乘黃。

對雪分韻得色字效禁體一首

同雲漫空曉如幕，北風動樹寒摵摵。太陰行令當嚴冬，騰六奔驅疾承勒。細剪層冰散飛雪，要與人間閉螟蟐。初飄阿閣正橫斜，忽屬松枝半欹側。軒轅臺前大如席，薊邱門外深盈尺。早朝眩眼渾疑曙，凍咽銅壺漏聲滴。金水橋邊控轡行，路滑翻愁馬蹄踏。但欣瑞氣作豐年，盡道開春足牟麥。玉堂群仙分賦詩，引商刻羽爭奇特。嗟予才薄乏秘思，細覓佳句何由得。聊呼斗酒沃紅顏，試酹先賢問消息。欲持寸鐵白戰來，只恐東坡艴其色。

題宋王晉卿西圓稚集圖

寶繪堂前馬塵起，當年好書疇與比。繁華過眼易消歇，又落他人毫素裏。西圖之地深且幽，一時勝集俱名流。笑談自謂絕今古，豈知反作桓玄羞。龍眠丹青嗟已朽，米家筆陣仍稀有。文章卻數蘇與黃，公論全歸後人口。

春暉堂為蕭氏賦

慈鳥夜夜啼高樹，鳥啼為何思反哺。江南游子愁更愁，聞之日日思其母。憶其嚴君相背時，兩兒方還仰母慈。兒今長大母已老，欲報何如原上草。草心雖微感春暉，逢春一度一芳菲。母恩如天嗟罔極，寸心難答陽春力。高堂戲舞祝春酒，歲歲春風母同壽。

草書歌

妙年好武仍好文，伊誰之能趙將軍。精誠皎潔懸白日，浩氣磊落橫青雲。
意從仗劍事明主，賬下賢勞忘辛苦。據鞍草檄人共知，破敵搴棋心自許。
只今海宇歌太平，侍從彤墀承穆清，朝罷臨池恣揮灑。筆陣飄逸令人驚，
勢如激電起倏忽。又似秋空騰健鶻，恍疑危石墮巔崖。欻若潛蛟躍溟渤，
神情沖淡更蕭散，何用公孫舞經眼。昔時浪誇金錯刀，此祭須為鐵門限。
坐令索者走如市，積軸盈箱更盈几。毫端變化不可測，頃刻煙雲生滿紙。
蹇余亦有好書癖，學久無成徒歡息。請公為我寫數張，毋使高堂空素壁。

題唐三寫士奕棋圖

儤直歸來日方永，庭院深沉簾幕靜。金門無事供奉閒，棋局聊堪對俄頃。
五花錦褥鋪石床，瑤琴上弦置在旁。何須更說三大昧，自是神仙登玉堂。
可憐開元天寶日，不及貞觀斗米三錢直。
二百餘年指顧間，勝負誰能分黑白。兩當計劃宜慎之，向後一著曾深思。

蕭氏愛同堂〔註1〕

蕭氏之堂名愛同，乃在滄江洲渚中。碧流旋繞青山重，開門正對千芙蓉。
堂中慈親已華髮，三子孝養履不越。伯氏奉觴仲稱壽，季子婆娑舞兩袖。
晨昏問起居甘旨，恒有餘母歡子樂。情愉愉，時時更誦《詩》與《書》。
北堂樹得忘憂草，願母童顏常不老。門前舊種紫荊株，花絢紅霞照晴昊。
枝頭日日慈烏鳴，板輿扶向花裏行。好泛瑤池問王母，後千百歲同長生。
孝心堅如金不改，子子孫孫永錫類。

虎溪歌

虎溪之山如虎踞，因此溪名號為虎。四山如城深且固，遠以望之迷入路。
憶曾尋真經兩回，才到洞口山豁開。平疇萬畝若鋪席，人家列屋魚鱗堆。
初疑盤谷太行下，又似桃源避秦者。藹藹桑麻門巷春，依依榆柳雞豚社。
居民相見無雜言，嫁娶不出東西村。青山長共子孫老，白首不聞廛世喧。
蕭君之先住溪上，傳說豪華比卿相。金尊酒綠銀鮓香，牡丹正開邀客賞。
當筵簫鼓催插花，魏紫姚黃分幾家。綿綺玲瓏明絳幄，金系絢爛燦晴霞。

〔註1〕原注：環州五馬第。

不將富盛誇鄉里，但以詩書遺後世。豈無珠玉飾簪履，亦有文章顯科第。
君為幾葉之雲，仍繼志不忘高與曾。卜居乃傍芙蓉下，戶牖相接輝鄰燈。
故林松梓愴心曲，夢著只在嵩華麓。雕胡炊香新釀熟，逢迎多是舊宗族。
祠前落葉響離披，水色山光猶昔時。青猿夜叫峽邊月，華表歸來丁令威。
我作此歌歌慷慨，滄海桑田幾回改。子欲移家與我期，石田茅屋專相待。
從此虎溪天下聞，歷千百劫應長存。底須更問華蓋君，抍髀一笑凌飛雲。

題劉鎮撫雙清軒

劉侯亭前多種竹，歲久森森陰滿屋。一林煙雨勝瀟湘，萬箇琅軒似淇澳。
密葉能為盛夏寒，中開三經日盤桓。已無俗客閒來往，只許幽人時借看。
此君高節凌冥漠，不似群芳易搖落。栽管還聞作鳳鳴，截杖應防化龍躍。
傍有長松青十圍，結根相近特相宜。炎天何處堪消暑。
坐蔭雙清君獨知。

送劉孟獻歸鄉

井上轆轤夜深轉，露濕梧桐秋尚淺。楚澤遊人別思多，茂陵行客歸心遠。
謝公墩邊開祖筵，豈惜千金沽酒錢。與君痛飲莫辭醉，嗟我未歸空自憐。
酒盡楊鈴渡前浦，過雁一聲啼暮雨。但得北風吹布帆，才及西江即鄉土。
到家正值秔稻香，新收芋栗和炊嘗。山中故人聚歡笑，燈前兒女牽衣裳。
城南黃君好靜者，讀書只在長林下。相煩為致別來情，不用裁箋更揮灑。

孝友堂為徐叔通賦

南州徐朗行孝友，堂上雙親俱白首。雞鳴擳發問起居，日出奉觴進春酒。
階前兄弟列雁行，塤箎迭奏和宮商。天倫之樂殊未央，芝蘭葉葉生輝光。
南山之松北山柏，願親長健好顏色。年同龜鶴一千齡，夜夜老人映南極。
百花開時春晝遲，紅霞五色眩舞衣。我歌此曲為君賦，留與堂中作壽詩。

葵花歎

階前紅葵開朵朵，六月向陽如噴火。忽然一夜風雨過，滿地繁英盡飄墮。
莫矜顏色如花枝，昨日方盛今已衰。長安年少勿輕笑，白頭老翁皆壯兒。
人生老去嗟已矣，葵花落盡結葵子。葵子春來重複生，長生世浪傳籛鏗。
亦知齊物不可得，誰解還丹煉精魄。請君有地種葵花，不如多種松與柏。

賦得桃葉渡贈清江縣尹季鐔

桃葉渡頭江水清，桃葉去後空留名。青山不隨流水去，落日每送寒潮聲。
潮聲不斷簫聲咽，多少行人比離別。行人易老別仍多，把酒送君可奈何。
君今作縣過南浦，雙梟先拂匡山雨。已看列宿應郎官，要使居民歌父母。
公庭草綠一事無，政聲佇見聞皇都。春來遙望渡頭水，好寄臨江雙鯉魚。

送崇威徐理問之陝西

相逢頻草草，相別苦匆匆。骨肉非他人，焉能不忡忡。
一從作官戀金闕，六載凡經五回別。記得去年十二月，送子都門天大雪。
尊前傾倒澆旅顏，浦帆十幅雲濤間。人生萍梗寄霄壤，昨日楚水今秦關。
秦關峩峩幾千丈，太華岧嶢見仙掌。咸陽古道車馬多，樂遊原上秋蕭爽。
男兒歷落真壯遊，百二山河稱雍州。五陵樓閣望煙樹，涇渭寒聲晝夜流。
佐理大藩結青綬，應把銅章懸在肘。於公治獄作高門，陰德惟知可期後。
藍田九月霜葉黃，北風蕭蕭征路長。歸鴻日度南天遠，回首白雲懷故鄉。
分攜動即數千里，只為功名常有此。好將忠孝答君親，莫更多愁戀妻子。

白雲庵

白雲之庵多白雲，騰空駕壑皆成文。雲間寂寂何所有，但見累累千載墳。
蓋竹山高俯幽諸，雲去雲來渺何許。老鶴宵鳴華表寒，芳草年年長春雨。

送鄧指揮歸雲南

鄧侯本自儒家彥，二十從軍別鄉縣。立功多在西南夷，匹馬追風挾羽箭。
昔說輸誠事太祖，遇敵揚戈先士伍。邊頭酋虜慘不驕，麾下健兒徒比數。
只今海宇屬升平，蠢茲蠻服空侵爭。曾為一使宣天語，遂俾丹心感聖明。
功成受賞仍升秩，入奏彤庭賜顏色。丈夫壯志須自強，他日雲臺繼前跡。

題高廣文墨竹

高公寫竹不可及，毫端揮灑煙雲濕。月明疑有白鸞舞，雨晴如同瘦蛟泣。
徐君久要珍襲之，行囊出示求題詩。空庭素壁忽置此，便覺習習生涼颸。

卷四・古風

題王中書孟端為楊庶子畫竹障歌

古來畫竹誰得名，藉藉競數文洋州。後稱襪材萃東坡，神妙真與老可儔。
二公之下誰獨步，吳興趙公更高古。落筆從橫真宰怒，白日蕭蕭起風雨。
只今復見王中書，寫竹自與常人殊。法兼數子出新意，文蘇老健吳興腴。
有時蘸筆倒秋水，忽見煙雲生滿紙。近掃湖南半曲青，置在君家素屏裏。
長竿密葉勢千尺，入座恍聞聲摵摵。翠鳳參差拂羽毛，蒼龍奮躍驚霹靂。
石根元氣濕淋漓，巧奪化工那得知。絕似楚人歌曲處，還憶湘妃鼓瑟時。
君家住在建溪上，門對武夷開碧障。屋前種花屋後竹，竹下行吟花下賞。
遙見隔林杳靄間，鷓鴣啼罷春雨閒。此中佳景誰不愛，清夢無勞戀故山。
君今作官玉堂署，試畫此竹相為侶。歲寒不改雪霜姿，願結堅貞事明主。

和少師對雪禁體

彤雲漠漠天雨雪，瑞應臘前不為烈。疏疏密密下長空，入檻穿簾驚一瞥。
初看林樹變揮霍，忽見山峰已遮截。空岩大壑翳虎兕，曠野荒原失邱垤。
紙屏竹戶正相宜，宵曙憙微曷差別。豪貴貂裘忘卻寒，茅屋鶉衣愁百結。
長安車馬日紛紜，窮門深閈行蹤絕。我時朝回坐小閣，袖手如冰綿欲折。
隙風吹須刮雨耳，急呼小兒補窗穴。地爐燒肉旋酌酒，未覺更深燈燼滅。
翻思往昔扈從日，比度陰山寒凜冽。手足凍皴肌欲裂，敲石取火火難熱。
少師三孤論道德，尚書北斗司喉舌。調燮陰陽作歲豐，不才何用更屑屑。
男兒一身重許國，冰蘖唯期堅苦節。五更待漏趨承明，靜聽金吾水聲咽。

昔聞漢時雪一丈，牛馬僵死乃為孽。只今盛世不封條，四野謳歌萬民悅。
公賦新詩頌太平，顧我效顰忝後列。聊呵凍筆寫華箋，時墮簷水響鏦鐵。
愧乏春容犬雅音，漫作缶鳴與竅吷。

題邊文進畫松鶴

邊生掃松寫孤鶴，傍著長松倚雲壑。天風吹墮銀河流，掛在丹崖九霄落。
松聲鶴唳水潺潺，恍聆仙樂鳴空山。高秋爽籟度窈窕，初疑蓬島非人間。
古稱善畫誰第一，畢宏薛稷皆名筆。想應對此融心神，毛髮颼颼也森栗。
高堂見之若可招，疏身送氣凌沉寥。捲簾只恐上天去，長松澗瀑空蕭蕭。

題曉睡圖

昔聞藐姑射山多神仙，雲裾霞袂何蹁躚。
今之畫圖無乃是，人間一住三千年。
紗帷半挽清如洗，十二欄干曙光裏。天風吹夢度寥廓，倦倚絞綃睡不起。
芭蕉葉綠松露涼，枕邊嫋嫋騰爐香。飛來啼鳥莫呼醒，日上扶桑清晝長。

贈別外甥劉公鐸

子來擢秀時，是我扈從年。相見何草草，揮手別華筵。
別情亦何似，皓月懸中天。雖云隔山嶽，兩地同嬋娟。
燕臺迢遞孤雲邊，音書喜有飛鴻傳。知子一官典文學，扁舟遙泛湘潭煙。
我隨萬乘掃胡天，漫山大雪過燕然。胡塵掃盡無腥羶，塞下烽消人種田。
去家二載方來還，兒女牽衣歡滿前。問渠近日平安否，為道山中穩食眠。
只今來朝拜天子，長安花柳春光妍。花間酌酒不得醉，明朝又棹南歸船。
離情多似滄江水，一夜和潮漲百川。臨岐解袂意倦惓，勖汝道德當勉旃。
分陰可惜莫輕費，毋徒使我心煩悁。

黃學士以陳叔起所畫樹石見貽賦此以答之

吾聞閩人陳叔起，能畫往與荊關比。不煩兔穎事點綴，只染鶴翎從骹骹。
等閒著意求難得，乘興從容即數紙。此翁已死畫少傳，一筆落手人爭市。
向來得者誰最多，惟有永嘉黃學士。昨日贈我樹石圖，畫者之名乃陳氏。
陳翁寫畫惟寫情，不必區區論形似。想當槃薄臨風時，落日蒼茫走山鬼。
開窗倏忽生數樹，樹底坡陀石兩峙。老幹相樛交屈鐵，巉岩裂皴如頹廥。

蟠拏平陸奮蛟龍，夔罔中林蹲虎兕。高枝直上勢拂雲，低葉扶疏未容玻。
發生意與元氣會，慘淡影入秋旻裏。囊遊五嶺或遇之，近度居庸嘗見此。
須憑廊廟作棟樑，久歷風霜露文理。高堂日對興瀟灑，眼底丹青實堪鄙。
焚香啜茶塵可洗，令我抱病春如襪。多君此意期共堅，卻笑紛紛競桃李。
傲凌冰雪袪螻蟻，相守歲寒良有以。

題檜竹圖

何人灑墨畫老檜，傍著修篁相點綴。霜皮倒皴苔蘚裂，風葉扶疏金錯碎。
高堂晴日忽見此，疑有陰雲萬壑起。蒼龍偃蹇露頭角，翠鳳羽毛光旖旎。
春園桃李漫成蹊，容易飄零辭故枝。不及年年顏色好，雪厭寒山搖落時。

竹林清隱

種竹生新筍，三春已滿林。炎天卻蒸暑，密葉成繁陰。
微風時來聲摵摵，夜月瑣碎千球琳。此中佳致最清絕，低結茅齋倚蒼雪。
石苔不掃三徑深，門外何由有車轍。海桑老仙相往還，時時杖履穿林間。
甕頭有酒酌燒筍，胸中無事常開顏。老仙已去君獨往，自信無人知隱趣。
翰林楊公文價高，作記初成索我賦。我愧十年為宦遊，愛竹亦似文洋洲。
階前有地種十箇，朝回坐對南軒幽。

題秋塘鸂鷘

芙蓉零落秋風冷，搖折菰蒲牽翠荇。鴛鴦戢翼在漁梁，近水雙棲照雙影。
邊鸞寫生筆寡儔，意象深遠非常流。關雎託興國風始，令人歌詠思河洲。

楊諭德以張真人畫寄其兄仲基索予題詩其上

一片雲山是何處，絕似江南看武姥。澄江渺渺接天來，古木陰森間洲渚。
無為畫筆仿方壺，醉墨淋漓寫作圖。等閒一紙不易得，玉堂把贈楊大夫。
大夫伯氏我舊友，前月寄書問安否。因將此畫遠酬之，骨肉高情薄南斗。
我為題詩賦短歌，畫裏看山歸夢多。欲近清溪小鄰宅，問君此意還如何。

秦淮醉別庶吉士李昌祺還省

送君秦淮江水頭，秦淮水向城邊流。水邊百尺之酒樓，登高一醉翻離憂。
離憂迢迢逐江水，江上歸帆指千里。鄉心夜夜繞江南，夢入東山白雲裏。
與君同是故鄉親，客舍相看幾度春。連月無人寄家信，今朝謁告辭楓宸。

東風新來看楊柳，柳下停驂重分手。我有鄙懷盡付君，故園凝望思交友。
君家嚴父丈人行，十年不見增惆悵。問道近來白髮多，老吟詩句如陰何。
山中未得共清賞，音書久闊徒瞻仰。侍彩從容倘問余，為言長有盤洲想。
竹林季父結心盟，去歲頻蒙遠寄聲。謬忝玉堂慚舊學，丁寧煩與致深情。

太常少卿王勉望雲思親

太常王君家蒲城，堂上老母霜鬢盈。得祿思養展素情，彩輿迢迢遙相迎。
慈親就養來神京，侍安調膳供三牲。旨甘修瀡左右盛，開筵進壽酌兒觥。
趨舞日眩班衣明，子孝母悅和且寧。願祝長健臻遐齡，客中正喜共歡聚。
二弟鄉園又思母，關河跋涉歷修途。扶侍遠家樂環堵，只今母去定省違。
膝邊代養遣子歸，公餘日日倚江閣。遙望白雲天外飛，白雲茫茫隔千里。
太行王屋侵霄起，目斷親庭若箇邊。無限鄉心逐流水，君不見，
斗南一士千載人，忠孝芳名著青史。惟當努力報君親，後日相看亦如此。

送徐理問往廣西

宦遊走南北，飄若波上萍。一年一相送，欲別難為情。
去年之官度秦嶺，關路崎嶇雪霜冷。妻子相隨忍羈旅，曉行鼃飯殘星影。
到官三月未暖席，一紙徵書召俄頃。南風五月來皇都，數旬跋涉臨修途。
囊中蕭索一事無，舊袍賣卻雙繡帋。我家老姊喜相見，復得無愁體康健。
尊前且慰骨肉情，月下離愁盡消遣。淹留兩月又分攜，拜除觸熱向廣西。
連朝懷抱苦作惡，歎息人生徒爾為。全家又泛煙波去，說著相思淚如注。
諸子殷勤教讀書，毋令歲月嗟遲暮。道傍欲語意無窮，長江百轉山千重。
孤帆已發望中遠，木落南天飛斷鴻。

題楓塘尹處士子載石田茅屋圖

子家芙蓉東，我家芙蓉西，相過只隔二十里，白雲羅邏蒼松低。我有長林
茅屋臨州渚，子有石田茅屋聽山雨。幽棲自惜興頗同，我出何因，子仍處屋
南。春動流新泉，呼童驅牛耕。曉煙甕頭，酒熟常醉眠，萬事不理心悠然。我
憶故鄉山水好，夢回只在文江道。石田數畝，若肯分與子，相期種瑤草。

聽老人說彈琴歌

道傍老人年八十，向人欲語先於邑。手攜古琴紫錦囊，朱絲作弦金徽光。

湘江孤桐裁霹靂，聲竛萬籟藏宮商。自言少小初學鼓，傳得張郎雙鳳譜。
有時抱向月中彈，風露滿天秋鶴舞。大聲泠泠溜磵泉，小鼓幽幽作私語。
傍人欲聞不可得，除是知音乃相許。只今頭白兩目昏，十指無力耳不聞。
雅韻都忘清絕意，多情恨殺卓文君。壯心已矣空長歎，往事淒涼誠漫患。
燈前卻憶雉朝飛，夢裏猶思廣陵散。我聞翁言涼可悲，人生有盛還有衰。
蒼茫流水高山趣，末路悠悠皆爾為。

赤城霞氣為夏參政賦

吾聞赤城山，乃在瀛海上。中有霞氣五色文，日與浮雲共來往。
丹崖翠壁排如掌，直入青冥九千丈。十州三島之飛仙，餐霞飲露巢其巔。
松風灑雨飄潤泉，空樂縹緲聞諸天。洞霄玄籙如有緣，底須問決求長年。
夏君住在赤誠裏，朝吸山光暮霞髓。閉門不讀老氏書，十載辛勤貫經史。
一從騎鶴朝太清，日與群仙相逐行。回首赤誠歸夢遠，紫芝瑤草不勝情。

贈蔣御醫

蔣君醫術妙天下，豈比尋常浪醫者。長年求藥盡衣冠，每日欸門雜車馬。
翰林詞客病多時，九重促召君為醫。即憑六脈審虛實，便施一匕回幾危。
枯荄倏見潤時雨，遂使膏肓逃二豎。不須鐵鏡照肝脾，底事金丹起沈痼。
從來用藥妙通神，種滿杏林千樹春。如君之術古亦少，何必區區論古人。

瞻雲軒為宋紀善賦

瞻雲復瞻雲，雲飛何繽紛。倏忽變化如輪囷，膚寸而合連五嶽，東浮暘谷
西崑崙。宋君獨居小軒下，瞻雲思親感霜露。二親已遠思不窮，墓門芳草春蒙
茸，幾年不滴寒食酒。鏡裏紅顏成白首，白首家山未賦歸。瞻雲空有淚沾衣，
軒前種得垂楊樹，忍聽慈烏來上啼。

臥雲詩為僧有常賦

嚴真老僧好靜者，久住三峰結蘭若。長年褐衲臥雲間，每日翻經在林下。
袒肩趺坐蕭毗尼，禪心已證三摩提。松猿夜叫伴孤影，竹鶴飛來相對棲。
有時或出三杖，頭懸明月，缽盂盛卻水中龍，芒鞋踏破溪邊雪。
了知萬事如空花，眼底紛紜任生滅。昔曾邀我宿旃檀，分與山房雲半間。
焚香終夜聽清梵，風露滿天衣袖寒。雲飛在林忽在壑，一似老僧無住著。

袈裟新染玉京塵，昨日依稀到城郭。江南山水餘清暉，何時相訪叩嚴扉。
喚回石上三生夢，間看浮雲共息機。〔註1〕

吳山書舍為吏部徐侍郎賦

吳山高樓越山起，面面芙蓉俯江水。江上樓臺十萬家，多在山光水光裏。
君家住在阿那邊，占斷湖山百頃煙。楊柳曲池常帶雨，桃花別塢深涵天。
君向此中築書舍，已遠塵埃絕瀟灑。時時吟詠詩與書，更著瑤情鼓深夜。
興來載酒或出遊，小舡棹過芳草州。船頭吹簫音嫋嫋，月落澄波海珠小。
姑蘇城上烏亂啼，寒山寺裏鐘聲杳。幽樓只欲窮戶今，學道更無干祿心。
人生富貴會有定，魚龍變化乘風霖。一朝縉組登要路，閒卻吳山讀書處。
幾回飛夢繞江南，雲樹蒼茫隔煙嶼。君莫思故鄉山水奇，南宮地位臨紫徽。
謝安本為蒼生起，千古動名竹帛垂。

新月詞

出門見新月，纖曲橫峨眉。人言坐見好，行見成奔馳。
起知行止自有定，何必向天疑月影。誰家兒女不解愁，遙見新月登西樓。
一聲長笛關山月，行客聽之雙淚流。請君不用悲新月，月亦無心任圓缺。
新月照人能幾何，坐見不如行見多。夜來一鉤小於線，舉頭又是行時見。

應制賦白象歌

白象白象來占城，皜姿孕育金天精。雪膚霜毳交晶熒，炯炯上映瑤光星。
兩牙修潔前插冰，秋波洞射徹底明。感文不必因雷聲，就中藏簡雙龍橫。
膽流四體隨時更，肉兼十牛豬目膛。載舟可以凝權衡，辨訟乃俾姦邪傾。
聖人御極海宇清，衣冠萬國趨彤庭。蕃臣奉貢朝玉京，躡雲騰霧浮滄溟。
豈比乾陀進魏廷，白象曉入排天局。殿頭曙月臨觚稜，回光照耀皎欲凝。
寶刀銀甲相輝並，千官環立瑲佩璜。撫之不動亦不驚，胥令跪拜言則聽。
逡巡移步如邱行，旭日初上練色瑩。白馬之白何足矜，素影動搖雲毋屏。
老鶴未敢梳鮮翎，九重慰勞諭彼伻。爾國效職輸忠誠，異物奚用煩遠征。
伻雲聖皇子我氓，衣被飲食蒙生成。奇祥異瑞分獻呈，天產此物為時禎，
致之聊以表下情。昔聞猛獸恣猙獰，巴蛇吞噬骨積陵。居無安地恒戰兢，

〔註1〕原注：僧有常索予賦臥雲詩，予問之曰：「雲臥子耶？子臥雲耶？」有常曰：
「吾臥雲也」。予曰：「非云非子焉得成臥？」有常笑而不答，遂為賦此。

拂人叩戶乘猩猩。健弧毒矢相與爭，一發斃之吼匉訇。不惜紅齒酬其能，只今聖德被八肱。鍥遇螯蟒俱潛形，白象始得延長生。願殫微力駕龍耕。千秋萬歲陶仁垌，物無疵癘乾坤寧，華夷一統歌太平。

贈楊生回建寧

都門逢楊郎，翩翩好豐儀。只今行年三十一，琅玕掩映珊瑚枝。
借問何為來，云別伯兄久。忽聞天外鴻雁聲，一日相思幾回首。
便向高堂拜家長，裹足擔囊卻西往。不辭千里關山遙，半月吳江泛孤舫。
玉署之南喜見兄，連床夜雨不勝情。滿地秋風飄落葉，豈知歸夢和愁生。
來時苦難別不易，唯有離人識茲意。臨岐欲語兩無言，未飲昏昏已如醉。
予家伯氏才且清，蹇予同宦居神京。八年攜手遊翰苑，五更待漏趨承明。
與子論交作相識，送子長歌寫胸臆。別來何處是相思，武夷望斷晴霄碧。

楊白花

楊白花，渡江竟不還，非汝故來意，恐落途泥間。春光憔悴如花顏，相思不見空長歎。浮雲飛水何漫漫，安得隨風返高樹，仍結柔條莫飛去。楊白花，攪心緒。

將進酒

將進酒，酒中有耽君知否，伐德賊性非良友。一息不戒門生莠。有錢莫向酒家壚，彈劍擊筑皆酒徒。黃金用盡意氣索，久目疾視如於菟苑臺。歌舞飲長夜，可憐竟死糟邱下。醉魂茫茫誰為招，千古惟知獨醒者。君莫嗟，歲往鬢如絲，昔時曠達今何之。武公睿聖恒箴警，至今抑抑陳周詩。

題明皇貴妃出遊圖

開元全盛忘外憂，乘閒長作華清遊。君王回盼動顏色，蛾眉俛顧如含羞。
三姨八姨俱不至，扶上花驄轉嬌眉。翠雲低厭金鳳釵，瓔珞光生紫霞帔。
想當初出深宮時，宜春苑裡空花枝。水晶盤憶掌中舞，纖腰猶笑任風吹。
霓裳羽衣稍第一，知意偏教合歡橘。荔枝香間得寶子，此樂今生豈能畢。
范陽胡騎一朝來，可憐九廟飛塵埃。自信豬龍堪肘腋，焉知尤物為胎媒。
萬乘西行路修阻，妖魄終歸馬嵬土。香囊不遂雪肌銷，錦軌還為路人睹。
徒悲中道恩愛乖，高冢何如雪衣女。蔗漿櫻桃空復嘗，腸斷聞鈴夜深雨。

籲□往事天寶年，畫圖重得觀嬋娟。丹青留與作金鑒，良工非爾綺精妍。君不見，徒來麗質能傾國，惟有成湯遠聲色。

題山水

盤洲釣遊愛山水，遠寄畫圖盈尺咫。滄江顛倒在毫末，芙蓉秀落屏風裏。深林喬木高參天，遠山近山相接連。飛流迥出兩崖外，人家遙住雙溪邊。男樵女織相往還，門前雞犬皆成仙。我憶盤洲多隱趣，今見此圖無乃是。隔江漁網是滄洲，我家正住江心市。別來江樹十回春，水鳥沙鷗誰共鄰。淮南蘪桂秋香老，古道瀟瀟飛空塵。

沈修撰樂琴書處

沈公好清致，襟懷更瀟灑。一室僅容膝，居之如廣廈。悠然世慮無所嬰，不似尋常錄錄者。架上有書，囊有琴，朝弦暮誦惜分陰，琴彈太古，添書究聖賢心。此中之樂真自得，書聲琴韻誰知音。君不見，顏子簞瓢有其樂，陋巷高風已廖廓。知君有意在琴書，不慕陶潛慕顏學。

燕離巢

燕燕飛雙呢喃，尾脩脩，毛毿毿，東鄰西舍穿欲偏，乍去忽來看人面。東家有屋不我容，西家屋破愁雨風。營巢寄樓只如客，嗟胡為乎於我阨。所求寸隙暫安窠，主人不容將奈何。渴不飲爾漿，饑不餐爾栗，廣廈庇寒士，烏用苦相逐。西家卻有賢主人，縱我為巢顏色真。銜泥接食憐我勤，□書點案俱不嗔。生雛長大羽翼成，忽然飛去那無情。燕雛飛去復飛來，別邊邸畏傍人猜。更借梁間過幾宿，為謝主人深响育。正恐秋高落木稀，一朝各自東西飛。主人留我不能住，此意蒼黃誰得知。但願主人好心事，年年生子來相依。

可惜行

可惜復可惜，人生百年駒過隙。昨日已往不再來，今日欲留留不得。請君莫學流浪徒，此身堪歎非常軀。丈夫貴在盡天理，造化賦子無賢愚。豈不見，南鄰富薰天，呼盧一擲百萬錢。昨日探丸馳駿馬，今朝已葬泉臺下。世上悠悠只如此，可以空生復空死。

別表兄王所存歸會昌訓導

我姑之子為我兄，別去十年俱愴情。向來紅顏齒方壯，今見白髮盈頭生。

兄為訓導當僻縣，我愧無才居翰苑。兄談道義淑時髦，我被虛名勞墨胃。
憶從邑從來北京，兩隨萬乘征邊廷。馬蹄蹩踏陰山雪，天街掃淨無攙搶。
歸來裘褐敝兩腋，驅馳豈在它人後。據鞍草檄疾風火，破銃衝堅我何有？
吾兄安穩不出門，朝擁皋比直到昏。經史時務課弟子，鉤玄探賾精講論。
泮芹青青泮水綠，幽蘭開花播芬馥。行吟坐誦隨所欲，官閒禮法無拘束。
長安苦寒冰雪深，皮鞍膚裂不可禁。我時備馬聽雞起，吾兄睡熟初翻衾。
山城寂寂逢迎少，齋閣沉沉不知曉。晴雲淡蕩碧空遙，鴻鵠高飛避凡鳥。
今年考滿來金臺，中堂把酒篘新醅。尊前話舊慰久別，劃然使我愁懷開。
吾兄吾兄性真率，一生篤志勤學術。春園不逐桃李顏，落盡繁華露秋實。
肯把文章輕動人，時吟佳句聊寫真。紛紛萬事付穹昊，流水浮雲身外身。
長河冰澌水如線，回舟百折愁腸轉。骨肉毋嗟數別離，但願安好長相見。

水調歌頭 〔註2〕

昨日賞重九，今日雨兼風。登高已罷無事，晴雨任天公。清坐玉堂仙署，
遙望廣寒瓊島，隱隱畫圖中。更待稍開霽，登眺㞐飛龍。　　覽群岫，羅翠障，
疊萬重。古今壯麗，山海擁抱帝京雄。猶記前年巡守，遍歷郊原村落，清問及
田翁。我愧苦無報，憂國顧年豐。

其二

搖落暮秋景，蕭索鬢成絲。宦情羈思相併，無限繞天涯。漫憶前人高致，
盡付一篇青史，得失問何為。叔子泣峴首，元亮醉東籬。　　物如舊，人不見，
弔豈知。滿城風雨，更乘興餘和陶詩。睞眼又過重九，算日都來能幾，不似少
年時。惆悵東風裏，殘菊三兩枝。

其三

鴻鷹盡向南，落葉又紛紛。驀然添客愁處，嘹亮一聲聞。夢繞長林茅屋，
遙想草堂對面，西碧帶斜曛。矯首望親舍，迢遞隔飛雲。　　釣鮮鯽，燒嫩筍，
煮潤芹。故山路遙，誰為持語寄殷勤。間賞并州風景，有約同袍知友，取樂日
為群。更把一尊酒，重與細論文。

其四

雨後看山色，洗出十分清。絕勝金碧圖畫，千里翠為屏。指點白雲凝處，

莊染秋光淡蕩，一練半腰橫。望裏有樓閣，還似見蓬瀛。　　倩黃鶴，遊碧落，眺赤城。不因臂羽，安得高舉度滄溟。誰說神仙難遇，我道神仙堪學，有術可長生。萬編恭同契，千過黃庭經。

其五

記起昔年事，曾此度重陽。故人要賞籬菊，分韻急傳觴。滿目同僚知己，談笑尊前席上，新句競成章。木落水歸壑，風冷雁啼霜。　　坐中客，星雨散，思不忘。算能幾許，南北點檢半存亡。今歲金臺對賞，來歲登高何處，誰健復誰強。且覓杯器物，壺裏日悠長。

九日陪幸城南登高應制 〔註3〕

遇人間九日，天上重陽，太平佳景，黃菊乘金映蓬萊，秋影雨露恩深，瀚海無際。總大明疆境，處處豐年，家家樂事，舉杯相慶。況是黃封賜酒，滿酌玉液瓊漿，臽駝酥餅，閶闔風清覺薄霜，微冷，金闕岧嶢，曉日紅麗，照紫荬光穎，共荷雍熙萬年，天子至仁神聖。

扈從北征留別玉堂諸友

少年讀書仍好武，三十為官事明主。論兵時解說孫吳，落筆還能走風雨。
朝朝載簡侍鑾坡，優渥頻沾雨露多。獻納不才誠愧負，報恩無地將如何。
邊城忽報烽火促，塞下胡兒恣殺戮。羽書幾道出將軍，雲旂連山振長轂。
天子親征臨北地，前發嫖姚後車騎。六師貔虎盡英雄，萬里沙場騰殺氣。
是時扈從隨鑾輿，煙花日暖辭皇都。身一皮裘著貂鼠，腰下寶刀裝鰽魚。
金鞭拂雪紫騮疾，琱弧彎月窮鷗呼。築城直度臚朐水，封山更過狼居胥。
闕下故人總豪傑，賦得新詩為贈別。昨夜天街太白高，便看催敵旄頭滅。
為言勳業在遠行，丈夫談笑胡塵清。但見古來重廉藺，功成誰肯輕書生。
感君意氣有如此，日射龍紋劍光紫。會當投筆繼班超，誓斬匈奴報天子。

端午侍從御苑擊毬射柳應制　醉蓬萊

五月五，慶端午，御苑晨開看演武。玉殿東頭侍明主。
衛士如雲列貔虎，羽林萬騎趫赤縲。彩旗繡服分兩朋，擊毬決勝各爭能。
撾金伐鼓何匃訇，盤旋走馬全復興。翻身捷疾飛電驚，一點欻度奔流星。

〔註3〕原注：重九前一日作。

但聞得雋歡身騰，回首卻顧喜欲矜。萬人辟易目眩瞠，意氣昂藏誰肯後。
又挽雕弓馳射柳，分驄控箭捩兩肘。一發剪白風拉朽，當場較藝誇好手。
罰籌更覺成愧負，紀昌學瞬目若瞍。視小如大風縣牖，百發奇中隨引彀。
矢鋒相觸棘端掊，兵貴練習方赳赳。呼吸變化隨左右，虎跳豹躅舒蚴蟉。
錦綺散地競逐取，兔蹲鶻攫忘跕跦。閱闌賜宴嘗粽糗，文臣命以紙筆授。
各賦詩章逞齏臼，群奏球磬臣拊缶。慚以瓦礫集瓊玖，九重進獻拜稽首。
聖皇功德被宇宙，義為千櫓仁為守。太平樂事無不有，萬物熙熙在靈囿。
麒麟鳳凰出郊藪，臣願滄海成春酒。一杯一祝萬年壽，海水杯量共長久。

卷五‧五言律詩、五言排律

挽周仲原

歲月嗟飄逝，鄉閭哭老成。若無高士傳，難表隱君名。
落日愁雲嶺，孤墳宿草生。欲懸吳子劍，聊慰百年情。

聞蕭主簿迪寬訃音三首〔註1〕

分手在江亭，之官在建寧。十年常契闊，一死恨飄零。
涕淚春城雨，交遊曉甸星。九原成永隔，嗚咽望青冥。

苦憶垂髫日，鄉園共往還。坐沉魚浦月，遊遍虎溪山。
學問君先達，趨馳我靦顏。情親三十載，空有淚潺湲。

吾宗成宅相，愛子弟兄賢。伯仲俱才俊，聲名豈後先。
討論常共被，薦剡不同年。嗟歎今何在，臨風重憫然。

贈別宗瓚

迢遞來京國，相看是弟兄。一尊涼夜飲，孤館異鄉情。
卷慢■■■〔註2〕，開窗放月明。明朝有離別，歸路片帆輕。

題怡老堂

戲綵娛親日，承顏膝下時。湧泉頻躍鯉，種樹每駢枝。
膧甕醅浮蟻，香盤膾切絲。古來稱孝子，今日見姜詩。

〔註1〕原注：本洲。
〔註2〕原字被塗抹遮蓋。

夏日積雨偶成

六月多淫雨，陰雲掃不開。窗涵瞑色早，風作秋聲來。

池館渾無暑，園疏可勸杯。出門苦泥濘，向夕始朝回。

幕僚李南華淳懇上也，居翰林凡三載，持身處事甚謹，人咸稱之。今年夏以疾在告，未旬日而歿，人咸惜之。予重惜其才，情不能已，遂賦五言詩二首以挽之。

念子性敦厚，才華真秒年。翰林初入幕，交友盡稱賢。

臥病未旬日，含悲隔九泉。蹇予思不已，賦此重潸然。

西風歸旅櫬，落日重淒其。虛枕黃粱夢，高堂白鬢悲。

提銘祭酒篋，哀挽翰林詩。地下應無恨，招魂有楚辭。

丁孔目母挽詩

白髮享高齡，華堂見壽星。方期榮色養，何遽遽凋零。

令德傅詩誦，潛光屬墓銘。傷心悲孝子，灑泣向青冥。

九日

又是重陽節，黃花不肯開。長為天上客，且盡掌中杯。

寄遠無鴻翼，登高有鳳臺。故園千里外，十載未言回。

南山耕讀詩與劉仲鐔賦三首

我愛南山好，幽偏稱隱心。鑿池留月鏡，開徑出雲林。

稻長千畦綠，松圍四座陰。時時耕與讀，興復在瑤琴。

□□□〔註3〕朝雨，林深宿暮煙。放泉來別潤，驅犢種平田。

留客□〔註4〕夜飲，新池旋擊鮮。漆園希曠逸，詩誦達生篇。

未曙先啼鳥，才春即見花。絕勝何氏宅，還是鄭生家。

帶雨鋤新筍，穿雲摘嫩茶。將書掛牛角，歸路晚風斜。

喜甥徐洸至二首

忽喜吾甥至，令余懷抱開。異鄉為客久，遠道奉親來。

〔註3〕原字被塗抹遮蓋。

〔註4〕原字被塗抹遮蓋。

弟妹俱年少，提攜賴汝才。新詩過百首，佳句總能裁。
別汝僅一載，今來已可人。厲艱諳世故，出語見天真。
書未終千卷，才堪慰二親。客中憐骨肉，深夜語頻頻。

吉慶

小女名吉慶，今年始解行。拜人連欲踣，學語未分明。
覓果呼慈母，翻書傍阿兄。目前聊足慰，非汝故關情。

遣興

俯仰思千古，逍遙寄雨間。孤雲飛不定，流水去難還。
有跡方鳥後，無名始是閒。何由堪遣興，把酒對寒山。

題水墨梨花

春園雲瑣碎，剪剪出芳葉。啼鳥和聲裏，憑欄幽思中。
哀榮無定跡，舒卷任東風。笑共花神語，因知趣不同。

題畫岳陽樓

欲過洞庭渚，更上岳陽樓。煙雨空成夢，江湖未買舟。
雲迷張樂處，樹落戈鳧秋。不覺為圖畫，渾如汗漫遊。

程中書母挽詩

客路八千里，閩關訃忽來。慈親嗟已逝，游子不勝哀。
丸膽留遺訓，紉針有舊裁。都將一掬淚，灑向釣龍臺。

中秋夕示南京穆穗二見二首

三載從巡狩，三年住北京。中秋氣已肅，今夜月偏清。
時節催吾老，詩書望汝成。遙知把酒處，重有憶子情。
萬里嬋娟淨，三更星斗高。愁多憑酒遣，興索縱詩豪。
報國誠吾事，承家付汝曹。故園親舍遠，誰與進香醪。

冬日寄示南京二兒三首

我身長作客，念爾寓京華。詩禮從疏放，音書只歎嗟。
眼穿飛鳥沒，心斷暮雲斜。報國慚無補，誰能更憶家。

親舍五千里，違離十四年。安書憑汝寄，老病竟誰憐。
鬢短緣愁甚，天長足夢牽。如何小兒女，能解寸心懸。
歲晏景何迫，流年去不停。壯心徒草草，華髮已星星。
食祿慚三釜，傳家愧一經。汝曹慎修飭，足以慰飄萍。

贈徐僉事則寧之閩中

拜命離雙闕，之官向七閩。遙趨僉憲任，真作載驅臣。
去路衝寒雪，分司及早春。按行先扶靖，所重緝齊民。

贈饒僉事安之陝西

掄才初筮仕，銜命遠之官。送別將年盡，臨行明雪寒。
星軺辭上國，使節望長安。到日頻諮訪，惟懷靡及歎。

郭郎中母挽詩

南浦愁雲外，西山落照邊。訃音來萬里，慈母隔重泉。
泣血孤兒痛，埋銘令德鐫。傷心憐郭巨，純孝感皇天。

挽蕭引之教授二首

慟哭同年友，全歸已板棺。春秋五傳學，教授一儒冠。
旅櫬他鄉遠，孤墳蔓草寒。只今始歸骨，魂斷路漫漫。
□載□遺教，崑山著誦聲。真能敦古道，端不愧新銘。
將引□教命，低回若避榮。哀辭悲五噫，有恨獨傷情。

贈太醫院判韓公達

鼻祖為良相，雲仍擅國醫。承家文獻舊，遇主弟兄奇。
負局磨仙鏡，長桑飲上池。無勞問瓜幕，每見起幾危。

送吳中書勝回南京二首

故友難為別，分攜有底忙。殘年催遠道，孤館送斜陽。
去夢頻金闕，交情滿玉堂。雲山千萬疊，回有向蒼蒼。
去路衝寒雪，層冰踏馬蹄。朔風欺客袂，旅飲促晨雞。
目極南京遠，心懸北斗低。鳳池春色早，歸日柳條齊。

春日陪駕遊萬歲山十首

馳道香風暖，春花錦樹紅。宸遊仁智殿，更上廣寒宮。
瞰水疑浮海，凌雲若泛空。自非有仙骨，安得到天中。

石磴縈回上，嵌岩集業分。蟠松低拂地，深洞窈藏雲。
古殿浮生靄，奇花吐異芬。鳥啼如沸樂，彷彿九霄聞。

俯仰重重□，遨遊處處奇。才過三十步，已有百千岐。
翠柏團高蓋，青蘿嫋細絲。自矜遇真境，登陟總忘疲。

倦立依叢石，輕行惜落花。孤高望不極，清絕興踰賒。
物色皆詩句，恩榮適歲華。聖心頻念渴，屢敕賜新茶。

大液浮天影，晴波泛暖春。鯉魴遊近岸，鳧雁不驚人。
未敢施罾繳，徒懷把釣綸。物情真自得，同此沐皇仁。

白日旋瓊島，鑾轝下玉臺。勝遊仍未遍，□□□重來。
豁落塵胸窄，微茫望眼開。躋攀雖力乏，欲去更徘佪。

□□□豈弟，還向小山遊。古木圍香殿，長橋度碧流。
入門成異趣，撫景更清幽。誰謂蓬瀛遠，於今到上頭。

滿壁開圖畫，綠階長翠篁。龍噓九曲水，樹老萬年霜。
何必論玄圃，真成到紫房。回看佳麗地，玉氣蔚蒼蒼。

水殿沒虛敞，崇臺入望高。畫梁留語燕，孤島戴靈鼇。
脆藕甘分雪，香梨味勝醪。清遊從此慣，奔走豈辭勞。

清宴儀天殿，煙煙散綺羅。黃封分御酒，白羽賜天鵝。
優沃恩波重，升平樂事多。小臣無以報，稽首進卷阿。

重陪駕至太液池十首〔註5〕

環島煙霞外，重來又近秋。水花函鏡靚，宮樹入雲稠。
落照明池上，涼風在殿頭。翻疑前日到，不及此時遊。

徙倚高堂上，繁華入望中。涼生金井樹，香度碧荷風。
禁籞回仙苑，雲霞護悶宮。聖恩令遍覽，感此興無窮。

〔註5〕原注：中缺二首。

載筆隨丹輦，承宣近御床。波翻清影動，松落翠陰涼。
冰人分蓮子，金壺賜蔗漿。天顏深有喜，沛澤益汪洋。

玉砌臨無地，飛甍上倚天。微風斜舞燕，高柳沸鳴蟬。
岸草茸茸細，池荷箇箇圓。孰知丹禁裏，別有好林泉。

瑤臺浮御氣，馳道跨天津。空闊渾無暑，清虛回絕塵。
鴛鴦臨水並，翁翠映苔新。寄語桃源客，徒勞避世人。

河漢星槎遠，清漣畫舫移。回風飄舞蔓，細果壓卑枝。
勝景略從見，仙源世不知。非因頻侍從，那畫此中奇。

彩雲移雉扇，碧蘚映雕欄。柳外停遊輦，花陰立從官。
自緣疏散賛，常得賜來觀。靈囿會同樂，皇恩海寓寬。

瓊林二島見，宮殿兩崖開。雲自波心出，泉通地底來。
暢遊多適興，欲賦愧非才。向夕笙歌散，天香滿袖回。

立春早朝

飛雪送殘臘，隔年迎早春。暖風回昨夜，佳氣靄清晨。
萬國朝丹闕，千官拜紫宸。香飄閶闔迥，步響珮環振。
仙樂開中殿，青歌下大鈞。冕旒瞻黼扆，日月繞龍鱗。
陽德施群動，華夷仰至仁。紅含花蕊細，綠轉柳條新。
纖玉傳生菜，醇醅賜近臣。自慚分彩勝，幾載受恩頻。

高侍詔母挽詩

白髮近期頤，蒼顏介壽祺。遙嗟千里隔，遽作九原悲。
蕙帳閟新彩，蘭階失舊姿。徒增風木感，不盡旨甘思。
姆教留遺訓，家聲足令兒。才華邦國彥，翰院佩琚辭。
述德光泉室，將銘勒墓碑。海雲愁漠漠，庭草慘離離。
落月來魂夢，寒泉咽淚洟。憑誰薦清醑，為我酹貞姬。

元夕大內觀燈賜宴和李中允二首

天下皆同樂，君臣共穆清。萬方趨入貢，多士慶登瀛。
佳節逢元夕，乾坤屬太明。□燈輝月影，古調踏歌聲。

星斗回三殿，簫韶度五更。雍熙嘉際會，仰見泰階平。
神島移滄海，輕飆馭鶴仙。雲霞相掩藹，錦繡競鮮妍。
珠斗千門迥，銀花萬樹連。御香來黼座，戲樂近華筵。
歡笑同今夕，叨陪自往年。兩京多勝事，倡和付新篇。

卷六・七言律詩

舟行阻風雪

北風蕭瑟薄征裘，千里遙為上國遊。雪色滿山明兩岸，江聲入夜到孤舟。
春歸不及南湖雁，晝臥惟憐別渚鷗。總為浮名相絆繫，故園花竹興悠悠。

夜宿黃金塘留別王子通

意外蕭蕭竹十竿，酒醒聽雪深夜寒。五更鄉夢辭家遠，萬頃風波去路難。
最恨馬卿猶臥病，徒令貢禹也彈冠。明朝██〔註1〕河梁思，滿目雲山別
後看。

曲江阻風

連日寒風雪不消，扁舟尚阻去程遙。青雲作客猶羈旅，章甫為儒際聖朝。
別思每勞詩句遣，愁懷頻藉酒杯澆。明當借得凌空翼，咫尺扶搖上九霄。

將至南浦望豫章城

長江風景晚蕭騷，極目孤城客思勞。南浦一流煙浪闊，西山千障雪風高。
驛亭暝色催官舫，水國春寒入布袍。誰道別離猶有恨，不妨萬里快遨遊。

元夕泊豫章

殘雪微消潦水生，扁舟晚泊豫章城。萬家燈火遙爭麗，半夜笙歌自有聲。
時節催人成遠別，月華照客未分明。同遊總是青雲侶，尊酒頻傾慰旅情。

〔註1〕原字被塗抹遮蓋。

望湖亭晚眺

雪殘雲散晚風晴，掛席東遊彩鷁輕。懷古不堪成楚望，登臨且喜上吳城。匡廬遙落中霄影，彭蠡平開一鏡明。往事消沉煙景裏，斜陽荒草不勝情。

望廬山

廬阜高寒插劍鋩，晚晴遙望入蒼蒼。千層華蓋從天下，九疊屏風帶雪張。影落平湖青黛小，秀分南紀白雲長。他年五老能招隱，便結松巢跨石樑。

望小孤

中流迢遞見孤山，絕壁蒼蒼杳靄間。碧落有雲常掩映，丹臺無路何躋攀。憑陵吳楚三千里，雄壯東南第一關。來往■■〔註2〕人自老，南船才去北船還。

登小孤

楚水中流辟海門，九江東去勢如吞。孤峰斷岸千尋上，一柱擎天萬古存。不晦險崖常宿雨，未明絕頂已朝暾。憑高無限登臨興，望盡中原望故園。岩龕石磴倚崔嵬，過客登臨此處來。仙子不歸遺廟在，寒潮長送夕陽回。江連江漢天無際，山擁潛廬雪欲開。暫把一杯酬旅況，不須懷古重徘徊。

登池口

浪靜扁舟向晚開，中流渺渺棹歌來。雪留翠巘春寒在，日落黃蘆暝色催。壯節未酬猶是客，羈懷欲遣莫停杯。故園別後無消息，愁見江城雁北回。

磯磯

萬頃波光鏡面開，水宮雲影見樓臺。夕陽飛鳥歸無盡，春浦寒潮自往來。燈火只合漁艇近，鼓鍾長送客帆回。東遊未遂經行興，況是嚴程日苦催。

早朝

紫色深深曙色遲，千官環珮肅朝儀。香雲乍起開金殿，仙樂徐聞支玉墀。星彩遙臨花影動，月華才轉樹陰移。侍臣霄漢承恩渥，只有丹心報主知。

〔註 2〕原字被塗抹遮蓋。

春日禁中

　　□□春雲覆殿陰，千門晝永漏沉沉。一雙燕子飛西掖，兩個黃鸝啼上林。
草色偏多回輦處，揚花直到曲闌深。太平自愧才無補，獻納惟期竭寸心。
殿閣新晴晃繡衣，朱甍鎖闥映朝暉。內宮奉輦行黃道，近侍承宣出紫微。
山色慾來宮苑靜，風光相逐燕鶯飛。生成已荷乾坤力，願效夔龍志不違。

元日

　　和風麗日報新年，壽域洪開氣象鮮。玉歷授時朝萬國，鳳韶按樂度中天。
駕陳鹵簿丹墀內，班列峨眉御座前。共喜皇恩彌八極，不須將士守三邊。

清明

　　久客長安近日邊，宦情無那也淒然。清明又是過三月，先隴相違已六年。
蝴蝶飛來幽徑草，黃鸝啼入禁城煙。故園最憶芙蓉麓，幾處開花對古阡。

和鄭助教退朝左掖聞鶯

　　朝回左掖聽宮鶯，綠樹陰陰燒禁城。清曉每聞煙外囀，嬌歌遙度曲中聲。
九天縹緲和仙佩，三殿依微下玉笙。青鏡流年誰獨惜，白頭著述卻康成。
朝罷一官逐隊行，新鶯百囀繞含章。綠陰最惜西華樹，清韻遙過內苑牆。
停佩聽時啼卻緩，向人飛處意偏長。憐君未覺成多感，誰共尊前勸離殤。

內直次韻

　　天門侍立已多時，內閣從容退食遲。四海太平應有象，九重端拱正無為。
扶桑日上黃金殿，閶闔風生赤羽旗。共喜草來深雨露，華夷從此樂雍熙。
每近龍顏侍語時，金門晝靜漏聲遲。庚歌不減唐虞盛，論道終期稷卨為。
御氣欲浮雙鳳闕，日華遙映九遊旗。趨陪已喜承殊渥，聖學頻煩誦緝熙。

退朝偶賦

　　清時無補欲如何，卻惜年華冉冉過。青服故人音問少，白頭老母夢思多。
孤燈對處看秋鏡，雙闕朝來散曉珂。載筆自慚真忝竊，九重況屢沐恩波。

秋日早朝次王檢討韻

　　秋滿都門一雁飛，輕羅初擬試朝衣。城頭鼓角催更盡，闕下星河向曉稀。
佳氣入雲浮紫殿，新涼先雨到彤闈。涵濡共祭雍熙日，誰識陽和造化機。

九日

冠佩從容出禁城，玉堂杯酒暫同傾。菊花未放空佳節，塞雁初來寄遠情。
北郭千山浮爽氣，西陵萬樹起秋聲。故園想有登高處，誰插茱萸憶弟兄。

送鍾訓道之長沙

南去長沙幾日程，布帆迢遞颺風輕。三湘愁思多離怨，兩地關心是別情。
賈誼宅前秋草在，定王臺下暮煙生。登臨想見時懷古，辭賦惟因弔屈平。

送芮麟重守建寧

建寧出守沐恩新，五馬重臨擬借恂。玉佩曉辭銀闕曙，朱轓晴照鳳城春。
月明征路經鄉縣，日暖甘棠待吏民。愧我不才思識面，相逢卻訝跡如神。

贈徐推官之姑蘇

儒衣曾倚柏霜寒，此日承恩始拜官。歷事已聞名藉甚，論囚待見獄平交。
姑蘇煙樹迎旌斾，白下晴楊拂馬鞍。聖代只今嚴考績，好將異政達朝端。

送呂僉憲歸省山陰

十載為官一布衣，故家文獻愈增輝。聲名已為當時重，清苦從知此日稀。
江右按巡勞憲節，山陰歸省拜庭闈。南州凋敝今愈甚，諮訪咸瞻四牡騑。

別胡子澄

舊遊萍梗逐風輕，此日歡逢在帝城。剪燭暫同孤館夜，題詩多是故鄉情。
一尊別酒將春暮，千里歸舟泛月明。無限離愁何處看，夕陽江上棹歌聲。

贈王助教致仕

白頭辭祿賦歸田，烏帽承恩下日邊。官路暫沽前店酒，布帆遙掛上江舡。
思將筍蕨供朝飯，乞得桑榆樂暮年。高臥衡門對松菊，應知無夢到成賢。

贈張運副歸省南昌

宦游離別思依依，暫得承恩日下歸。江路微茫春雨後，鄉心迢遞暮雲飛。
草青南浦迎孤棹，柳暗東湖隱舊扉。故隴松楸如昨日，想應惟有一沾衣。

題李伯震巢翠卷

舊結雲巢傍翠微，綠蘿碧蘚潤岩扉。半憲列畫山排闥，環堵無塵竹作圍。

溪雨未來先爽籟，水禽相伴每忘機。自緣此外堪頭白，誰信幽樓與願違。

送人之向武幕

驅馳萬里向遑慌，拜命新辭出建章。路入兩江分左右，天連八桂異炎涼。
道邊見客皆蠻語，峒裏逢人盡卉裳。聖代化行無遠邇，牧民應重擇賢良。

送李生還鄉

季父超揚已絕倫，阿宜文采照青春。月生合浦明珠出，日暖藍田白玉新。
天上未歸同作客，山中若到定懷人。還家已遂幽樓願，綠樹清池理釣緡。

送別家兄

江東門外送輕舟，惡說南風苦滯留。惜別未終同被樂，促歸先慰倚閭愁。
關河煙景林鴉暮，澤國音書塞雁秋。多少傷心眼前事，都憑傳語到滄州。

送廖伯琛入播

京華為客喜相逢，語笑連宵在會同。詩思微茫秋色裏，鄉心迢遞月明中。
別情萬里臨流水，歸路千山對落楓。此去音書何處達，夜郎南向少飛鴻。

送劉允哲往湘中

三湘七澤水雲連，楚客南遊思渺然。行卷苦難題別句，離心況是逼殘年。
鳳凰臺下晨分袂，鸚鵡洲前夜泊舡。試問賈生遷謫處，一杯煩為弔荒煙。

送人鎮雲南

四海謳歌頌太平，將臣分閫鎮邊城。節旄上日辭霄漢，斧鉞高秋出帝京。
六詔雲深豺虎肅，百夷地遠瘴煙清。柳營訓練多餘暇，閒看春農雜曉耕。

贈江西傅副使

金門纍直夜迢迢，珂珮玲瓏近九霄。語笑每為青瑣伴，步趨同入紫宸朝。
月明候館迎仙旆，秋滿都城別使軺。願假霜威清瘴癘，好敷聖澤及蠻羌。

贈南康林使君

使君五馬謁神京，三載還來報政成。北闕署名無殿績，南宮考課有能聲。
江頭落日旌麾別，湖上新年父老迎。到郡卷廉公事少，香爐閒看紫煙生。

別沈縣丞

昌化三年佐政勞，簿書考課謁銓曹。金門聽漏霜華冷，玉陛辭朝月影高。
江路曉行山寂寂，浙河晴泛水滔滔。到時又是新春後，滿縣東風綻碧桃。

寄簡夫

幾度詞垣對夕暉，懷君千里恨相違。乍逢故友將詩寄，久別文江覺夢稀。
牛渚波光天際遠，龍河草色雨中微。遙知習靜東山下，閒看浮雲出岫飛。

寄紹安

故國三年別夢頻，都城又見歲華新。談經尚憶西窗夜，對酒遙憐小檻春。
客思不離螺浦樹，鄉書多寄秣陵人。槐堂舊有餘陰在，應看青雲早致身。

送黃伴讀

高才應似馬相如，共羨王門早曳裾。首首詩篇唐格調，行行筆法晉人書。
春來江上愁難別，君到河南思有餘。莫□□□天上遠，龍門頻寄一雙魚。

送萬伴讀往洛陽

離心日逐去鴻飛，把酒河橋送夕暉。客裏春來鄉信少，眼中人去舊遊稀。
疏星待漏辭丹闕，遠水迎舟出帝畿。想到梁園多賦誄，洛陽花柳正依依。

送人之官南海

都門花柳照青春，拜命遙辭出紫宸。南海喜迎新令尹，西山因見舊交親。
舟移楚水成孤夢，月滿梅關度遠人。鄉思欲知何處是，刺桐紅槿鳥聲頻。

送王山人

賣藥攜琴每出城，松林蘿逕往來輕。濟貧已足囊中訣，習靜應多物外情。
入洞有時隨鶴去，看山終日傍雲行。琅琊宗族懷高誼，千載靈巖一指明。

送杜貫道回山陰

華館東風燕子飛，旗亭酌酒送斜暉。山陰修禊春將暮，江上思家客暫歸。
舊隴松楸荒宿雨，故園花柳映朝扉。惟有清真軒裏月，相期莫遣賞心違。

送劉凝節南歸

青春作客共京畿，遠道思親凝賦歸。別夢欲隨江水上，離心正逐嶺雲飛。

山經廬阜觀千障，家在烏源掩半扉。白髮倚門頻悵望，斕斑先著老萊衣。

題杜清碧書望雲卷

武夷遙憶杜徵君，軼世高風迥不群。九曲丹霞餘舊業，一坏青草閉荒墳。
已嗟往事隨流水，尚見遺書寫望雲。賴有賢孫能愛惜，八分重睹石經文。

分得龍洲送楊相歸省

西昌煙樹遠冥冥，十里龍洲草色青。薄暮漁人隨水上，陽春估客放舡輕。
漫遊憶我曾題賦，歸省憐君是過庭。他日甲科期不負，縣前爭說識應靈。

送楊參政重歸閩

玉堂春盡雨絲絲，清會逢君對酒巵。考績已為方伯最，論交先向故人知。
天連吳水舟行遠，路入閩關馬去遲。惟有無諸城上月，海門千里照相思。

贈光化知縣王時中

華髮郎官舊縉紳，青袍白簡拜楓宸。佳名早已聞朝士，善政應多及縣民。
秋水漢江歸棹遠，暮雲淮浦別愁新。鄉書莫道鱗鴻少，此去襄陽有故人。

送襄陽教授金原祺

長江無浪布帆輕，西去襄陽感別情。十載獨憐交誼舊，一官偏羨廣文清。
雲開漢口斜飛鳥，樹接荊門遠帶城。千古峴山登覽興，斷碑荒草暮煙生。

禁中次若思侍讀韻

閶闔濃雲濕未消，風傳三殿御香飄。玉堂晝永頻分直，金闕人稀已散朝。
露下井梧秋苑靜，雁回江浦碧空遙。憐君賦就陽春曲，因有新聲出九霄。

送劉凝節

八月都門送客行，長河歸雁雨中聲。一尊不盡臨岐意，千里那堪別子情。
廬阜天高秋欲暮，崆峒霜落瘴應清。杏壇童子時收講，好為窮經照夜營。

書李氏孝友堂卷

曾向中華步晚暾，竹林相訪倒芳尊。別離愧我頻京國，孝友憐君好弟昆。
夜雨軒窗連枕被，春風庭砌長蘭蓀。紫荊莫遣成枯老，定有旌書到蓽門。

寄業紀善

華館遙連紫禁西，幾回乘月聽朝雞。春遊翰苑曾同入，詩鳴鸞箋憶共題。
嵩岳正中天闕近，黃河直下海門低。別來千里勞清夢，何日相逢手重攜。

鄉闈懷同寅諸友

隸闈清坐思迢迢，咫尺詞垣隔九霄。青鎖畫長閒草制，紫宸天近早趨朝。
萬家秋色煙中樹，一曲涼聲月下簫。試問故人相憶否，此情慾寄塞鴻遙。

送別劉日升

每逢煙景倍思家，況是秋風送客槎。一見幾回詢郡邑，五年三度到京華。
滄江落日孤舟別，遠浦晴雲斷雁斜。後夜欲知何處夢，長洲明月映蘆花。

賦得函谷關送人之秦中

苕嶢函古倚天開，百二關門俯露臺。秦地山河從此合，咸陽風雨自空來。
千崖落照明紅葉，半壁荒碑長綠苔。老子青牛今已遠，登臨懷古重徘徊。

雲山小隱為豐城涂生作

清泉翠竹迥無塵，布襪麻衣習隱淪。芳草斷橋青到戶，長柳巢鶴靜為鄰。
西山雲氣生書幌，南斗虹光射劍津。聖代求賢需逸士，如何江海有閒人。

贈徐布政之廣東

簪筆螭頭侍從時，多才早達聖明知。九重給事恩逾渥，千里承宣詔豈私。
庾嶺秋高孤雁遠，吳江水落片帆遲。佇聽天語丁寧處，要是陽和物物滋。

題赤壁圖

雪堂學士玉堂仙，赤壁重遊夜泛舡。文采風流今已遠，江光月色故依然。
青山幾點蒼茫外，碧樹參差杳靄邊。尚想橫空□□□，□衣入夢影翩躚。

送別常□□□□子宣

常山佐邑已多年，考績應知子獨賢。闕下疏鐘晨接佩，江頭風雨晚移船。
五經家學還能繼，三禮威儀喜有傳。莫歎別離當歲暮，到官猶說是春前。

送詹奎章重尹東陽

帝城歲晏朔風寒，相送都門雪未乾。候吏喜迎前令尹，列星還應舊郎官。

雲邊畫舫乘潮去，江上春山把酒看。明日雙鳧知已遠，碧霄回首思漫漫。

送曾太守重知歸州

出守還臨夔子國，曉寒分手鳳凰臺。千山積雪離鴻斷，萬里歸舟去驛催。
江左交遊憐遠別，巴東父老待重來。遙知到郡春風暖，應有棠梨幾樹開。

贈羅仲舉致政還鄉

青年遊宦走西東，白首承恩雨露同。禁苑朝來無舊識，故園歸去羨群公。
鄉心萬里飛雲外，別思千山落照中。遙想到家寒食後，尊前日日醉春風。

送郭子□□廣西

新承詔命沐□□，斧鉞青春出帝鄉。蜀縣此時思郭伋，桂林今日得張□。
天連百粵秋無瘴，地接諸蠻夜有霜。臨別獨嗟何以贈，勉期忠孝答虞唐。

晏僉事之山東

黃鳥翩翩飛上林，龍河疏雨落花深。春城送別同為客，旅館相思獨繫心。
沛郡風謠遺舊政，麟原詩稿足新吟。世家還接東齊譜，此日還持使節臨。

別山東鹽運副使蕭鵬舉

三年京國屢逢君，白首惟憐思不群。經學早從劉向說，世家遙自子雲分。
月中珂珮趨朝接，江上歌詞送別聞。莫歎鹽官淹歷下，馬頭看遍泰山雲。

送李輔歸鄉

都門曙色已曈曨，相送離亭思萬重。日下紅塵迷遠騎，雲邊紫閣度疏鐘。
家書欲寄雙鳧渚，鄉夢先過五老峰。同學舊遊頻寄語，別情應似宦情濃。

次韻杏莊先生見寄

先生日共白鷗閒，九老香山可是班。杖策每行洲渚上，看花只在杏莊間。
坐□仙客求丹訣，門有清風掃竹關。愧我一官天上遠，何□□酒解襟顏。

贈吳太僕□□

將門才子□□□，每接珂聲步玉墀。分手又為今日別，論交卻憶昔□□。
為憐王宰真能畫，更喜吳融善賦詩。明發度江淮浦遠，□□煙樹不勝思。

梅雪軒

千林歲晚墮群英，軒外梅花照雪明。一榻香風塵不到，四窗寒影夢猶清。
酒杯應笑陶彭澤，詞賦偏憐宋廣平。安得山陰乘興去，扁舟還載鶴同行。

和鍾伴讀

辟雍作賦動朝端，泮水初辭硯席寒。千里風雲仍達道，十年文學舊儒冠。
已看禁篹承新寵，應羨王門拜好官。幾度文華聽講罷，步趨時共出金鑾。

別薛僉事

繡衣驄馬出郊坰，疏雨微雲散曉星。五載重逢頭已白，半生相見眼中青。
清秋斧鉞辭霄漢，晴日樓舡過洞庭。遙憶別情何處是，乱山高下短長亭。

鍾氏菊逸堂

君家種鞠草堂西，分得清香自閬溪。歸來彭澤應偏愛，隱逸春陵獨品題。
幾□白芷開璃屑，無數黃花勝曩蹄。我憶南山秋色好，□□□□□荒畦。

送夏驛丞

桂林向去水□□□，□□雲山別恨遙。曉月和鍾辭魏闕，新春先夢到□□。
□□□□寒猶在，已放梅花雪未消。明日秦淮江上路，片帆早發好乘潮。

送蔡孟凱教授零陵

十年相別在江鄉，此日重逢到玉堂。易學已傳田博士，世家遙屬蔡中郎。
月明螺浦歸舟遠，天入零陵去驛長。誰復歎君頻轗軻，從來師道有輝光。

別蕭崇岳縣尹

花縣郎官觀帝畿，朝回握手出彤闈。應憐客況難分袂，欲遂鄉情未典衣。
雙鳥又從天上去，扁舟遙向臘前歸。到家倘過芙蓉渚，為道松蘿願不違。

送沙知州往祿州

春風萬里布陽和，拜命趨朝聽曉珂。八柱遙連銅柱斷，祿州更向桂州過。
道邊野服蠻音異，雨後山田象跡多。聖代牧人無遠近，草萊何處不恩波。

陪祀南郊

聖主升中禮玉皇，碧霄雲淨月□□。□□晃漾搖明炬，煙霧空蒙散好香。

玉佩上公趨□□，□□□□□□□。□□□□臣侍從，天壇下聽徹□□。
閶闔中開夜□□，□□□□□□□。月華絕轉聞群佩，香氣初升享百□。
□□□□□□旂，□間仙鶴下伶傳。太平正值和清日，福祿□□萬國寧。

送謝敬常萬安省親

都門楊柳綠依依，春半江亭雁北飛。遊宦卻嗟為客久，送人多是故園歸。
青年上國遙持檄，白髮孤村獨倚扉。為羨還家榮彩侍，也應五色著斑衣。

贈醫者

都城邂逅識徐郎，共說能醫學太倉。賣藥市頭因借宅，活人□後有奇方。
杏林舊業煙霞遠，橘井新泉日月長。試問上池如可飲，便應撫髀訪長桑。

送吳中書奉使入蜀

使節遙臨白帝城，星槎五月出神京。劍門重度千尋險，雪嶺高看萬古晴。
官路不離江□□，客情多在峽猿聲。勝遊已入王維畫，更有新詩記歷行。

挽江仲溫

鄉里交遊惜舊知，暫分不道是長離。浮生已作三生夢，在世應多百韻詩。
□□□□□□□，□□涼月冷平池。無端景物東湖上，□□□□□□□。

贈朱中書

暫辭青鎖□□□，□□□□□□□。□□□公秋共別，蘭堂孤夢夜偏□。
□□□□□□□，□□□□葉□聲。兩地相思何處是，天□□□鳳凰城。

和韻答徐崇憲兼柬鍾尚賢先生四首

經筵喜近九重開，論治應須賈董才。鄉里何因遣兩士，文章今見麗三臺。
□山日遠無書寄，吳水秋高有雁來。淺薄秖今逢聖主，侍朝終日每遲回。
林下投簪已避榮，人間到處有詩名。南州高士稱徐稺，西學傳經羨伏生。
萬里冥鴻孤影度，九皋仙鶴一聲鳴。鍾期未老知音在，莫向絲桐怨不平。
一日蜚揚上九天，姓名徒使萬人傳。宮花低處衣沾雨，輦路晴時草似煙。
鳳吹每聞雲外曲，龍吟久廢指頭弦。紫宸朝罷千官退，夾道分行揖馬鞭。
朝衫爭及布衣輕，□說龐公懶出城。竹下題詩留上客，枕邊無夢到浮榮。
捲簾不斷雲山色，繞宅流來澗水聲。行跡未拘何用達，逍遙還擬問□生。

題閩關霜曉□□□□還書

閩關月曉樹□□，□□□□□□□。□□□□寒漸少，山連鷗越路偏□。
□□□□□□□，□□□□□□□。□□□□共列行，暫向鳳凰臺下□。

送薛御史

兩朝文采繡□□，□□□添鬢□□。憂□□□重頻抗，調官八桂遠提綱。
雪晴白□征車□，雲滿黃陵去驛長。見說邊氓凋敝甚，好宣聖澤遍遐方。

送曾訓導往□縣

劍閣西行萬里遊，故園一去已多秋。窮途阮藉能青眼，題柱相如未白頭。
酒滿郫筒花裏醉，詩裁蜀錦囊中收。別來何處憑消息，巫峽江深晝夜流。

送楊編修歸建寧

官情離思各依依，白下門前送夕暉。春色已隨江柳遍，鄉心遙逐嶺雲飛。
溪回九曲迎蘭棹，日上重闈晃彩衣。暫憶故園成此別，玉堂□夢莫教違。

送侯助教致仕進賢

橫經已罷橋門講，投老因辭闕下歸。細柳新鶯江上路，綠蘿青草谷中扉。
舊盟三□餘松鞠，野飲千峰長蕨薇。鄉里莫驚冠帶異，□□□□□麻衣。

周紀善洗□□□□

石池泉滿碧□□，□□□□□□□。□□□□□自洗，鵝群帖好醉還□。
□□□□□□□，□□□□□易陰。何日掛冠同結社，倚□□□□□。

別劉日升

都門臨發更躊躇，□里頻頻慰索居。送別又過三月後，相逢況是一年餘。
杏花細雨啼春鳥，柳絮蒼江上鯉魚。亦有登山臨水興，朝簪□詳欲何如。

挽劉允中

孤墳獨樹草離離，落日蒼涼過客悲。白鶴不歸留恨處，青山猶似識君時。
佳名無傳書方伎，幽室將銘勒故碑。我重臨文懷往事，暫題哀些益悽其。

贈周生景亮還鄉

郎君年少似童烏，久侍嚴親走宦途。天上羽儀驚鸑鷟，日邊文采炫珊瑚。

別程建業雲連樹，歸棹鄱陽水滿湖。此去重來應不遠，西風一葉下庭梧。

贈黃中書還□□

冠佩趨陪紫禁朝，春風華髮已蕭蕭。宮槐葉暗藏仙閣，渠□絲長映御橋。
別酒欲留□浦月，歸舟又泛海門潮。鳳毛池上承優渥，□□□□□□□。

別劉仲海

握手遙憐□□□，□□□□□□□。□□細柳煙中色，長樂疏鐘□□□。
□□□□□□□，□□□酒聽流鶯。賢郎學省傳經□，□□□□□□□。

送俞御史歸□□

三年白簡侍彤□，謁告還□定省期。曉漏辭朝鳴玉佩，春城別騎鞍金羈。
思親夢坊看雲遠，戀闕情深去路遲。烏府才名推籍甚，□□彩服久江湄。

卷七・七言律詩

九日書懷

重陽京國雨霏霏，清賞何□與願違。菊酒曉陪金闕宴，茱萸晚插玉堂歸。
秋聲已逐西風起，客思初聞雁北飛。兒女尊前能慰藉，□□益重思庭闈。

冬日扈從獵陽山

陽山近繞帝城東，校獵晨驅萬馬同。雲裏孤峰開玉帳，架前七校控雕弓。
蕭蕭落木清霜下，渺渺重闈遠火紅。侍從小臣才淺薄，慚無詞賦擬揚雄。

扈從再獵武岡

諸峰路轉上苕嶢，獵火依微入望遙。樹杪旌旗明曉日，雲邊笳鼓近層霄。
羽林衛士兵爭捷，光祿行庖肉旋燒。賜宴歸來天向晚，馬蹄□裏從鵷鑣。
萬騎飛騰不動塵，□風晴日勝陽春。金盤厭浥盛甘露，御手親分賜近臣。
曾見上林誇巨麗，今逢四海沐皇仁。太平況是多祥瑞，沼有□龍野有鱗。

冬至後六日□□□□□同□□□□□德遊牛首山佛窟寺

曉從□鑾□□□，□□□□□□□□。□□□寺留碑在，西竺高僧□□□。
□□□□□□□，□□□鼓隔人間。暫遊已覺塵緣□，□□□□□□□□。
紺宇參差倚翠□，□□□□客來□。□□□境還同到，坐愜幽期卻忘歸。
□石只因□別偈，看雲頓已悟清機。山僧莫道渾無事，自對寒松補衲衣。
夾道松陰石磴斜，□崖臺殿出煙霞。清風鈴鐸和仙梵，黃葉岩扉間雨花。
朝客來遊忘冠帶，山僧迎接具袈裟。更轉中峰一回首，五雲深處見京華。

再用前韻

行到禪宮第一關，松枝拂地亦堪攀。心通般若空諸法，僧坐毘盧勝大還。
幾片飛雲過洞口，數聲啼鳥出林間。偶來未盡登臨興，更約何時節假閒。
只樹霜林香霧微，六朝臺殿尚依稀。蒼苔石徑行難盡，黃葉岩巒去復歸。
勝□暫留塵外跡，浮生已得靜中機。寒藤古木多幽趣，剩有□□點客衣。
半空塔影出林斜，霜葉紛紛帶落霞。僧依絕頂結茅屋，人汲寒泉煮石花。
偶□尋幽□寶地。不□□法訪袈裟。城裏看山靈谷好，幾□□□□華。

別吳訓導□

二月煙花繞□□，□□□□□□□。□□□館遙相送，畫舫中流獨□□。
□□□□□□□，□□□□□□□。□□□必戀荷衣，欲知此後相思長。

別解華容

拜命趨朝出紫宸，一官□受渥恩新。來時共泛西江雪，去日平分上苑春。
彭蠡□窮懷故國，洞庭到處是通津。華容凋弊勞蘇息，□□雙松岸幘巾。

送劉縣尹之侯官

鴈冠暫脫出□宸，千里之官向七閩。栢府烏啼閒白晝，鳳臺花落又殘春。
舟從劍浦經過遠，家在龍洲夢想頻。此日一麾雖去國，只今重選在親民。

送許博士回北京

北學三年為博士，南宮一考又書名。向來對月攜尊別，此去凌寒冒雪行。
故里莫嗟成遠夢，舊交總惜有深情。掄才他日功收效，品□□歸月旦評。

〔註1〕

雪竹和胡祭酒

臘月都城三□□，□□□□□□□。□□□□看龍蟄，更鎖長梢待□□。
□□□□覺境移，乘興欲來同笑□。□□□□□□□，□□□□□□□。
官署蕭蕭雨□□，□□□□□銀鑒落，素花掩映碧琅玕。
□□□□□□□，□□□□好客看。愧我捨前無此物，閉門高臥似□安。

〔註 1〕原詩後注：予往在北京將□南京，子謨月夜載酒送予。今子謨南來，予又送之
三載。之間離合南北瞬息若一日，予情悁悁不能已於言。遂賦此□辭，雖不
工，意則倍也。

戲東金論德墜馬

萬里沙場傍險行，□鞭彈輊往來輕。翻於紫陌沖泥滑，卻使青驄躓塊驚。
□□未成開口笑，攜尊不似寄詩情。也須騎馬來相問，更待街頭雨雪晴。

別所存兄

臨岐把酒意茫茫，萬水千山入會昌。兩岸丹楓霜葉下，九江白浪雪花揚。
芙蓉小渚多歸思，鴻雁遙天自列行。惆悵弟兄成遠別，重逢應見鬢毛蒼。
吾兄學行古人風，清苦操持志罕同。養氣只知尊孟氏，□玄元不羨楊雄。
一□莫歎青衫暮，萬卷方期白首工。慚愧玉堂真忝竊，都門□別意無窮。

戊子元日立春

新年佳節又新春，五色雲□衛紫宸。運啟萬年符聖代，天回一氣播□□。
□□□□□□□，□漢遙懸玉燭新。自愧涵濡□□□，□□□□□聖仁。

東壚書□

見說東壚傍□□，□□□□□□□。□□□道兒孫貴，萬卷惟留汗竹新。
載□每□同近侍，□名應□及青春。莫思舊業空松鞠，嶺處觀風藉□旬。

別楊之宜

燈前把酒共清歡，□醒明朝別更難。司馬文章君已就，董狐事業我空歎。
日□彩服天邊去，春滿花枝陌上看。回首佳期應不忘，梧桐秋影點欄干。

寄廖伯深

都城一別又三年，回首蒼茫隔楚天。落日夢過巫峽外，春風人在夜郎邊。
寄來藥品香生室，裁荅詩篇思滿川。遙想故園定相憶，黃蘆苦竹厭啼鵑。

別江紀善

十年清宦住京幾，白髮蕭蕭舊布衣。鄉里交遊前輩在，關河離別故人稀。
官□細柳藏新雨，水驛輕帆背落暉。我有愁懷何處遣，秋來日望雁南飛。

袁士海大尹回孝感孟□周編修索詩為贈

舊說郎官應列星，□□□□擅才□。曾同葉令飛鳧舄，來訪周郎住鳳城。
□□□□□□□，□□□□晚潮生。楚江此去勞相憶，□□□□□□□。

戲楊諭德

暫辭曹繳育軒□，□□□□□□□。□□達書曾擊足，江南羈旅每聞聲。
□□日□□無補，□海春還卻有情。一別主人飛起去，莫勞皇甫更一卿。

和胡祭酒清明日出郭

連朝春雨今朝晴，□馬聊為出郭行。未覺年華成老大，況逢時節又清明。
山雲低度松間影，澗水旋流樹裏聲。事業相期圖補報，敢思暇逸負平生。

和胡祭酒觀放進士榜退朝之作

天門射策掄才俊，五夜文光動壁躔。觀榜獨憐梁顥老，著鞭誰謂祖生光。
九成樂奏聞天上，三甲臚傳下日邊。載筆遠慚周柱史，清時無補也徒然。

移居和胡祭酒

三月都城柳拂花，坐耽幽僻卻移家。欲尋杜老開芳徑，敢擬田公駕小車。
□□畫長飛乳燕，池塘水暖沸鳴蛙。故人若肯頻相訪，便倒清尊賞物華。

寄鍾伴讀

燕堂一別半年餘，驛使來時數寄書。鄉里獨能敦契誼，客情自喜接鄰居。
西山落月催□□，□□殘鐘是夢初。尚憶高歌同醉後，幾□□□□□。
交誼惟君獨我□，每□慰藉□□□。□□□□憐家口，未了生涯愧客身。
心上無愁方□□，□□有酒不為貧。欲知別後相思處，顛倒青衫折角巾。

予舊居會同館南軒前，種竹數竿，今遷居翰林之南。舊居則楊諭德居之。今年添新筍數十竿，諭德以詩寄予，遂和韻酬之。

未許滄浪聽竹枝，且栽修竹滿軒墀。半窗爽籟遊塵少，六月涼陰密葉垂。
別後每思還自惜，朝回坐對正相宜。主人莫訝今成容，顏色終看似昔時。

贈周同知均福之鶴慶府

萬里之官南詔外，迢迢去驛度三巴。舊情相見難為意，便道經行可到家。
佐政未宜卑遠郡，變夷正好用中華。朝延重在安邊徼，拘醬無煩問海涯。

祝教諭萬竹軒

軒前種竹一萬箇，滿地春雲亞綠陰。俗客不知幽絕處，清風長在翠微深。

每從白晝聞秋籟，只恐蒼龍起夜霖。欲訪此君分半席，歲寒還許結同心。

贈胡子澄大尹還遂安

山城作宰已三年，報政今來到□□。□□獨能憐我舊，鄉評應最數君賢。
民無愁歎安□□，□□□□只俸錢。慚愧臨行無以贈，暫題詩句與人□。

題劉朝縉雨山草堂

草堂只在斗城隈，華蓋中間戶牖開。瀑布遙從諸澗落，松聲長自雨厓來。
不妨青草生環堵，亦有黃花對酒杯。青約碧山柏學士，五車共讀日徘徊。

贈劉朝搢

清秋校藝棘闈深，喜得連句與盍簪。令弟昔同居翰苑，名家今見重儒林。
西風別館他鄉夢，落日歸舟故里心。明發分攜易南北，松溪遙望隔雲岑。

喜小兒生子

小兒遠報新生子，折屐將書與客言。奕葉相傳承世澤，舉家歡慶是君恩。
未論何日能跨灶，且望他時可應門。所幸老親年八十，含飴今喜見曾孫。

別王太守還沔陽

十年淮海舊交情，千里分攜在玉京。別館正飄吳苑樹，歸舟遙過漢陽城。
空江古渡寒山色，遠渚平蕪落雁聲。到得郡齋多暇日，子虛擬賦必先成。

至日遇雪

一陽初動琯飛灰，霄漢紛紛瑞□□。□□銀花明玉殿，輕隨仙佩下瑤臺。
萬方已見豐年□，□□□□素樹開。仰望天顏應有喜，千官同上紫霞杯。

贈蕭深州

迢迢一騎發金陵，欲寫離歌愧未能。戚晚家園書信斷，天寒驛樹雪花凝。
曉經鑾武臺前路，夜度滹沱水上冰。此去深州須幾日，不勞懷古弔屠繒。

和胡祭酒至後一日獨坐書懷

朝來阿閣散彤霞，向夕漫空雪作花。寒入壁衣堪對酒，香浮石鼎試烹茶。
喜得十年同事主，況逢四海正為家。兩京倡和多新曲，已見才華與歲加。

永樂壬辰仲丁祀

先師孔子丙辰傳制命廣主祭，拜命復頒賜誥命，聖恩優渥，感荷無已，遂賦七言律二首，用識喜幸。

仲丁釋奠祀先師，制語遙傳下赤墀。閶闔曉開迎瑞日，春風晴轉動龍旗。
衣冠盛際文明運，禮樂欣逢治洽時。感激小臣何以報，只歌天保頌無為。
草茅深荷主心憐，紫誥新頒下九天。玉璽封銜雲彩動，錦縢載檢日華鮮。
推恩喜得榮先代，報德何□□□貧。自是太平千載會，制書更睹帝堯篇。

示長兒穜

玉署恩深雨露滋，難將淺薄報□時。求田問舍非吾事，績學承家待汝為。
休老不愁無地著，清名只畏有人知。從來貧賤多真樂，陋巷簞瓢是我師。

別胡遂安子澄

相逢相別又經年，鳧鳥雙飛到日邊。白馬青袍花縣令，東風行李浙江舡。
客情愧我成真率，鄉誼如君重可憐。此去離心應更遠，海天南北共悠然。

贈蔣御醫

醫術遙馳海內名，懸壺終日在神京。不勞方伎傳馮信，自有文章誦宋清。
春雨滿林栽杏偏。夜窗飛火煉丹成。眼看起疾多奇效，亦欲從客問攝生。

哭筠澗先生

憶從帳下坐春風，傾礦曾承鑄冶功。離別愴情生死隔，音容入夢有無中。
鑒湖綠水明阡外，筠澗青山繞郭東。南望鄉園頻灑淚，心喪未展恨無窮。
悵望荒原慘客情，一尊何處拜先生。江南道學無前輩，海內衣冠失老成。
散帙欲編床上槀，傷心忍寫墓間銘。不堪腸斷相思處，況是西風急雨聲。

送梁本之溧陽教諭

翰苑詞華數令兄，又看難弟□□□。□□□紹梁邱賀，作賦應空禰正平。
路繞溧陽秋樹色，□□淮浦晚潮聲。一官莫歎儒氊冷，萬里青雲自此升。

寄黃書叔昭

白下分攜數載餘，山中獨喜賦閒居。懸知別後勞相憶，莫怪秋來不寄書。
高誼豈為流俗改，多情肯與故人疏。新詩賦就無南雁，把向龍河託鯉魚。

憶經別後數流年，暗覺韶華似水遷。春□有時和雨到，秋江無計逐風還。
穿雲遍著遊山屐，載酒多乘泛月舡。此外羨君饒逸興，渚鷗飛鳥共悠然。

翠雲書房

書房遙在郡城西，半倚林巒半俯溪。山色入簾青靄合，松陰落戶翠雲低。
水邊臨帖看魚躍，花外吟詩聽鳥啼。亦有江樓鄰石屋，也因疏懶憶幽棲。

贈王正中還永嘉

相逢已見鬢成霜，半世生涯舊草堂。作賦豈需論二謝，吟詩自可繼三王。
吳門曉月迎潮迥，淮樹秋雲接海長。矯首永嘉千里外，文星夜映少微光。

贈夏郎中迪參政河南

姓名早入循良傳，此日登庸□□□。□□□年居闕下，承宣千里赴河南。
清霜已落□□□，□□□懸汴水帆。聖主恩波頻遍布，要令草木也沾涵。

贈司勳施員外除南康太守

南康出守分符重，北闕掄才考績優。雙佩已辭三殿曉，孤帆遙掛九江秋。
匡廬樹色圍山郭，彭蠡湖光入郡樓。露冕臨民多有暇，石門仙洞足清遊。

贈徐太守之宿州

一麾出守度淮流，五馬春行望宿州。天上屢看承寵渥，尊前不用惜離憂。
連城驛路中原出，近市人家小郭幽。莫羨杜詩多美政，須知黃霸早封侯。

送中書舍人王遂歸省栝蒼

雁凰池上暫分襟，月轉觚稜曉漏沉。歸省總為慈母念，別離況是故交心。
舟移野渡潮生岸，雁過空江雪滿林。莫戀栝蒼山水好，春來相望五雲深。

題源隱詩卷

憶度黃源訪舊遊，滿溪花柳映山樓。到門青草還同逸，繞屋白雲長不收。
載酒有時尋石室，惜春隨處步林邱。驅馳卻說幽棲好，夢隔芙蓉萬疊秋。

贈良醫顏存禮

不須青史論秦和，早有聲名繼□□。□□千金為報贈，每施一匕起沉疴。

日長城市行□□，□□□□樂意多。見說故園相別久，杏林消息近如何。

楊孟潛教授邵武鄒侍講要子賦詩贈之

昔年星子談經處，坐對湖光萬頃清。新捧除書辭玉殿，又持教鐸向樵城。
雪消驛路寒梅色，春滿關門過雁聲。獨有鄒陽交誼舊，贈文題卷不勝情。

送僧還閩中

手把楞伽遠出山，相逢暫得解塵顏。談經說法諸天近，麈塵焚香白日閒。
曉月疏鐘辭帝闕，春蘿深谷憶閩關。禪心莫道渾無著，又逐孤雲野鶴還。

送劉公哲南歸

九年相別喜相逢，共笑蒼顏改舊容。羨子棲遲仍隱豹，嗟餘疏懶早從龍。
暮雲西嶺家千里，夜月南軒酒一鍾。最憶□溪行樂處，幾回歸夢逐飛鴻。

別胡遂安

今年京國兩回來，握手才歡別又催。孤舫不離鴻雁渚，新詩多賦鳳凰臺。
暫留晚飯供蔬品，久事清齋遠酒杯。朝退從容一相送，臨岐分袂重徘徊。

劉敦信致仕還鄉

早辭天祿校書榮，又乞休官遂逸□。□□玉堂看月色，曉趨金闕聽鐘聲。
紅塵軒蓋□□□，□□□扉舊有盟。歸到故園松菊在，門前五柳識先生。

別劉孝彰

去年相送鳳凰臺，此日山中喜再來。天上奉親同作客，尊前別酒莫停杯。
空江一雁連雲下，遠浦孤舟泛月回。此後若逢鄉國使，音書多寄隴頭梅。

送人之官漢州

萬里迢迢蜀道行，秋江遠水一帆輕。楚臺去雁雲邊影，巫峽啼猿月裏聲。
經學舊傳秦博士，禮儀曾習魯諸生。到時倘見劉明府，天上交遊惜別情。

養鶴

養自成雛不混雞，九皋望斷意都迷。丹砂頂出看猶淺，白雪翎梳長未齊。
學舞偏憐苔砌窄，欲飛卻礙竹蘿低。朝回賴爾常為伴，莫戀青田自在棲。

送福寧章教諭

遊宦早為文學椽，清才已際聖明時。一經不愧專門業，十載真成解惑師。
又抱琴書臨海縣，暫隨鞍馬送江涯。石渠他日如讎校，定數康衡善說詩。

薜蘿山房

長樂東山境最奇，洋門深繞谷透□。□□蘿薜陰成屋，別澗風泉響入池。
竹裏琴尊留海月，□□□席掃松枝。已饒逸興無塵夢，不用虛名與世知。

送人還鄉

新年相送故鄉歸，細柳新鶯滿帝畿。別路又隨春酒散，孤帆遙背暮鴉飛。
南湖水漲消殘雪，西嶺松陰映舊扉。愧我去家今十載，天邊日夜思庭闈。

丙戌元夕黃庶子宅賞芙蓉燈

五色芙蓉剪綵新，卻先桃花豔芳春。已看麗質侵燈焰，似向東風避暑塵。
銀燭照時微有影，玉堂對處更宜人。不辭爛熳尊前醉，顛倒陶潛漉酒巾。

送劉貞固下第歸甌江

群俊登朝子獨歸，暫時失意莫嗟欷。從來青紫非難拾，自是驪黃識者稀。
春水孤舟波杳渺，夕陽遠浦草菲微。還家更足三冬願，萬里雲霄待鶚飛。

送解朝夫及第歸鄉

東風擢第上瑤京，金榜天門列姓名。拜命已承丹詔重，還家先著錦衣榮。
九霄日月瞻龍袞，三月鶯花出鳳城。自是送君鄉思切，仁山文水遠含情。

別歐陽孝忠

歐陽太師賢孫子，年少辛勤好讀書。□□芸窗破萬卷，更於草閣惜三餘。
春風設帳花連幄，□□□經露滿裾。惆悵都門一相送，故園遙望重躊躇。

和茅山倡和

路入華陽翠靄濃，茅家兄弟有遺風。三株樹老留仙鶴，五粒松餐出火龍。
隔洞飛雲連水白，半山返照上林紅。尋真已得長生訣，猶見安期兩鬢童。

應制賦緬人入貢

聖主平成繼禹功，大明日月麗天中。千年禮樂當全盛，萬國衣冠總會同。

翡翠蠙珠夷服貢，丹沙象齒緬人供。小臣欲獻河清頌，慚愧相如賦未工。

示穜子

別來嗟爾近何如，保暖惟頻念逸居。客裏好須憐弟妹，窗前應苦事詩書。
奉承慈母尤宜謹，親炙名師勿暫疏。我有一身期報國，莫將家累更煩予。

寄鄭浮邱孟宣

青春分手出瑤京，扈從鑾輿向北行。白髮故人憐遠別，清尊寒月最關情。
客程更度桑乾水，舊夢偏多冶子城。想見臨池饒逸興，好詩莫惜寄新聲。

己丑中秋鄒侍讓諸公招飲

幾年玩月在都城，今歲燕臺看月明。□□誰同良夜賞，一尊喜共故人傾。
西山爽氣來清籟，□□繁絃度曲聲。自是玉堂多樂事，況逢四海頌升平。

九日分韻得藍字

重陽把酒羨清酣，遍插黃花共笑談。此會親知皆客裏，北來風景似江南。
莫驚短髮仍吹帽，且得佳時屢盍簪。最是登高何處好，西山晴望碧如藍。

謁文丞相祠

丞相祠堂在帝城，門牆近接學宮平。生留餘恨圖全國，沒有精靈食舊京。
萬古乾坤高節概，九霄日月著忠貞。我來稽顙瞻遺像，尚見風姿颯爽清。

和胡祭酒快雪喜晴

風急浮雲斷復連，寒生孤館憶青氈。北京九月先飛雪，南客單衣欲換綿。
金闕嵽嶪天影近，瓊林璀璨日華鮮。也知東閣多詩興，漫和陽春寫素牋。

贈南京禮部吳嘉靖

久聞行誼重鄉評，相見京華信有徵。正喜儀容留客館，又催行李入歸程。
春風冀北輪蹄疾，夜月淮南舸艦輕。吟對玉山還舊隱，從教詩酒樂閒情。

卷八・七言律詩、七言絕句、七言排律

次若思祭酒移居見寄

淺薄無才荅治康，浮雲流水兩相忘。一枝未遂巢林願，半世徒憐向客忙。
疏懶自緣生計拙，驅馳誰惜鬢毛蒼。橋門風月應如昔，安得清暉似玉堂。

天寒勅賜群臣衣皮裘暖帽入朝

聖主仁恩卹百僚，狐裘貂帽許來朝。追趨不畏寒威重，侍立偏教暖氣饒。
珠斗漸回知臘近，玉堂渾不覺春遙。小臣沾沐慚無補，願效華封祝帝堯。

次楊之宜見寄兼柬黃學士楊諭德十一首

鵁鵲凝霜似露溥，天門日近五雲端。南京故友□□□，北地今冬總不寒。
□□未曾收朔漠，歸舟誰肯□□□。□君遠有詩相寄，客裏時時一展看。
江上分攜道路殊，便從淮泗度顓臾。周廬儤直聽笳起，行殿承宣載筆趨。
故園雲山連海岱，古河沙磧長枌榆。甘泉羽獵曾陳賦，慚愧楊雄一字無。
明時誰肯臥林邱，司馬長為汗漫遊。□□沾濡深雨露，羨君文采富春秋。
堯封欲訪今千古，禹□□經舊九州。惟有■■〔註1〕橋下月，清光曾照昔
人愁。

霜落中原木葉飛，渾河水淺帶澌微。天涯蹤跡嗟予遍，海內交遊似子稀。
司馬早逢楊得意，延年先識尹翁歸。文章事業追千古，待見聲華滿帝畿。
天際征鴻唳朔風，江南離思幾千重。奏淮水落波聲小，幕俯山高樹色濃。

〔註1〕原文被有意塗抹遮蓋。

月轉九門鳴曉珮，星臨雙闕度疏鐘。宸遊扈蹕承恩渥，五色雲中從六龍。
上苑流鶯繞樹啼，朝回緩步披垣西。宮袍賜出新裁錦，驄馬牽來旋鑿蹄。
近戶竹陰留鶴舞，過橋柳影覆花低。相看莫訝歸來晚，擬待追趨手重攜。
蕭蕭短髮不勝簪，況是青年已半臨。淺薄敢稽當代士，高明時見古人心。
早占聲譽遊京國，謬忝才華在翰林。獻納無裨慚竊祿，思君矯首一長吟。
曾寫新詩寄早秋，敢希白雪望賡酬。南瞻宮闕雲霄迥，北顧關山道里修。
天入蓬萊瓊島近，水通太液玉虹流。君如借問清遊事，海上虛傳有十洲。
四海謳歌盡妾臣，滿朝多士總麒麟。扶輿王氣居皇極，華蓋中天應析津。
叨列從官隨玉輦，常思聯□侍楓宸。於今契闊三千里，已覺征衣變□□。
懷君遠隔鳳凰臺，矯首南雲曙色開。□□謝安多雅量，方知諸葛是奇才。
龍河盡日行人度，羽□星流馹騎來。好寄音書頻慰藉，愁腸莫遣日千回。
徒聞潘岳賦閒居，未遂家國奉板輿。寒夜更憐兄弟遠，高堂轉覺旨甘疏。
獨嗟故友能相憶，欲和陽春愧不如。頗恨雍端今失學，案頭空負五車書。

和梁修撰偶至內閣見寄並至後喜晴

朝朝聯步踏京塵，鳴珮趨朝拜玉宸。雪在西山凝欲曙，天移北斗暖回春。
年來倡和才偏減，客久交遊意轉親。共荷生成深雨露，青雲得路際昌辰。
他鄉更上望鄉臺，鄉信迢迢雁北回。暖氣漸宜西苑樹，暗香先到故園梅。
待看紫陌花成幄，且醉黃封酒滿杯。著述金門多賦頌，早朝準擬獻蓬萊。
太液波融暖浪生，況逢至後久暄晴。九天日月□□□，三殿雲韶度玉笙。
漸喜陽和回上谷，好傳消息□□□。□平歌詠吾儕事，已有新詩繼頌聲。

別江寧羅貞吉主簿

赤縣官曹有後才，相逢相送在金臺。空山曉月孤鴻度，別路寒雲一騎回。
客裏家書煩與寄，尊前懷抱向誰開。南京到日春風早，滿樹清香遍野梅。

病起早朝蒙恩再予告三日

臥病經旬不出關，今朝喜得覲龍顏。立依玉筍漸容瘦，趨入金門覺步艱。
天語更憐三日告，客居暫得幾時閒。自緣草木同榮瘁，只在生成雨露間。

和鄒侍講雨後夜坐喜涼

都城一雨洗熇炎，官舍新涼客興添。欲卷桃笙更越席，已停紈扇憶吳縑。

荷香拂坐風過戶，樹影當窗月到簷。習靜清齋藝沉水，鼻端無著似香嚴。
十年翰宛愧潘炎，鏡裏驚看白髮添。家有舊書非長物，門無私謁絕貽縑。
靜聞刻漏傳丹闕，坐見星河轉畫簷。最愛素庵冰蘗操，平生清苦律身嚴。

姚少師寄詩兼惠陽羨茶和韻答之

甫里先生憶遠人，緘詩遙寄北峰春。旋烹石鼎香尤美，細啜瓷甌味更真。
顧渚一篇曾品第，蓟門五月始嘗新。清風吹破江南夢，已覺胸中絕點塵。
最憶高情物外人，清談常對玉堂春。書來晉字神飄逸，吟得唐詩句逼真。
淺薄每蒙青眼顧，相知莫嗟白頭新。睽離但祝身長健，有待歸時論法塵。

七月四日　賜榔梅

武當仙果非凡實，人見開花結子難。□□進來多萬顆，玉除分賜遍千官。
禎祥已作豐年兆，海宇同沾帝德寬。蒙惠小臣深感激，卻憐方朔未曾看。

九月八日隨駕幸鄭村埧

秋日郊園爽氣鮮，宸遊萬騎出騈闐。行經荒草微茫處，望到清山杳靄邊。
柳樹深藏宛馬廄，城河皆繞玉虹泉。徘徊緩轡歸來晚，月近西樓半曲懸。

隨獵隆慶州

重關復壁壯京都，渺渺長城控北胡。雲散千峰連黑峪，川回一道出飛狐。
西風萬騎鳴寒草，落日孤城噪晚鳥。惟有彤霞兼瑞靄，氤氳五色護鸞輿。

隨獵懷來遇大風寒甚

西風塵起晝漫漫，關外因連塞北寒。桓褐自憐鞍馬慣，布衣深恤僕夫單。
空山落木鳴黃葉，遠戍孤峰出翠巒。浪說楊雄誇羽獵，從知詞賦古今難。

客中秋夕

明河耿耿映秋清，旅寓悠悠萬里情。官舍兩京同月色，鄉心一夜墮砧聲。
德公甘向山中老，亭伯終辭海上行。嗟我未衰神已耗，虛傳丹藥可長生。

送孟謙李先生往西鄉

一官萬里向西鄉，客思離情兩渺茫。□路遠看秦地月，征衣晴拂蓟門霜。
青雲白髮新知少，旅館寒燈故意長。此日最難交臂別，臨岐向有雁分行。

北京八詠和邵侍講韻

居庸疊翠

軍都之山蠹居庸,飛崖曲折路當中。白晝千峰陰欲雨,翠屏萬疊高連空。
西望洪河底柱小,東接滄溟碣石雄。天非長城限南北,神京永固無終穹。

玉泉垂虹

玉泉之山下出泉,泉流縈折如虹懸。卻帶西湖連內宛,直下東海匯百川。
微風時度碧波動,明月夜映清光圓。靜觀太易有至理,此中曾見羲皇年。

太液晴波

微風初生太液池,蹙波鱗鱗漾漣漪。靈物蜿蜒或遊戲,水花搖颺如舞儀。
雲霞沉浸天影動,樓閣倒射曦光遲。每待宸遊臨萬頃,行隨仙仗柳陰移。

瓊島春雲

廣寒宮殿璃為臺,五色春雲自闔開。赤城有鶴訪玄圃,弱水無路通蓬萊。
縹緲隨龍天上下,倏忽帶雨山前回。方朔瑤池曾侍宴,碧桃花下長徘徊。

薊門煙樹

薊門迢迢薊邱前,層城萬雉宿暝煙。空蒙遠樹遙帶郭,蒼奔長林迥接天。
綠陰沉沉春雨後,黛色深深幽鳥憐。遮卻榆關望不見,笑指白雲阿那邊。

西山霽雪

銀屏素壁何嵯峨,西山新霽雪未消。千林皓影粲瓊樹,萬壑晴光凌碧霄。
高峰更寒初上日,小徑尚隔歸來樵。五城樓閣在咫尺,從知三島望非遙。

盧溝曉月

斷雲斜月影蒼蒼,照見桑乾河水黃。茅屋居人醒殘夢,石橋行旅乘餘光。
遠市生煙燈火淡,平沙明雪川途長。幾隨仙蹕來遊幸,蕭蕭馬色凌寒霜。

金夢夕照

數尺荒臺低接城,千古夕陽送晚晴。青山半邊欲將掩,紅葉滿林相與明。
迢迢煙景藶蕪思,冉冉年華桃李情。黃金之名猶不泯,至今一統見升平。

再用前韻

居庸疊翠

九關第一數居庸,重疊峰巒杳靄中。恒嶽清秋通爽氣,太行落日並晴空。

憑凌絕塞三韓遠，橫亙中原萬里雄。聖主神功高百世，磨崖鐫勒頌無窮

玉泉垂虹

石洞淙淙瀉沃泉，旋流宛見玉虹懸。山雲起處遙趨壑，花雨來時欲漲川。
月落嫦娥窺鏡靜，星垂神女弄珠圓。聖明霈澤如天廣，歲作甘霖頌有年。

太液晴波

太液晴波漾碧池，清風時動綠漪漪。銀潢星斗垂天派，方丈龜龍陋漢儀。
玉鏡光涵璚島近，錦紋流出御溝遲。從知涵浸由開間，長映西山影不移。

瓊島春雲

望中縹緲見仙臺，冉冉春雲晝不開。近接九重連禁籞，長留五色護蓬萊。
常時過雨晴還濕，幾度臨風去卻回。每待宸遊清宴處，鳳笙龍管共徘徊。

薊門煙樹

暖日和風四月前，薊門春樹帶春煙。陰陰桑柘連深社，靄靄枌榆入遠天。
萬籟笙芋行客聽，半空車蓋使人憐。回看雙闕嵯峨處，正在瓊林杏靄邊。

西山霽雪

西山白雪聳岧嶢，日色才臨凍未消。玉障寒光明早曙，銀臺素影晃重霄。
山人載徐將從獵，野客綠蘿欲負樵。跨馬出郊乘逸興，便凌絕頂不辭遙。

盧溝曉月

殘星幾點月蒼蒼，晃漾渾河九折黃。山寺僧鐘鳴早梵，石樑漁艇溯流光。
孤村寂寂林陰淡，古道亭亭塔影長。搖盪蘆花千頃雪，草頭零露白如霜。

金臺夕照

荒臺低枕廣陽城，長有斜陽映夕晴。漫說黃金招後傑，空餘芳草發清明。
圖經猶載千年跡，雲樹中含萬古情。六國縱橫星紀渾，至今方見泰階平。

贈劉僉事咸之蜀中

青年科第早蜚聲，捧檄遙趨萬里程。曉雪暫辭鵁鵲觀，春風同入錦官城。
報恩秖擬攄忠赤，持憲先須體下情。總謂仕優仍在學，莫拋經史負平生。

贈黃僉事翰之江西

拜命初辭禁掖垣，雪晴相送出都門。禮闈擢桂科名早，憲府乘軺使節分。
夜近斗牛看劍氣，春回霖雨洗民冤。燭書好為求幽隱，恐有無窮戴覆盆。

贈陳僉事琦之江西

射策天門識俊才，拜官相送出金臺。清霜已逐星軺去，遠樹遙迎使節來。
別思共看南浦月，佳音好寄北山梅。近聞江右多凋敝，煩借甘霖潤草萊。

贈錢僉事遂志之山東

最愛錢家好弟兄，九霄文采播英聲。鳳凰本自丹邱出，珠樹元從合浦生。
此日大藩僉憲事，向時黃榜甲科名。但期清苦酬初志，重展忠勤答聖明。

贈陳僉事賞之廣西

爾父昔時為御史，賢郎風憲又除官。名家詩禮文章在，奕世簪纓踵武難。
萬里桂林持使節，九門風雪送征鞍。昔年按治思先跡，別子令予淚不乾。

〔註2〕

贈季習重教松溪

相逢喜慰舊交情，送別空慚酒未傾。□領□邊人遠去，桑乾河上雪初晴。
客程夜足歸南夢，回雁春多向北聲。更待三年重把臂，應看白髮滿頭生。

甲午元夕午門觀燈四首

聖人端供致中和，四海雍熙樂事多。玉燭麗天明日月，春風送暖入山河。
親逢軒後垂衣治，重聽堯民擊壤歌。佳節年年陪宴樂，草茅何幸沐恩波。
華屋皓月影相輝，萬炬金蓮炫紫薇。龍伯釣鼇瀛海至，驪珠銜鳳碧霄飛。
翠華玉節擁仙仗，玄武鉤陳衛禁闈。每近御筵觀戲樂，天香披拂滿朝衣。
鼇峰高聳出天都，島嶼林巒翠錦鋪。紫霧紅雲連絳闕，瓊樓玉宇見蓬壺。
光含碧落移星斗，影落滄溟晃海珠。萬國太平人共樂，兩京勝事古來無。
九衢不禁夜迢迢，歡樂人人近碧霄。大統萬年歸鳳曆，升平一曲度簫韶。
已慚淺薄承優寵，未有文章輔聖朝。欲效康衢呈此句，願同四海頌唐堯。

送許七歸鄉

十年離別傷懷抱，一日驅馳到兩京。南郭小堂松菊夢，西窗寒榻弟兄情。

〔註 2〕詩末原注：賞乃父仲述，由進士為名御史，操行立節，表表甚著，有文集行於
世。今賞又由進士除廣西僉事，臨行來別，予喜其幼派能自立學，不墜先業，
遂賦七言律詩一首贈之。昔予先君子嘗為廣西僉事，因賞之行重有所感，故末
句以寄予情。

鄉心獨雁回春早，客思孤舟對月明。久憶故園仍送子，天涯芳草逐愁生。

送晁司直致仕還鄆城

白髮蕭蕭八十餘，罷官歸去樂閒居。已承優詔辭金闕，猶憶同銓拜玉除。
宮錦惟留前錫服，牙籤多載舊篋書。到家結社耆年少，只有兒孫挽鹿車。

出塞別姻家廉徵士

百年歲月隙中過，半世生涯逐逝波。為客獨憐君誼重，向人偏覺我憂多。
明時事主心尤切，遠道思親鬢欲皤。此去封侯期萬里，班超投筆竟如何。

楊庶子雲山草堂

昔向雲山結草堂，半分山色半池光。讀書卷幔雲來坐，掃石彈琴月到床。
習靜有時惟看竹，清齋無事只焚香。而今已作金門隱，幽興毋勞引夢長。

潘御史漢賜榮堂

天門賜勑沐恩榮，華扁新題翰墨清。金榜早看登進士，玉京先已擅才名。
未論過郡腰龜盛，且喜還家畫錦成。今日烏臺為御史，鐵冠白筆照霜晴。

贈別楊諭德

寒風遠路送孤征，別夢離愁日夜生。因是同官難慰意，況兼知友若為情。
前程更度梁山泊，驛路遙經汶水城。慚愧臨岐無所贈，只將珍重擬瑤瓊。

贈鄭御史乾致政還京華

綸音曉出寓黃麻，休致南歸荷寵嘉。五色宮袍頒獸錦，九重春酒醉流霞。
人間惟羨詩書澤，天意尤憐孝義家。從此不榮疏太傅，清名千載重金華。

胡祭酒病起

萬里歸懷擬共論，重憐臥病獨吟呻。床頭藥裹空盈篋，壁上琴囊已滿塵。
看遍古方難得效，貯來丹粒卻無神。支離瘦骨清如許，應是維摩詰後身。

送黃僉事之蜀

侍從考能今九載，吏曹陞擢異常銓。暫乘月色辭三殿，遙帶霜威入四川。
白馬黃牛巫峽路，新鶯細柳錦城煙。安民重在觀風使，教化文翁豈獨賢。

對雪和曾侍講

今年寒較去年冬，去年雪少今年重。紛紛下集廣寒殿，片片飛落居庸峰。
朝士奔趨待曉漏，野人高臥聞晨鐘。已臨殘臘歲將暮，坐見上谷回春容。

許中書鳴鶴病中夢予來訪，比寤語。家人謂予必至，晨命烹茶俟予。茶熟而予果至。相視一笑為予道夢中語。遂賦此，以酬其意。

憐君臥病情尤切，夢裏分明與共談。遊宦兩京依闕下，歸心一夜到江南。
叩門煙細茶初熟，拂帽霜寒髮未簪。笑與旁人真可訝，百年交契信非凡。

劉校書調沂州學正賦此題畫贈別

白髮校書前庇王，碧山學士舊門生。幾年睽隔勞宵夢，此日歡逢慰故情。
薊北雲山留別思，濟南風土入修程。遠持教鐸沂州去，模楷英髦屬老成。

贈陶給事瑋點兵閩中

使節遙持海上行，輶聲應遍七閩城。看花候館春題句，閱籍營門畫點兵。
陶侃早能知武事，謝玄本自是儒生。讀書更好閒韜略，投筆須期萬里名。

贈呂僉事升之福建二首

早蒙青眼獨相知，久別丹霄間宿期。嗟我不才叨太史，憐公有道屢分司。
清霜遠入閩關樹，明月長懸粵海涯。惟羨平生堅苦節，臨岐無贈只題詩。
七閩天遠思迢迢，萬里關山去驛遙。漫說豺狼當路道，已看鷹隼上雲霄。
好清宿弊安邊郡，只竭忠勤答聖朝。海徼從來多瘴癘，便施霖雨洗煩燋。

送李昌明歸鄉

相歡何事復相違，愁見關河朔雁飛。落日長空孤鳥沒，西風遠水一帆歸。
故園近日人皆去，旅館逢秋信益稀。我憶到家仍未許，臨歧惟有淚沾衣。
天寒鴻雁影參差，去路還家豈憚遲。送別已成千里夢，相逢又是十年期。
鄉書日下勞將寄，杯酒燈前醉莫辭。歸拜阿翁煩道語，盤洲煙景不勝思。

元夕黃庶子宅夜宴賦牡丹花燈

萬片玲瓏費剪裁，明燈才上一齊開。因看色相元知幻，自識根株不用裁。
豔質每從春夜見，光輝疑是月中來。年年此夕成歡賞，豈必清歌勸酒杯。

送何教授之成都

秣陵煙樹送輕舟，蜀道崎嶇是勝遊。故壘更經郳國處，西風遙泛漢陽秋。
盤渦觸岸巴江險，深谷籠雲杜宇愁。自昔文翁翻教授，只今訓詁屬何休。

送朱太守還廬陵

三年報政上京畿，此日重臨五馬騑。白下又逢朱邑去，青原仍借寇恂歸。
日長郡郭絃歌遍，草綠公庭訟事稀。遙想到官民吏喜，螺山螺水重增暉。
共喜廬陵太守賢，居官廉謹志尤堅。考功元不論張掖，報政應知似潁川。
千里桑床迎社日，萬家雞犬樂豐年。賦平自是民無擾，已有聲名播日邊。

梁修撰病中作詩見寄諸友賦此寄之

嗟君臥病已經旬，久不同朝拜紫宸。窗下琴書閒白晝，案頭袍笏染新塵。
思家頻有雙親夢，伏枕偏憐萬里身。好強加餐扶藥物，莫吟詩句恐傷神。

送陳士瞻歸西昌

金門鎖闥近群儒，讎校應過漢石渠。投老卻辭天上祿，好賢空賦谷中駒。
閒門修竹開三逕，何處扁舟入五湖。迢遞江南看武姥，翠微一片白雲孤。

挽吳金洲

白首窮經善說經，只將詩禮訓過庭。高才已著儒林傳，潛德多書太史銘。
華表鶴歸秋肅肅，玉樓人去夜冥冥。百年惟有金洲月，偏□孤憤草色青。

元夕觀燈侍宴二十韻　永樂七年

聖主恩波雨露濃，清時宴樂四方同。千門燈火笙簫裏，五夜樓臺錦繡中。
銀樹焜煌環絳闕，玉蟾皎潔晃瑤宮。煙凝寶蓋麒麟上，星散金蓮琥珀紅。
忽似彤霞明紫殿，恍如珠斗下璿空。輦扶仙鶴青冥外，山載靈鰲碧海東。
層疊雲林消晻藹，微茫岩岫聳瓏葱。漏聲稀報渾疑曙，蠟焰交騰欲鬬虹。
翡翠簾櫳光洞射，珊瑚枝幹影玲瓏。天街深睹無塵到，河漢低回有路通。
雉扇徐分龍袞近，鸞輿侍衛虎賁雄。瓊巵賜酒催中使，玉佩聯班列上公。
接席相歡諧語笑，當筵趨扑舞夷戎。教坊角抵呈諸戲，光祿盤餐饋有饛。
既醉又聞歌湛露，序賢只擬詠敦弓。已看稷嚳遭逢盛，不數鄒枚賦頌工。
宇宙萬年開壽域，君臣一體慶淳風。顧慚淺薄疏迂質，共荷皇仁造化功。

未展涓埃無補報，敢忘夙夕竭愚蒙。太平自是超前古，載筆應須紀治隆。
〔註3〕

上元觀燈應制

帝德弘敷被八埏，萬方黎庶總欣然。元宵燈市人同樂，午夜金吾禁不傳。
山載六鼇來遠海，輦乘雙鳳下中天。虹橋錯落銀花粲，霧島參差火樹連。
光彩迴凝丹殿雪，清氛低散御爐煙。滾滾零露知霄近，點點明星映月圓。
絕勝竭陀觀舍利，恍疑合浦集珠蝀。五峰高解瑤臺路，千炬新開玉井蓮。
雉扇才臨瞻法座，雲璈初動降群仙。身依紅日青冥上，人到蓬萊閬苑邊。
適性鳶魚隨戾躍，效靈鸞鶴自蹁躚。九衢襟沓趨遊騎，百戲分陳並舞筵。
內使頻分思賜果，大官催送酒如泉。風飄香氣生羅綺，曲度春聲入管絃。
鵷鷺每陪優寵宴，梟翳屢頌太平篇。小臣淺薄慚無補，但祝皇圖億萬年。

春雨苦寒偶然作

坐看時節又清明，風雨連朝不放晴。懊惱春寒渾未去，花枝憔悴總無情。

題松竹梅

古梅修竹共涵春，更有蒼松日作鄰。同是歲寒冰雪伴，相看不似舜華新。

題畫龍

靈物蜿蜒藏尺素，青天白日起風雲。滄波卷上九霄去，遍作甘霖被八垠。

又

噓氣成雲散為雨，飛騰變化在須臾。葉公已矣僧繇死，誰邀精神見畫圖。

戲柬楊諭德病酒

故舊相歡欲盡情，厭厭夜飲過三更。如君此意猶言薄，宿酒於今未解醒。

別高仲仁

別來九載鬢成霜，舊日才情擬賀郎。磁州此去詩千首，莫誦強夫老更強。

〔註3〕原詩後注：聖天子德被萬方，治化隆盛，與群臣百姓同享太平之樂。上元節午
門張燈賜群臣宴觀。予假七日，都城撤夜禁，民間遊賞達旦，人心感悅，歡聲
雷動。如愚輩以諛才謬忝侍從，遭逢盛時，實千載之遇。謹賦七言長律二十韻
以紀勝。會使後之視今，欲想望其萬一有不可得之歎，然後知今之難遇也。

題趙松雪蘭竹

吳興公子骨成仙，留得人間翰墨傳。清風高致看蘭竹，猶是英皇至治平。

偶作

黃葉紛飛覆蓽籬，清霜半落菊花枝。小窗盡日焚香坐，閒看蜘蛛戲網絲。

雪後喜晴

雪晴薄暮退朝歸，馬踏新泥濕濺衣。不假地爐今夕燎，明朝自有太陽晞。

題畫竹贈別李孟昭

夢斷瀟湘隔水雲，巴歌楚曲不勝聞，西風無限江南意，盡寫華箋卷贈書。

別徐宿州

歲晏驅馳到北京，忽看秋鬢已盈盈。相送黃金臺下路，寒雲野水幾多情。

乙未冬北京別徐宿州

曉出都門密雪飄，南還匹馬去程遙。一杯薄酒將情遠，相送桑乾水上橋。

題墨梅二首

不惜開花偏對雪，只緣結實待和羹。西湖寂寞無知己，總把精神付墨卿。
瑪瑙坡前幾樹開，纖雲淡月共徘徊。孤芳肯作高人伴，疏影寒香逐處來。

題和靖觀梅

石屏風度暗香隨，折得西湖第一枝。清興滿前吟不盡，欲題雪繭更深思。

題子昂畫拳毛騧

最愛吳興善寫真，拳毛點染五花新。只今日日天閒見，卻羨當時筆有神。

題子昂畫馬

仙仗隨朝近玉欄，圉人牽出解雕鞍。年來沙苑龍駒少，只用千金買畫看。

題宋高宗寫洛神賦

靜夜焚香閱舊書，洛神下筆意何如。可憐不寫平胡樂，千古中興恨有餘。
汴水園陵跡已荒，南來宮館燕錢塘。臥薪有志圖恢復，好寫招魂醥岳王。

送處州劉使君

江右衣冠數相鄉，君家文獻汗青香。只今循吏應書傳，又見龔黃在括蒼。

題竹四首

疏影渾疑似渭川，修林元不染湘煙。夜深忽覺涼風起，恍惚秋聲到枕邊。

丹鳳蹁蹁振羽翰，深林百尺長琅玕。暖風晴日高堂見，絕勝篔簹谷裏看。

憶昔巴江聽鷓鴣，瀟湘雨岸兩模糊。十年江海冷成夢，此日題詩愛畫圖。

舊幹參差已拂雲，新梢初破石苔紋。試看長就風霜後，便可棲鸞引鳳群。

題長林茅屋圖贈叔昭南歸三首

修篁古木蔭幽居，一榻清風畫不如。記得與君同席處，滿庭燈火夜看書。

清湖碧水繞門流，石壁光含一鏡秋。回首紅塵誰得似，忘機日坐看沙鷗。

休官無計解朝衣，憶看滄浪夢不回。盡把長林茅屋趣，春風江上送君歸。

題王母宴瑤池圖

五色雲霞掃不開，仙家樓觀鬱崔嵬。已憑青鳥傳消息，為報瑤池阿母來。

試問紅塵萬劫餘，蟠桃此日竟何如。開花結實三千歲，只恐東方朔是虛。

題金侍講脊令

客窗兄弟樂怡怡，尊酒相歡不暫離。此日展圖增感慨，為君三復脊令詩。

題袁安臥雪圖

雪寒高臥蓽門空，車馬徒勞出郡中。貧賤不因堅苦節，白頭安得到三公。

贈郭九成〔註4〕

魚臺昔日哦松處，解組歸來未白頭。贏得醉鄉忘歲月，花間杖履水邊舟。

論材還出應時需，房縣人歌已有襦。千里驊騮聊一蹶，青雲終說是康衢。

白雲握手意都迷，才是相歡又解衣。明日買舟江上去，泰山遙隔五雲低。

寄季敏〔註5〕

別來相遠不相親，只隔雲霄萬里身。聞道鬢邊添白髮，知君心事有何人。

〔註4〕原作「兩首」，實為三首。
〔註5〕原作「三首」，實為兩首。

鄉里人來即問君，平安便足慰離群。莫嫌近日音書少，思繞青山與白雲。

送別鄉人

滿地揚花白下門，高歌一曲倒離尊。明朝孤舫沿流去，半月嚴程是故園。

題小景

風起長林水滿津，孤舟來往不勝頻。棹郎日暮催柔櫓，應有前村待渡人。

題捕魚圖

直鉤不用繫綸絲，孤艇橫流斷碧漪。野老未能忘得失，停餐還望舉罾時。

送別紹昌二首

小年館下日從遊，分手於今又五秋。總角忽看成既冠，相過還喜別還愁。
石城歸夢隔煙霄，咫尺江鄉萬里遙。郎罷只今應遲子，順風催送木蘭橈。

題畫扇寄徐良心先生二首

芙蓉峰下白雲深，別思從前直到今。卻憶清秋曾載酒，丹崖黃葉共登臨。
萬里雲霄別夢長，白沙翠竹憶滄浪。先生許我歸休約，來往柴門共野航。

題曲江春色

天寶繁華已不存，集靈荒草易黃昏。惟有曲江名姓在，千年春色照乾坤。

周崇效迎其太夫人南歸，因賦絕句六首為贈，雖辭語鄙俚，然發於情者有不能已也。

已看祿養沐恩榮，兄欲娛親弟又迎。不似等閒離別苦，艱難況是客中情。
長江渺渺漾寒流，曉□□輿出石頭。願得天心酬孝念，好風吹上木蘭舟。
舟行絕勝板輿安，兩岸青山帶雪看。旋買鯉魚新斫鱠，更炊祿米作朝餐。
羨君伯氏免朝參，五色宮袍當舞衫。愧我未酬三釜志，白頭老母在江南。
鰲山高俯釣魚臺，歲宴遙瞻畫舫回。想得到家春尚早，迎人桃李繞門開。
入門喜氣滿華堂，共悅慈顏進壽觴，此日庭闈雖慰藉，豈知天上引思長。

送人還豫章四首

七年不見各相思，才是新來又別離。莫怪臨岐無所贈，行囊多寫翰林詩。

龍河薄暮起霜風，一片歸帆背落鴻。兩岸青山遙帶雪，客行如在畫圖中。
匡廬西望紫煙生，彭蠡波光倒黛明。歸夢疾如江上鳥，夜來先已過吳城。
西山蒼翠落霞邊，南浦晴光遠接天。遙計客程須十日，滕王閣下繫歸船。

贈醫者二首

雲邊種杏幾經秋，藥裏深藏待客求。還少若應真有術，免教白髮上人頭。
試問回生事有無，沉痾一視可能蘇。秦和若道今猶在，到得人人見海枯。

送鄒中書尹資縣四首

舊遊攜手共鑾坡，玉筍聯班接曉珂。豈料相逢易南北，交歡還少別還多。
兩岸雲山雪樹明，孤舟遙向錦官城。一道巴江來萬里，相看不及送君情。
劍閣瞿塘有底奇，雪山寒影接峨眉。少陵遊處多懷古，一遇關情一賦詩。
鄒陽才思自空群，作縣何須羨宓君。待看政聲如錦水，奔流三峽使人聞。

題畫二首

桃花幾樹隔煙村，流水青山近繞門。家住泥田遠城郭，遊山釣水過朝昏。
一別江南十五春，長林茅屋夢頻頻。箇中若有閒田地，投老歸來願卜鄰。

題江頭八景

夫容隔江羅翠屏，孤峰獨擁金螺青。兩山秀色挹青翠，千古氣入秋冥冥。
錦鯉洲前芳草生，淡煙起處雨初晴。獨倚斜陽看煙景，春風芳草幾多情。
空山無處不樵歌，伐木丁丁隔薜蘿。此處從來近城郭，樵歌乍聽野情多。
盤洲幽深無四鄰，白沙清水堪垂綸。欸乃時時聞一曲，也知別有釣魚人。
石橋底下水通江，江漲生時沒石矼。幾度漁舟乘水入，柳邊繫得棹雙雙。
幾年種竹今成塢，剩有林亭十畝陰。更在傍邊開隙地，年年春雨長森森。
霜楓葉舟江渚秋，夕陽遙帶滄波流。孤舟野水行人少，一雁飛起橫高樓。
石幾巢嶸障回瀾，秋月滉漾澄清寒。此中幽絕波浪少，八月好似錢塘看。

二月六日朱太常許送梅花不至以詩促之

二月東風長柳芽，茸茸細草滿堤沙。底是容臺春傳□，梢頭猶不放梅花。
月下吟詩久不成，雪窗瘦影為誰橫。若將一朵分塵幾，紙帳生春夢亦清。

題徐汝濟四鳥圖

山茶相傍隴梅栽，一種寒芳雨色開。群雀不飛殘雪在，倦簾疑有暗香來。
百花原頭麗日遲，東風吹盡海棠枝。白頭也解憐春事，更向花間住少時。
秋香未老霜果破，啼遍梢頭十二紅。憶自淮南招隱後，滿林金粟怨秋風。
海榴梔子共芳菲，紅日花開暑氣微。練帶雙棲還自得，一般生意識天機。

寫懷三首

老母今年七十六，別來十載淚沾巾。無由為祝身長健，夜夜焚香禮北辰。
過庭詩禮早傷悲，教訓辛勤賴母慈。今日飽沾天上祿，寸心何以報恩私。
君恩母德總難酬，耿耿中懷負百憂。惟有此身圖兩報，忠心孝念各悠悠。

端午即事四首

去歲從征北伐胡，六軍此日度臚朐。紫塞無人天漠漠，□威萬里掃單于。
今年早向紫宸朝，美酒香蒲賜百僚。宮衣炫爛迎朝日，採扇沾恩出九霄。
別圃花紅綻海搖，近堤翠影柳絲柔。卻憶楚江遺舊俗，兒郎擊鼓競龍舟。
曉侍鑾輿閱教場，錦衣小校列成行。勇士材官俱俊逸，打球射柳騁飛黃。

送劉廷賢還鄉二首

子向南來我北回，都門相見共徘徊。殷勤為問交州意，已有平安寄隴梅。
行篋才看卷客衣，還家興已逐雲飛。故園十二年來別，□限鄉情寄與歸。

題扇贈周崇式

新剪吳絲雪羽輕，南州歸去最多情。玉堂臨別無他贈，分得清風與明月。

枕上

不眼心只戀朝廷，寒漏聲傳點點聽。歸到口南才入□，無端風雨又呼醒。

元夕觀燈和金諭德十二首

春滿金門霧靄濃，萬華燈影黷夫容。待衛當關嚴虎豹，衣冠接武集夔龍。
翠擁鰲山近九重，滿天星斗月當中。鑾輿才到開閶闔，一派簫韶響碧空。
玉京縹緲見樓臺，萬戶千門橐籥開。阿母先令青鳥至，群仙齊進紫霞杯。
上林月轉樹陰移，絳□天高北斗垂。教坊正奏升平樂，御筆親批應制詩。
星橋銀漢繞勾陳，九陌香風爛漫春。自是太平多樂事，非關歌舞有清新。

蛾眉窈窕振鳴珂，粉黛新妝簇擁多。雙抱琵琶彈越調，採蓮船裏和吳歌。
年年歡樂侍楓宸，玉斝金杯錫宴頻。度曲每傳天上譜，當筵多舞四夷人。
蓬萊宮闕啟宵扃，雲母光寒晃玉屏。漫說上陽番一曲，何人獨向月中聽。
九衢車馬撲香埃，十二層城達曙開。處處看燈人不寐，浮行直到御前來。
玉堂休假罷公衙，夜夜陪班不到家。漏盡□門歌舞散，退朝車馬競紛譁。
和風霽月踏歌聲，正是家家樂盛平。待漏趨朝更鼓靜，笙簫不斷到天明。
聖心樂與萬方同，天下河山總一封。賡歌和得陽春曲，寫在康衢擊壤中。

題劉商觀奕圖

流水蒼松白石間，偶逢棋客不知還。瞬息歸來忘甲子，仙家無事日長閒。

題墨竹

滄江何處起風雷，煙霧冥蒙晝不開。捲簾涼氣生秋爽，忽見蒼龍帶雨來。

贈龍虎山道士二首

早學飛仙煉大還，已看鶴髮變童顏。暫來天上乃歸去，振袂蒼松白石間。
星冠羽珮謁蓬萊，龍虎山高接上臺。曾共乘鸞王子晉，吹笙直到鳳凰臺。

與魏太守寧行人夜飲因話舊賦二首

一尊聊共醉燈前，話舊於今十七年。最愛番禺賢太守，草書飄逸似張顛。
幾回窗下聽琴聲，猶憶鐔津話舊情。此日一尊重聚首，□燈明月鳳凰城。

題便面蓮花

便面生香菡萏開，賦紅深翠照霞杯。誰乘畫舫西湖上，分得吳歈片景來。

題畫

城中無地結幽軒，門外惟聞車馬喧。逸趣總留圖畫裏，看山看水似鄉園。

題畫蘭

階前種蘭香可擷，畫裏何因有蕊芬。紉珮欲知何□來，□鳳夢入楚皋雲。
馨香已勝杜蘅清，葉葉生輝賴墨卿。自笑幾多□□□，□勞五采近雕楹。

題邊文進畫青鳥

邊生寫畫似邊鸞，邈得瑤池雨羽翰。睡倚璚林忘卻曉，滿身雪影不知寒。

題內兄陟岵圖

賦罷渭陽情不已，天涯相見各沾巾。秋風總是傷心處，一片雲山思殺人。

題劉商觀奕圖二首

說著神仙事本虛，王生柯爛竟何如。只今猶見劉商畫，千載迷人恨有餘。

龍門畫筆妙當時，蘇老文章蓋世奇。可惜豳風圖不上，茅生何用勒仙碑。

九日蒙恩賜假二首

年年度節在京華，屢酌瓊漿泛紫霞。今日又陪天上宴，聖恩特賜看黃花。

階前種得陶潛菊，因值重陽點點開。九日驅馳今日暇，不妨沉醉莫停杯。

題趙仲穆畫馬二首

白雪連錢不受羈，春遊踏破落花泥。圉人愛惜真龍種，時向波間洗玉蹄。

一匹昂烏耳削筒，五花照夜尾捎風。騎來不敢輕輕浴，只恐騰波化作龍。

題畫

□臨石澗隔松雲，入座風泉靜夜聞。拌卻舊山頻愛畫，令人遙憶李將軍。

雪夜偶成二首

九門迢遞漏沉沉，掃雪烹茶坐夜深。獨對小窗清似水，竹聲摵摵伴孤吟。

千空飛雪亂交加，素影浮窗晃月華。記得滄洲乘興處，夜披鶴氅看梅花。

雙溪洗藥圖二首

山中無事學壺仙，斫得參苓為引年。坐看童子和雲洗，溪水流香出洞前。

白頭蹤跡到皇都，閒卻雙溪煮煉壚。相逢易得成今昔，空見人間洗藥圖。

題畫

江天空闊草亭幽，石壁蒼涼杏葉秋。總有故園山水思，夜來飛夢過滄洲。

江上送別三首

愁心如醉日昏昏，無奈逢春慘別魂。雙淚正猶江上水，夜來和月漲潮痕。

馬上看山君憶我，天涯見月我思君。遙知兩處相思夢，只在吳山楚水雲。

□歌擊劍解離憂，惟有多情不自由。縱使尊前強排遣，無端依舊到心頭。

送劉日昇四首

一曲離歌白下樓，飛花淡蕩送行舟。故鄉未到心先到，說道來時不待秋。

江上新流漲淺沙，順風小艇又還家。到時已是春強半，開遍深林躑躅花。

十載京華未得歸，長林茅屋夢相違。憐君來往如孤雁，一度逢春一度飛。

朝朝載筆侍楓宸，自愧才疏寵渥頻。煩寄平安書一紙，高堂先慰白頭親。

籃溪釣隱二首

不著羊裘把釣竿，每臨磐石坐風湍。幽棲卻羨籃溪好，夢憶沙汀草閣寒。

閒放扁舟臥短簑，從來溪上少風波。山青水綠無人伴，獨自中流欸乃歌。

促內兄善存來歸父喪二首

去年相約在秋闌，過眼今秋又欲殘。寄語書岡吳太子，一□荒草比風寒。

□□零落欲誰依，孤冢荒涼骨未歸，寒食兩年無熟飯，西□門外淚沾衣。

題畫扇三首

騎馬穿雲度石關，夫容屏嶂翠微間。百年蹤跡紅塵裏，爭似林泉一日閒。

水邊林下有佳期，山月蘿風總繫思。一自朝真歸未得，洞□煙雨長松枝。

□□機事即成仙，了得情心息萬緣。何日還山同結隱，看□掃石枕書眠。

贈太寧王□□三首

昔年相見共高歌，此日重來鬢已皤。但喜政成如密令，不須惆悵別離多。

欲折垂楊慰解紛，雪花如絮濕行雲。爭知滿路皆搖落，只有寒梅可寄君。

淮水東邊畫舫開，孤鴻遙帶夕陽回。青山盡處杉關近，多少人迎令尹來。

題七司馬

驅馳關路朔風寒，皂帽青衫為謫官。青史是非千古在，至今猶入畫圖看。

題畫二首

□□淡淡樹蒼蒼，搖落西風起夕涼。湖水空濛連雁下，消□落思是秋光。

天容煙渚入霏微，閒卻滄浪舊釣磯。歎息年年歸不去，愁看江浦雁南飛。

寄黃學士楊諭德十首

別來江路踏春花，此日秋風老荻葭。卻憶故人黃叔度，時□清夢繞京華。

□□夫子有雲仍，蚤負聲名總不矜。自是高情輕海嶽，更□□□重廬陵。
五雲南面月輪高，孤館涼風思獨勞。客夢不離霄漢上，素心只為憶同袍。
一自聯班侍禁闈，退朝常是月中歸。只今兩地遙相憶，不共行吟共月歸。
廣寒宮殿鬱嵯峨，太液微風漾碧波。同賞未曾酬昔願，清遊先沐聖恩多。
年年對菊賞金盤，也有芙蕖剪綵看。醉筆題詩今不忌，一尊誰與共清歡。
小郎愛客去還來，嬌女燈前解勸杯。雪夜對談情似海，無□□□苦相催。
□□□騎日紛紛，幾度相思思入雲。昨夜西風吹塞雁，江□□□借離群。
□□□誰託所思，夫容零落杜蘅衰。殷勤欲寄頻婆果，又恐秋原馹騎遲。
入門日觀思迢迢，報國丹心萬里遙。事業應須各努力，□□□□□□□。

□□□三首

□□□南白髮多，十年不見奈愁何。五千里外書難寄，目斷秋旻北雁過。
北闕趨朝晚獨回，清燈孤影共徘徊。山妻稚子留京國，忽得平安數字來。
何處人家吹笛聲，卻隨雙杵度高城。偶然一曲關山月。不是梅花調裏情。

除夕和羅修撰

客裏年年共卜居，才過秋半又年除。今年才似前年減，只恐明年又不如。

和鍾伴讀雪中見寄五首

六街塵起雪初乾，曉起趨朝已不寒，惟有南鄰鍾伴讀，吟□□□故人看。
□□南京樂事多，華筵醉酒聽高歌。長安門外傳清響，正□□□□曉珂。
□□相見歲將殘，咫尺經過會面難。欲買一尊期共醉，東風客館送餘寒。
知音本自有鍾期，契闊於今又幾時。莫怪經過蹤跡少，到□無日不相思。
□□□詩日百篇，休嗟一歲不三遷。鯤鵬自有摩霄翼，會□□□上九天。

□□鄒迪善二首

故人此去為之官，滿眼風煙欲別難。矯首毗陵雖咫尺，袖中龍劍好頻看。
萬事傷心不忍論，都門又復倒離尊。臨岐幾點沾衣淚，莫把淋漓作酒痕。

送杜徵士致政還鄉

金闕晨趨拜冕旒，秦淮雪霽棹歸舟。太平政爾需才俊，卻恨徵君已白頭。

題璧山圖

王郎善畫心膽豪，筆鋒寫出璧山高。人間何處有此景，更欲駕鶴尋廬傲。

□□道圖二首

□□□舉歎知稀，異世相逢道不違。一粒金丹能換骨，莫□□□泄天機。
□□逆旅偶相逢，一枕黃粱夢覺中。不是先生能度我，自緣肌骨有仙風。

寒夜遣懷四首

□□□□歎無能，身荷恩深報未曾。日暮退朝歸小閣，□□□卷對青燈。
□□□雨雪初消，數九應知暖尚遙。病中雖是逢休假，卻□□□□朝。
短檠焰燼消殘燭，瓦罐茶香出地爐。數日雪寒增酒價，病來贏得不曾沽。
大兒別久渾無信，幼女新來解誦詩。多少旅愁排遣得，白頭老母不成思。

挽高汝節二首

薤露歌殘易愴神，文光寂寞劍光塵。月明冷落歸仙里，丹桂開時不見人。
馬田正近小東山，三十餘峰杳靄間。仙客已歸行樂少，一溪流水自潺潺。

題畫

□□□□□巨鰲，江心樓閣俯靈濤。吳門千里迷歸望，一□□□勝蕩高。

□□與朱太常索梅花二首

□□□因見物華，寒梅多在太常家。憑君試問春消息，開到梢頭第幾花。
已向霜前暗有期，銅瓶注水候多時。竹窗佇待添詩興，□□□贈折雨枝。

□□寄季敏王隱居

□□□成以月圓，素姿渾比雪霜鮮。殷勤託寄相思意，千□□□□一天。
青山淡淡樹扶疏，寫出城南小隱居。一自別來經八載，蒼顏華髮近何如。

別徐宿州二首

度江遙望宿州城，馬首空濛雨未晴。古道西風誰是伴，滿林黃葉與秋聲。
亂山高下望滁州，荒草萋萋古驛秋。馬上吟詩多舊思，孤雲斜日度清流。

寄郭子成三首

都門別後六經秋，想見彈冠歎楚囚。近日逢人頻借問，老懷不減舊風流。
□□□□共清歡，豈料參商會面難。一紙書題千里意，半□□□半平安。
□□□□倍相思，未暇裁書且答詩。白髮憐君歸未得，尊前一笑歎何時。

余作前三絕不曾寄去，適子成至，遂為誦之，相與拊掌曰：豈知一笑在今日耶！因更作三絕以紀離合。

相逢□得解離思，喜見蒼顏似昔時。無限旅懷俱不問，憐□□□□君詩。

□□□□落照斜，紫宸朝退後昏鴉。詞垣日直難頻見，□□□□□我家。

便解輕裘當酒杯，情真疏率也無猜。夜深舊事論難盡，又被高城鼓角催。

思親

憶著慈闈淚滿衣，鄉心遙逐雁南飛。十年離卻滄洲路，夢裏雖歸不是歸。

得家兄書，欲來相見，久候不至

客聞消息在京師，夜雨連牀會有期。何事至今來不到，水行已凍陸行遲。

得穜子書

半年隔越兩京城，一紙封緘父子情。報導老親今勝夕，也□□□□愁輕。

□□□復慶

□□□年始二齡，早能學語性惺惺。無端也解牽人夢，昨夜分明見戶庭。

寄家書

便寫家書寄阿童，才閒臨紙又忽忽。蒼黃不盡丁寧語，意□寒山更萬重。

□□二首

□□□□望我歸，江南老母念京畿。可憐三處相思夢，不□□□□□飛。

夜久挑燈尚苦吟，霜風吹戶覺寒侵。相知唯有天邊月，照見平生報國心。

題畫

寒流石上一株樹，天矯蒼龍瘦骨清。幾度小窗渾不寐，臥聽萬籟起秋聲。

卷九・應制

騶虞詩　有序

　　洪惟皇上應符受命，昭假神天，以光復太祖聖神文武，欽明啟運，俊德成功，統天大孝高皇帝之鴻業。天地發祥，百靈效順，陰陽以調，風雨以時。小大之物，咸得其和，仁聲義問，浹被邇遐。四方之國，奔走效職者無虛日，有曠古聲教所不能被，漢、唐、宋以來威力所不能制者。稽顙伏之速，何其神哉！永樂元年六月丁巳恭上。

　　□□溢，隆尊親之道，維時嘉禾生，麥穎異。二年四月田□建立皇儲，定邦家之本。既而野蠶成繭，群臣欲表賀。固勅止之。乃秋八月，騶虞出於周郊，二虎隨之。先是太史奏天垂象，有瑞獸應，至是驗焉。九月丁未，□□□僚屬上表獻於廷。白質黑章，熠燿焜煌，文武百官，□□交慶，舞抃踴蹈，拜表稱賀。稽諸載籍，人君有至信□□□□幽冥，故騶虞至。

　　臣伏觀皇□□□□□事神恤民，一德之敬，恩信覃布，及於庶類，數寬以待物，誠以接下，上仁純孝，恭儉慈愛，本乎天性。由是禮樂法度，粲然煥明。然一遵乎舊章，無所更易，非至聖之德，其孰能之？故騶虞之應，不約而至。臣愚以為大貝明珠、虎兒犀象，世之常有者，產於深山巨壑，窮荒絕域，皆人力之所可至。惟祥麟威鳳，仁如騶虞，不恒有於天下者，豈人力所能致哉？自非一至和感召，曷能臻茲協應？天啟皇上萬億年太平之慶，故發此為之徵也。臣叨職詞林，欣睹盛事，實千載之遇，謹拜手稽首而獻詩曰：

　　於穆皇，德配乾剛，昭假于下，赫赫明明。昔在太祖，聖神文武，受命既固，耆定率土。大命既集，皇□□□，□□前烈，是似是秪，極天所覆，極地

所載。恩洽化□，□□□外，景風丞呴，靈耀昭融，纖微畢被，遐邇攸同，太□□□，□□杳至，不蠶而繭，不種而穧。雲漢昭回，有象懸□，□□角鬣，厥獲在郊。皇曰：「嗟物，不狩胡獲，人道伊邇，天道幽賾。」時維仲秋，獸出周墟，皓質緇文，是曰騶虞。惟王友恭，秉虔獸瑞，稽首揚言，歡呼萬歲。皇曰：「嗟乎！朕弟□□□爾孝，誠伊爾之詳。」王曰：「騶虞，世不恒有。」□□□□，歸於皇囿，其章昞昞，其儀皎皎。食不生物，昭我□□，□□□氏，日趨千里。今循闕庭，蕃我皇祉。鳥獸蹌□，□□□□，聚觀如堵，歡聲交騰，咸曰：「噫嘻，振古之遇，凡百瑞應，啟聖之□，羲軒既作，澤獸龍圖，堯舜相承，巢鳳屋鳥。禹協龜書，殷降玄鳥，鸑鷟鳴岐，八百姬兆。猗歟仁獸，感孚而來，皇繼往聖，其休若茲。異鵲見唐，騶牙出漢，於以方斯，霄壤懸判。皇不寶物，職思帷康，展也無為，端拱明堂。應以無心，匪求自至，幽遠則來，以彰聖治。皇不自聖，皇仁如天，緝熙大明，於千萬年。

臣拜作詩，詠歌孔懌。聖治神功，永宣金石。

神龜頌　有序

天閔厥下民，命我太祖聖神文武，欽明啟運，俊德成功，統天大孝高皇帝，君師□□□□大難，故生而異常，神靈炳耀，聰明睿智，全上聖□□□□□（間）之功，成雍熙之治。自生民之始，以迄于今，未□□□□祖皇命之盛者也。當元綱不振，四方繹騷，民無所主居，臨豪神異迭見，聞者奔走來歸，不約而同。

□諸豪傑專事攘奪，無愛民心，乃率眾仗義，保障州里，戒□□□衣被創殘，休養蕃滋，日眾日盛。用是訊掃妖寇，劓□□□斯民於水火顛連之中，不厲聲色，而天下大定。□□□□□久掌。由是尊臨大寶，撫綏萬國，章敘憲典，□□□□，□建藩屏，舉賢任官，審明制度，斟酌損益，務合中道，紀綱條目，一細畢張，禮樂文物，煥然維新。敦行儉約，不喜華美，身致太平四十餘年，百姓豐富，群生咸遂，教化休明，風俗淳厚，至和薰蒸，明於四表，功德之隆，亙古莫比。欲措辭推演，猶摹盡天地，不足以盡其高大。洪惟皇上聖文神武，至仁達孝，撫臨神器。即位以來，首命史臣纂修實錄，丕顯謨烈，復上皇考妣尊諡。尚歉，然以為未足以竭孝思，乃命文學之臣述為碑辭，勒諸琬琰，樹之園林，垂示子孫臣庶於萬億年之久。

永樂二年秋，命臣下搜石，罔有以愜聖□。未幾，得石於幕府山之陽，廣

袤數丈，趺求稱是。又取石□□□龜，斸堅啟埋，忽於空罅得石龜一，其長踰咫，衡□□□半之，昂首妥尾，色玄而蒼，文甲璀璨，非礱非斫□□□□之巧，臣下以獻，□□□召群臣遍示之。群臣咸稽首曰：「（太）祖高皇帝功德塞於天地。」上至孝感通神明，故山川百靈，發此嘉祥。當建碑之初，而龜出於他所，而特出於趺石之傍，非盛德昭應，何以□□□□讀？《中庸》有曰：「夫孝者，善繼人之志，善述人之事。」太祖□□□業垂統，建萬世太平之基。皇上□□舊典無改作，繼志述事，光於前烈，天地神祇，啟其潛藏，以闡揚偉績，實非惟今日之所罕見，雖千萬世之後，猶必以為難遇也。

臣才學猥陋，叨陪侍從，躬逢靈瑞，可無紀述以贊盛美？謹效詩人歌詠之詞，而為頌以獻曰：

天佑下民，篤生太祖，發跡開基，肇彼淮土。維時誕降，祥光燭霄，電爗虹流，異香菀飄。及長而奇，鳳質龍姿，游衍出王，神人輔毗。元政陵夷，天下斁亂，芒芒中原，惟憂永歎，強弱齮齕，彼攘此奪，孰為同牧，孰剪萌枿。太祖□□，天□眾民，罹茲荼毒，吾奚弗仁，乃誥厥師，秉鉞仗□，□□□□，附者猶蟻，戎車哼哼，王師焞焞，赫赫烈烈，如□□□，□渡大江，天塹之東，壺漿簞食，耉耈景從。乃入金□，□□共業，以對天下，所向克捷。東征西怨，南征北俟，民□來□，大旱雲霓，蠢茲江漢，恃狠而驕，據我上游，寇竊近郊。太祖赫怒，奮揚威武，鏖戰鄱陽。殄彼醜虜，有攘螳臂，嗤彼東□，□□所臨，摧拉朽枯，元懟斯殄，群孽悹驚，憬彼海邦，聿□□□，孰謂閩固，舉之如羽，孰云粵遙，其歸如赴。既有東□，□□□曾，旋施汴洛，稽首角崩，載指齊魯，以迄幽冀，守□□□，□□先至，曰晉雁門，曰秦曰隴，競奔以歸，無難無□，□□西蜀，憑立倚險。卷甲趣之，如風斯颫。斂氛濯祲，去塍薙稂，詎有彼界，亦靡此疆。混一之勢，成於歘忽。退阤僻壤，不勞征伐。既戢武功，四海攸同。天寶斯臨，文德寔崇。肇修人紀，爰興禮樂，治教休明，廢弛具作。建藩樹牧，舉賢任能，百辟庶士，小大咸登。生息休養，既庶且富。韶韺熙熙，謳歌載路。自西自東，自北自南，仁恩所被，無遠弗覃。至和塊圠，充塞無間。醴泉甘露，□□□見，乃抑祥瑞，所念惟艱，維持鞏固。磐石奠安，建茲感□，□二十年。浩浩巍巍，上配於洪。惟皇上太祖□□，執競維□，令聞不已。受天明命，為天下君。□□□□，永媲放勳，至仁達孝。洞屬幽顯，恩澤所敷。信於□□，□□維新，典章由舊。萬物紛糅，均陶仁囿。位育之效，□□□□，動樹飛走，祥瑞孔多。

帝曰：喜天眷皇考，莽祿永荷，於躬是保。社稷宗廟，考所基。凡此烝民，昫而育之。我其夙夜，戰戰兢惕。繼序不忘，惟恐弗弔。仰瞻功德，萬世惟尊。有欲宣昭，莫馨名言。□□念茲，日監左右，樹石勒銘，詒世悠久。凡爾臣隣，相予□□，□月光華，永揭孝陵。幕府之陽，有石廣袤，既堅且□，□□□琇。爰求其趺，以稱厥美。爰相爰度，龍潭之涘。天□□□，□氣蘊蓄，雲煙蔚葱。熠熠或或，乃鑿其隙。神龜斯□，□□至精，渾然天成。負介斂足，首昂尾曳。奇偶錯綜，五行交繫。匪雕匪斫，若浮若遊。包括儀象，混涵九疇。其質則石，其章斐然。盈僅蹢跼，眾體具全。臣工爰獲，稽首獻瑞。對揚休聲，天子萬歲。皇帝有命，大召群臣。乃示禎祥，霞彩璘霉。群臣歡欣，舞蹈踊躍。天眷聖明，如彼出洛。幽賾突奧，顯道之微。天球河圖，至妙同歸。

皇帝曰：吁！皇考在上，於昭有赫。神靈陟降，地出其閟。嶽啟其□，於薦陵廟，用彰耿光。皇帝□□，假哉於□。孝誠升中，瑞應爰告。□□□□，□以纘承。子孫千億，斯今實徵。臣廣作頌，繹思□□，□□□鈞，僅獲一銖。先乎無前，後乎無窮，蕩蕩難名。

河清賦　有序

永樂三年春，正月癸卯，高平王、平陽王奏，禹門津黃河清，朝臣歡動，以為□聖德所致，進表稱賀。

□□□弗居未幾，秦王亦來奏，山西守土之臣皆來奏。□□□□清如碧玉，洞鑒毫髮，既而成五色，經三旬有二□□□□舊稽之載籍，黃河千年一清，□□□□瑞而五色者，尤為瑞之大者也。洪惟□□□至聖之德，作配天地，廣運神化。故瑞應之來，適當其期，誠亙古之所無也。臣叨陪侍從，幸睹茲盛事，宜有所紀述。謹鋪張為賦，以傳誦於將來。其辭曰：

蓋聞洪河之水，通銀潢而直下，介箕斗之微茫，繞崑崙而奔瀉。欻潛行兮地中，忽渙發乎重野。景如汲海之長虹，勢若馳岡之迅馬。驚湍騰逝，悍波沖射。競千雷兮砰訇，鬥萬罍兮呼吒。漉泥沙兮瀁揚，羌晝夜兮不捨。方其道積，石歷□□，下砥柱，逾孟津，出乎無際，漂乎無垠。臨萬頃兮濟瀁，□□□□兮沄渾。□夫浩浩湯湯，堙塞未疏，濟漯莫從。淮泗□□，□□□而為壑，襄高陵而成污。暨九川兮滌源，九州□□□□蒼生於墊溺，免斯世於魚鱉。惟六府之孔修，賴□□□偉烈。嗟形容於久翕，諒一葦之可越。逮乎周道，既□□武，益遠清人，庶其翶翔，方叔去而不返。葛藟興綿綿之詠，尼父有已矣之歎。

　　至若瓠子載決，宣防既歌，下淇園之綠葆，沉美玉於滄波。恒汨汨兮混濁，或沸矞兮盤渦。曾□□其安流，胡然有於盈科？誦逸詩兮俟清；嘅人壽兮幾□。□□□可兮，驟得必以待。夫時之泰和，爾乃禹門中闢，磧□□□，□壽不興，一碧千里，若人間兮天上。渺余視兮衍□，□□□□渭濱，儼浮遊於湘沚。澄靚兮泓渟，滉漾兮瀾□。□□□綠於漢，□陌苔青於淮涘。淡玻璃兮洞射，凝雲母□□滓。風泠泠兮吹滌漪，天晃朗兮映漣沚。粲飛鳥兮白鷗，數游鱗兮鱣鮪。山倒黛兮染翠，嵐拖練兮成綺。姱灂豔兮挼藍，堪薦潔於明水。朝陽升兮澱彩蕩，夜月照兮鏡光洗。紛揮霍兮五色，乍紆徐而忽駛。寔元氣之融會，而發榮光於此。

　　乃有黃者，居河之湄。睹霑灢而瑩澈，為盛世之休啟。爰以告言，聞於紫宸。無小大而咸喜，騰遐邇之歡聲。惟□□在上，致四海兮降平；需仁恩兮汪洋。洽寰宇兮皆春；□□兮畢來，杳臻瑞兮駢臻，所以天儲其精，地閟其靈。□□□□嘉應實有待於聖明，乃謙抑而弗居遜膚美。□□□□，功愈大而心愈小，道彌高而德彌弘。視夫平成□□□萬世而同稱者也，猗歟！

　　呈久協神禹，稽河清之致祥，緊寥寥兮前古。撫金人而徘徊，摩銅狄而容與。求有並美於今日，亦漫患而莫嘸。泛星槎以尋源，聊逍遙兮銀渚。俾玄冥兮先驅，訪往跡於河鼓。雲冉冉兮斯徵，路迢迢兮遠舉。憩鵲橋而孤吟，睇層霄而□□。□□珠闕之崔巍，聆群仙兮夜語，謂□□□□克繼，述於□□□□兮率舊章。靡毫髮兮爽軌度，誠於穆而不已，全□□□□文武，天茂錫以純祉，浩穰穰兮繁聚。粵鴻荒兮芒□，□河之清兮今始睹。於以闡皇猷之精微，降子孫無窮之祚。彼漢唐之偶值，又奚可以比數。瓢元元而無知，將以告夫下土。羲和忽兮啟駕，宵朣朧兮欲曙。靈繽繽兮既遙攀，攬余袂兮來下。抉雲漢之昭回，挹九天之湛露。披琅玕以自呈，造金門而獻河清之賦。於是為之歌曰：

　　河水兮清□聿，應期兮斯千年。皇御極兮德配天，於萬億秭兮福祿綿綿。

皇帝御書贊

　　□□□年秋九月，□□□□諦觀□□□武欽明啟運，俊德成功，統天大孝高皇帝御製□□詩徘徊諮嗟。

　　帝若曰：皇考之神在於天，功德在於人心，如日月之照臨，罔有不被。獨翰墨之傳，人鮮能見。爰以刻石摹墨本，裝潢成軸，分賜諸王群臣。臣廣受賜，

再拜稽首，跽觀而誦之□章。宸翰煥爛奎璧，如卿雲麗空，五彩交映，人鸞鳳飛舞，蛟□□軒，韶鈞和鳴，八音宣奏，誠平生之所希睹者。臣仰惟□□□□天縱之聖，以武功戡禍亂，以文德致太平，疆宇□□□□開拓無前之盛，日親萬幾，早朝晏罷，絕無聲色。□□□袂有暇，輒與賢士大夫講論理道，遊於翰墨。自古□□好學之盛，未能或過。故四十餘年，海宇寧謐，民富物阜。稽諸《國史》《醴泉》《甘露》《嘉禾》《芝草》，無年無之，故形於□制者如此。

洪惟陛下登大位，聰明仁孝，纘述舊章，光於前烈。當改元之初，野蠶成繭。二年，騶虞出，神龜現。三年，黃河清，瑞麥嘉禾之屬，不可殫紀。維時刻是碑已，適邊臣。又以嘉禾來進，群臣莫不以為孝誠所感。夫以聖聖相承，治以繼治，瑞應之來□□□無已。

臣廣幸生太平三十餘年，沾濡□□□帝深仁厚德之澤，重荷□□□□□恩，置於清要之職，犬馬之誠，豈勝感戴？竊惟閭□□□□民涵，呴於生育之下者，想望謳歌，久且不忘，況□世膺顯榮，身沭清光，親睹宸翰，以承寵賜，豈能無所思慕者乎？俯伏悚惕，用敢攄其愚悃，謹述辭為贊，以識臣拳拳不忘之意焉。贊曰：

天開大明，實生皇皇。赫赫□祖，受命溥將。監觀於上，有下土方。昔在元季，寇竊縱橫，亂□有定，小大奪攘。煽災騁毒，生民是戕。

□□□□，□旗揚揚。掃滌妖梫，祓除攙槍。□□九有，以寧萬姓。又□□被，如水之行。西底蒙汜，東極扶桑，北踰幽漠，南□□□，無敢不服，靡不來王。百靈協和，七政齊光。曰雨而□，□暘而暘。休嘉之徵，蔚為禎祥。龍馬靈芝，景星鳳凰。甘□湑湑，嘉禾穰穰。陳之郊廟，薦之明堂。

□祖曰：吁！伊疇之慶，夫豈在予，實自彼蒼。爰以紀之，載賦寶章。傳之萬世，金縢永藏。兆符永樂，如契不爽。惟我皇上，繼功虞唐。大孝述事，永言不忘。聿紹太平，端拱垂裳。□□念茲，皇考陟降，在帝之傍。或見於羹，或睹於牆。乃閱宸翰，神彩耀芒。秉虔對越，顧瞻徬徨。詠歌□□，□用表彰。乃壽堅瑉，乃畀於俍。妙墨凝漆，雪繭騰香。用□□□，貴重瑀璜。昭揭日月，天地悠長。

臣廣受賜，再拜稽□。□□□象，雲漢在望。奎煥璧粲，鳳翥龍翔。純粹至精，金□□□。□忻踊躍，抃舞劻勷。世膺顯榮，□蒙溢洋。感激慕思，無敢或遑。洪惟□□，至德乾網，以聖繼聖，大啟文明。雅頌聲容，謨訓典常。子孫保之，永永無疆。

賜進士題名記

啟皇朝萬世文明之運，篤生我祖聖神文武、欽明啟運、俊德成功、統天大孝高皇帝，全至□□□□君師之任，以表正天下。即位之初，首崇教化，修□□□□，舉賓興之法，勸誘激勵、鼓舞作興之道，至盛極□□□□之眾，自古鮮有。

我□□□聖繼聖，纘述鴻猷，率循舊典，恢張治化，盡教育甄陶之功，而得士之效，同其盛也。乃永樂四年丙戌二月，天下貢士會試於禮部者二千人，拔其優得二百十九人。故事以三月朔旦，賜對於廷。是日駕幸大學，乃以是月壬演策試於丹墀，命吏部尚書兼詹事臣義、戶部尚書臣原吉、兵部尚書臣雋、兵部尚書兼詹事臣忠、工部尚書臣□、都察院右都御史臣瑛、右都御史臣中、刑部侍郎臣季□、翰林學士臣景、翰林學士兼右春坊大學士臣縉、左春坊□□子兼翰林侍讀臣淮、右春坊右庶子兼翰林侍讀□□□□、禮部尚書臣、賜侍郎臣砥、臣狃、臣存心掌其事，□□□□。

上御奉天殿，賜林環以下及第、出身有差。先是雨至，策試傳臚二日，陽舒陰斂，春明流麗，纖塵不動，景物熙融，群情喜悅，咸以為皇上統紹千萬載文明之祥也。至是命立題名碑於國子監，俾臣廣為文記某事。

臣伏睹上御極以來，崇尚教化，身先天下，躬視大學，尊禮孔子，善□□□□。惟見諸誦說之間，而一本敦行之實。故人才治□□□□隆，雖窮荒極漠，自昔聲教所不能被者，咸響慕□□□，有以度越千古。士生斯時，樂育於深仁厚德之下，□□□名於是者，當思上所以作興之者，無非為生民治道計，將有所為，以行其（素）志，以成其光明正大之業，使天下後世仰望其聲光，歎慕其遭逢之盛，豈不偉哉！苟惟不修其職業，而行有歉於其心，則非朝延所望於士君子之意，亦非士君子所以自待也。謹書為記，且以為勸焉。

視學詩　有序

□□即位之初載，夙夜延訪群臣，博詢治道，促容燕暇，召二□□□於前，而諭之曰：「使天下人人崇尚儒術，其道何由，□□□□懼不敢言。明日又問，迄無敢以對，□□□□下人人崇尚儒術，其機在上。」於是咸稽首曰：「誠如□下所言」。至是求賢之詔屢下，凡岩穴幽潛之士，占一技能者，即禮聘至闕下，親承顧問，命之以職而優待之。故四海之內，罔有遺才焉。明年策多士於廷，簡其尤者二十八人，俾究極群書，期其至於古人，一切政事不以干

之，恒祿之外，復有他賜，鼓舞作興之道至矣。天下之士聞風而歆□□□，奮躍於下，有菁莪棫樸之盛。

乃永樂四年二月朔。□□□□孔子萬世帝王之師，其道之在天下，載於六經「□□□，『可一日無生民，生民不可一日無孔子之道。朕將□□學，躬禮孔子，以稱尊崇之典。所司其差，吉日行之』。」於是有司差以三月朔日辛卯。是日昧爽□，備法駕，謁廟，行舍菜禮。先是，命禮官考竭廟儀，禮官奏宋服靴袍行。再拜。上曰：「見先師禮，寧過厚。」至是服皮弁，行四拜禮。禮畢，駕幸大學，授經祭酒臣儀、司業臣智，賜之坐講，文武三品以上及翰林儒臣，皆賜坐聽講。□□茗飲。降玉音難問，勉飭衣冠之士及四夷之人□□□，而觀者以億萬計，視東京永平，無足言矣。明日，臣□□□□大堂儒生，上表謝錫，賓有差，大宴群臣於□□□，□不歡忻踊躍，以為自古帝王崇尚儒術，未有若此之盛。

臣仰見□祖高皇帝，告成武功，大興文教，臨幸太學，親講經書，與諸儒難疑答問，終日弗倦。今伏遇主上尊信儒術，躬率舊典，有光前烈，揆諸古昔，誠無與比。故盛治之風，薄極海宇，凡四方僻遠，非一譯所能通者，遣一介之士，持咫尺之書以諭之，莫不奔走順服，頓顙闕庭。夫□□□□能強是，皆文教躬行之效也。臣惟孔子之道與□□□□終始，其在於人心者，昭晰不泯，當□□□天下文明，則其道大行。今□□□聖智之德，居至尊之位，恢弘治教，表章孔子之道，如日麗天中，四海之民，皆仰見之，俾知所趨向。

上作興人心，推明世教，誠有以度越千古，非近代帝王所能及也。臣廣猥，以菲才，幸依日月之光，獲睹文明之盛，職在紀載，不敢以默，謹述為古詩一章以獻，以播盛美於無窮焉。詩曰：

□古聖神，繼天立極，爰修教化。以彰明德，曰堯舜禹。所傳□□，無間顯微。爰有古今，學校之政。教化先務，三網以正，□□□敘，周綱解紐，正路日堙，不有至聖。孰宣人文？大哉□□，□□德厚，出類拔萃。生民未有，祖述憲章，乃欲無言，□□□舜，事功則然。教化無窮，如天垂象，六經昭晰，萬世尊仰。至治之要，一本於茲，生民永賴，帝王寔師。於皇太祖，受天明命，道侔天地，卓冠前聖。武功爰定，文教首崇，表彰絕學，大闡休風。載新庠序，甄陶士類，親臨璧雍，以嚴祀事。躬御講筵，觀者如雲，衣冠萬國，集於橋門。猗歟盛哉！亙古莫比，為憲萬世，式承無已。□帝纘承，舊章是遵，緝熙聖學，弗懈益勤。季春初吉，躬視廟□，□□□師，秉虔有恪。袞服大圭，星弁煌煌，

穆穆清廟，濟□□□。載臨講席，列侍群儒，紬繹問難，六經群書。聖道顯□，□□□心，以喜章甫，逢掖蹌舞。士子圜瞻，萬億華夏，蠻貊□□〔註1〕，□□雕題，亦皆夷懌。治有先後，教有本源，仁義之訓，彌久彌敦。於昭□聖，道駿有赫，洪化維神，無思不服。

聖孝瑞應歌　有序

　　皇上功侔覆載，道濟天下，治化之隆，於是為至。然常謙挹，弗以為足。故自御宇以來，端居穆清，日隆孝思，若曰：天下者，余考皇妣之天下，創造之艱，予奚敢忘？大德深思，昊天罔極，□□曷報其有，可以致予思者乎？願惟佛氏之道可以利□□□其疇協相？予乃聞西方上師釋流之宗風，證圓覺□□□□為時所重，遣使往迎之五，歷寒暑乃至京師。□□□□誠者，其在若人乎？

　　乃永樂五年春二月庚寅，命於靈谷寺啟建法壇。尚師率天下僧伽，舉揚普度大齋枰。十有四日，上伸誠孝，下及幽爽。自藏事之始，至於竣事，卿雲天花，甘雨甘露，設利祥光，青鸞白鶴，連日畢集。一夕，檜栢生金色花，遍於都城；金仙羅漢，變現雲表；白象青獅，莊嚴妙相；天燈道引，幡蓋旋繞。亦既來下，又聞梵唄空樂，自天而降。若此禎祥，實由□□□□孝之所感。召群臣上表稱賀。

　　皇上□退弗居，拳拳以治道，生民之事飭，勵群下，是心也。□□□也。臣廣躬逢盛事，謹輯而為歌一首以獻。願惟才□□陛下不足以盡稱揚之美。然思古者康衢、擊壤之謠，樂詠太平之盛者，錄而不廢。臣區區之心，亦康衢、擊壤之心也。謹拜，手稽首而獻歌曰：

奎皇純心秉孝虔，皎如日月當中天。夙昔思報劬勞恩，孝誠罔極恒惓惓。
欲憑釋氏譚空緣，遠迓法王來竺乾。乘風飛蓋逾山川，歲維丙戌冬氣暄。
弟子侍從來日邊，丁亥仲春載吉躚。靈谷紺宇啟法筵，薦揚普度科藏宣。
幽明畢被施□□，上及穹昊下重泉。化濕胎卵與蠢蠕，悉脫煩惱離瘴□。
□□喑聾俱獲痊，奇祥異瑞紛騈闐。卿雲翕翕何斕斒，菌□如意相續聯。
天工染出錦繡妍，青黃紫碧間絳繰。下蔭□□霞蕙榜，浮圖設利猶鏡圓。
影涵明月霄漢懸，小大環繞星珠連。又若瑤溟日吸螺，毫光蕩漾相周旋。
甘雨瑞雪交騰霎，繼以甘露如屑瓊。凝酥截肪綴璣璿，味香而羨餳蜜然。

〔註1〕此處疑脫漏兩字。

觀者競嗋口沫涎，檜栢生花若綴蓮。金英翠蕊色相鮮，葳蕤滿樹大如拳。
奇花異蕍遍郊原，東風吹香猶炳機。十里五里和蘭荃，天花飛舞何翩翩。
半空飄落雲母錢，瓊瑤璀璨金階前。近人欲取忽起攬，惟見下上相追奔。
羅漢應供來雲端，自一而數至百千。倏忽俱胝不可言，十□□□□市廛。
捧缽持錫相後先，骨相崚嶒眉覆顴。右手攜□□左牽，須更上影凌紫煙。
望之不及去則遄，慧光映□□金仙。身長丈六袒右肩，兩手垂示兜羅綿，
覆以寶蓋□幢幡。諸天護從來祇園，上首悉是無漏禪。
寶剎紅光耀□煇，輝比虹霓相吐吞。孝陵一道神光揵，一護皇城猶冠綖。
青鸞繚繞鶴蹁躚，天燈炫空赤若殷。青獅白象馱錦韉，瓔珞珠珮珊戔戔。
云是曼殊與普賢，梵唄彷彿吟真詮。空樂縹緲神奏塤，金石堅訇間管絃。
忽聞下響倏出還，聲音不似人間傳。□□賜福被八埏，一心誠孝格上玄。
物無鉅細蒙陶甄，詞林小□□具員。作歌擬繼康衢篇，愧無李杜筆如椽。
書成願得磨崖鐫，祝頌皇圖億萬年。

勅□神術山神祠之碑

帝統御天下，愛養黎元，恩惠優渥。首飭群有司，毋擅用一夫，取一財。
於是生養休息，日庶日富。比年歲登民和，海宇熙洽。乃永樂四年秋，詢謀於
群臣曰：「古者建都，必營宮殿。朕肇建北京，恢弘舊觀，以永詒謀。顧興作
事重，惟恐煩民，然不可後。」群臣僉曰：「下慎卹民力，視之如傷，而民皆
樂於趨事。」□帝曰：「尔往試哉！」

乃命入山，以伐材焉。用民力，十取其一，給以廩食，歸其傭直而民欣然
鼓舞，不知其勞。故事不程，督而□□部尚書臣禮取材於蜀，得大木於馬湖
府，圍以築□□者若干。蹜築丈者數株，計庸萬夫力乃可以運，將謀□除道路
以出之。一夕，忽自行達於坦途，有巨石巉然當其衝。夜聞吼聲如雷，石劃自
開，木由中出，無所齟齬，度越巖險，膚寸不損。百工執事，顧視歡譁，蹋蹀
交慶。事聞，廷臣稽首稱賀，謂聖德所致。皇帝辭，以弗逮，推德于山川之神。
乃遣官以牲醴祭之。將至，□之先，大雨洗塵，山川草木，預有喜色，鮮澤榮
華，蔚然穠麗。□□之日，先降微雨，灑滌遊坋，俎豆既陳，羶香肸蚃，玄雲
倏消，□宇澄湛，明星煌煌，月影交輝，祥飈徐來，神用居歆。聞山呼聲者三，
震動天地，神顯其靈，於昭有赫。遂封是山為神木山。詔有司建祠，歲時祀
享，以答神貺。命臣廣為文以紀其事，刻之於石。臣廣頓首受命。

　　仰惟皇帝功德高厚，比隆天地，妙運一心，斡旋萬化。陰陽鬼神，隨機應動，脗合無一違。故凡有施為，嘉楨杳至。是以山川之神，協贊貞符，宣朗明靈，濯濯洋洋，休有烈光，超逴物表，有不可以智巧測量之者。然以理求之，其可知己。夫充塞兩間者，鬼神之功用，若川泳雲遊，日烜雨潤，風霆鼓動，寒暑更迭，欻陰忽陽，變化揮霍，其跡尤著。然三辰順軌，雨暘以時，景星慶雲，和氣充溢，斯皆一心之所感召。若夫木石，非由人力不可以運動，而乃潛關默輸，寔由□感孚神明協應之所致也，固非耳目見聞之可知己。夫人之所不知不能者，鬼神之所能也。以人之所不知不能者，測夫鬼神之能，宜其有弗知也。況凡天下名山大川，奠於方域之中，出雲雨，產財用，以資於國家，其神固靈也。而神木之山，所產良材，自萌蘗而長，以至拱把連抱，神之衛閉呵禁，以待於今日。然則神之效其靈者，非一朝夕也。茲今之顯應，所以兆□□萬世悠久之徵，則神之功其可以少哉！稽之於傳，凡有功於國家者，必有祭。神功彰著，實為偉茂，載之祀典，於法允宜。臣廣再拜，謹書其事為記，並繫之銘，以頌歌□德，且以敷揚神休。銘曰：

　　皇帝受命，統御萬方。六合泰寧，物乂民康。端拱垂衣，無為而治。蠻夷荒服，蟻附而至。休徵之應，如川如林。至和感孚，百靈具歆。壯哉北京，龍飛之所。帝用詒謀，大啟厥宇。慎乃黔首，諮詢在廷。庶民子來，於始經營。皇帝有詔，取材於蜀。神木之山，岷峨是屬。梗楠豫樟，絜之百圍。神用呵閉，以需於茲。斧斤斯入，林披薄斂。凡厥所產，悉呈弗掩。良材丸丸，孔曼且碩。載而輸之，萬夫入輅。層巒峭壁，矗矗崇崇。深谷谽呀，飛流怒深。有岩厥途，其石巉嶪。徐步曳武，猶慮債跲。方謨夷險，憑虛架梁。人力未施，木忽宵□。越澗逾壑，砰磕如雷。巨石巉岩，隨擘以開。維山有神，維神昭靈。默驅六丁，右相皇明。神衷顯宣，嘉徵斯應。以兆皇基，萬世永盛。報神有典，祀事孔宜。爰作新廟，歲以享之。醴清牲腯，籩豆靜潔。淆羞維旅，膻薌有飶。春蘭蔚陰，秋菊垂芳。祼薦以時，禮儀有章。執事駿奔，秉虔以對。濟濟鏘鏘，罔敢或懈。神之來享，驅霆駕風。翳以鳳凰，驂以虯龍。靈旗揚揚，神既降只。鼓鍾鏗鎗，神醉以喜。神永宅茲，時雨時暘。眷此邦岷，易洽作穰。皇德同天，幽明畢被。創製靈祠，以崒神祀。礱石刻銘，茲山寔倬。頌宣皇德，永著神休。

浡泥國恭順王墓碑銘

　　永樂六年秋八月乙未，浡泥國王麻那惹加那乃來朝，率其妻子弟妹親戚陪

臣，凡百五十餘人至闕下，上表貢方物。上御奉天殿受其獻，退即奉天門，召與語象通其言曰：「僻壤臣妾，誕被聖化，思睹清光，靡知忌畏，輒敢塵瀆。」又曰：「天以覆我，地以載我，天子以乂寧我。我長我幼，處有安居，食有和味，衣有宜服，利用備器，以資其生。強不敢凌弱，眾不敢欺寡，非天子孰使之然也？天子功德暨於我者，同乎天地。然天地仰而見，踞而履，惟天子邈而難見，是故誠有所不通。僻陋臣妾，不憚險遠，浮詣闕下，以達其誠。」上曰：「嘻！惟天惟皇考，付予以天下子養民。天與皇考，視民同仁。予其承天與皇考付畀之重，惟恐弗堪，弗若汝言。」則又頓首曰：「自天子改元之初載，臣國屢豐和。山川之蘊珍寶者，雪然而呈；草木之不華者，藿然而實。異禽蹌鳴，而走獸率舞也。」臣國之老曰：「中國聖人，德教流溢於茲。臣土雖遠京師，然為天子氓，故矜奮而來覲。」

上嘉其誠，優待禮隆，錫予甚厚。初賜宴於華蓋殿，既連宴於奉天門。每宴則命公夫人宴其妻子。內館罷宴，敕大官厚具飲食，日命大臣一人待於所舍，中貴人專接伴，盛其班張，豐其廩餼，入朝班次，上公寵渥至矣。逾月，王忽感疾。上命醫賜善藥調治，遣中貴人勞問，旦暮相繼。日命大臣視王疾差劇，聞小瘳，喜見顏色。王疾篤，語其妻以下曰：「我疾貽天子憂念，脫有大故，命也。我僻處荒徼，幸入朝睹天子聲光，即死無憾。死又體魄託葬中華，不為夷鬼。所憾者，受天子深恩，生不能報，死誠有負。」指其子曰：「我即不起，其以兒入拜謝天子，誓世世毋忘天子恩。若等克如我志，瞑目無憾矣。」十月乙亥朔，王卒，得年二十有八。

上甚悼之，輟正朝三日，敕有司治喪具，厚恤典，賜諡曰「恭順」，遣使諭祭。又遣使撫慰其妻子。王之妻拜使者曰：「乃下臣祚薄，弗克負荷天子深恩，不能終事。且沒有遺命，以世世毋忘天子恩，克守其言，則死猶不死矣。」王之妻之言，亦可謂賢也已。

是月庚寅，以禮葬王於安德門外之石子岡，敕為文志其壙。王父曰麻那惹沙那旺沙，母曰剌失八的，妻曰他係耶。子一人，曰遐旺，甫四歲。女二人。以遐旺襲王爵，賜以冠服、玉帶、儀仗鞍馬、服物、器皿及金銀、錦綺、錢幣甚厚。賜王妻以命服、珠冠、白金、錦綺、錢幣諸物，其餘賜各有差。官王之弟施裏難那那惹、施裏微喏那沙、那那萬喏耶三人，俾輔遐旺。詔有司立祠於王墓，置守墳者三戶，敕建碑祠下，命臣廣制刻文。

臣廣仰惟皇上綏寧宇內，茂揚天德，溥博周遍，凡日月照臨之地，皆心悅

誠歸，惟恐或後。奉琛秉贄之國，綴集於庭，歲以萬數。脖泥王去中國累數萬里，一旦舉妻孥、弟妹、親戚、陪臣、浮鉅海來朝，不以為難，叩陛陳辭，忠誠溢發，其心堅確，有如金石。至其臨終之言，尤蜷蜷屬其下，以不忘天子恩。聖德漸漬，感動於人心，其深如此，於乎盛哉！

惟王賢達聰明，忠順之節，始終一致，宜其身被寵榮，澤延後嗣。用紀其實，聲為銘詩，昭示無極，以彰王之所以受恩深厚者，由其誠也。銘曰：

大明御天，臣妾萬方，孰不來享，孰不來王？猗歟脖泥，邈處炎徼，感化來歸，風騰雲趨。曰婦曰子，弟妹陪臣，秩秩稽顙，趨扝忭蚌。跽曰天子，作我父母，我生我樂。天子之祐，戴天履地。疇此懞帲，翹首大明，過來獻誠。天子曰呼，予統宇內，綏爾於寧，惟德罔逮。王拜稽首，萬歲歡呼，服德懷仁，春育海濡。國有山川，匿其寶物，靈發其藏，不愛而出。荏苒草木，惟葉蓁蓁，煌煌者華，有實其賁。異禽和音，鳴拂其羽，走獸麋麋，亦蹌與舞。國黃者曰，□化所漸，臣國雖遐，臣心仰瞻。天子嘉悅，待以異禮，宴勞錫賚，有厚而旨。云胡期月，疾忽及之，奄然而喪，復悼而悲。臨終之言，謂其遘瘏，死有弗忘，天子深恩。於乎賢王，卓特超逸，西南諸蕃，靡堪王匹。生者誠欽，沒有諡銘，爵於王胤，世世其承。有墳如堂，有祠翼翼，以妥王靈，其永無斁。王雖不歸，王聞孔彰，天子恩隆，萬世有光。

平安南碑

上天眷佑大明，肇開萬世全盛之基。太祖高皇帝戡除治定，以生以育，六合之廣，包舉無外。皇帝聖智聰明，文武經緯，克纘克承，光昭前烈，仁聲洋溢，渝浹人心，際天極地，咸明至化，罔不來庭。安南南徼近國，受命為先。其王日焜嗣其先王，己歷三紀，懷德慕義，國人用康。比其季年，其陪臣黎季犛子澄蒼，陰謀內訌，殺日焜及其宗族，殘酷其民，奄有其國，上表竄姓名為胡一元，子名㝵，詐稱陳氏絕嗣，㝵為甥，來權署国事。

皇帝閔民無屬，不逆其詐，始從所請。未幾，求襲王爵，許之。遂其奸謀，益肆無憚。僭大名，改国號，正朔弗承，職貢弗修，放劫邊境，據廣西太平等州縣，侵雲南寧遠州，迲取歲金，掠其挈髡，鉗給使令。

事聞，皇帝遣使諭以禍福，乃上表曲辨，辭益慢。占城国王喪，子新立，欺其幼，以偽印冠服逼之受，令附己背朝。占城王執義，拒不從，屢加兵殘伐，要貢殺士。占城來告急，復遣使諭之，愈傲，愎無顧忘。逾年，安南王孫

添平，始遁至京，愬其實，季犛聞之懼，上表請迎添平還以国。四年春遣使送添平歸，達其境，季犛伏兵殺之，並殺使者。

皇帝告群臣曰：「夷醜逞兇，悖逆於天，侵軼邊疆，毒虐隣国，殺主殃民，罔知攸畏，奉行天誅，予不敢赦。」群臣咸曰：「蕞爾小丑，敢爾不臣，數其逆罪，浮於九伐，天討所加，不可以逭。」皇帝曰：「俞。」乃告於上下神祇，聲罪致討。曰：「能，爾為征夷將軍，將師由廣西伐其左；以晟為左副，將師由雲南伐其右」；曰：「輔，爾為右副；曰彬、曰旭，爾為左右參將。其神機、游擊、橫海、鷹揚、驃騎五將軍，各率所統以從」；曰：「能，爾其總統之。」

七月癸卯，皇帝臨大江，禡纛遣師誓於眾曰：「予奉天行伐，罪惟元兇。爾其毋究武，勿毀廬墓暨草木，亦勿妄剪除，有或違予命，雖勞弗績，且底於罰。」能等頓首，受命。師行至龍州，能遘疾薨，以師授輔。輔率師入境，賊築險以拒，首攻拔隘留柵，遂進伐雞翎關，席卷至富良江。賊度不支，並其眾號七百萬，退守江南，築柵城九百餘里，戟艦數千餘艘，阻江為險，驅犀象之屬來拒戰。晟剪棘通道，出宣光江。彬升舟上流，潛濟，縱火，焚其艦。晟首尾夾擊，鏖戰及晡，波濤皆赤，遂奪富良江。旭夜度師，與賊對壘。晟攻其東南，輔督前鋒。先登，遂破多邦壘。我師奮勇，矢石交下，鼓聲震地。賊勢披靡，犀象皆股戰。乘勝逐北，斬馘無算。直搗東都，旋定西都。破盤灘，破困枚，敗賊於魯江。又敗賊於仙莒。追奔至黃子江，大敗賊於酉盛子關。賊率餘眾遁於清化，分兵遂之，水陸並進。賊復遁於乂安，窮追至日南州奇羅海口，生擒□犛及澄蒼，盡得其偽官屬人卒，獻俘家歸。其餘望風迎欵，人民按堵，市肆不移。安南平，得州郡□十八，縣百八十六，戶三百十二萬五千九百。求陳氏遺□立之国，人咸稱季犛殺之盡，無可繼承。會請復古郡縣，遂徇眾欲，郡縣其地，立交阯都、指揮使司、布政使司、按察司及各衛所府州縣，大小諸司，設官分理。追封陳氏諸王，建其墳廟，有司歲時祭之。給戶六十，以供灑掃。師還之日，冊功封晟為黔国公，輔為英國公，其餘將校，論功升賞。於是文武群臣，稽首於廷曰：「夷賊作難，毒痛一方。皇帝閔民塗炭，興師問罪，誅其首凶，湔滌脅從，綏懷降附，撫厚人民，建無前之功，宜必有文，紀述鴻績。」皇帝以命臣廣。

臣廣竊惟安南古交阯郡，漢制刺史領之。歷代相承，或有因革。五季擾攘，棄而弗治，頑獷驕悍，漸遠禮教，日改月化。宋平嶺表，其酋丁氏上表內附。繇宋迄元，且服且叛，屢招征伐。我國家平一四海，陳氏聞風慕義，奉職

來廷，有同下吏，恪守臣節，罔敢違命。國久翕和，民不知爭，德教所被，其效如此。逮賊臣逞兇，戕奪其國，稔為不道，以干天誅。皇帝命將興師，伐暴救命，罪人斯得。成謀定算，獨出宸衷，仁義之舉，所向無敵。盛德大功，輝耀宇宙。推求往跡，誠莫有比，宜被之金石，垂示萬世。臣廣謹拜，手稽首而獻文曰：

大明受命，全統覆載。凡厥有生，罔不欣戴。大祖肇基，皇帝纘武。二聖相承，德博功溥。八風宣暢，七緯順行。夷狄蠻貊，以莫不寧。惟彼安南，邈居海域。來享來王，寔先諸國。分封頒爵，超歷五等。章服煌煌，丹紱有頳。一姓三世，作鎮海邦。飭謹帝命，弗怠有恭。比有賊臣，煽災騁毒。哀凶莫虞，竟赤其族。橫肆處劉，人怨家讎。兢惕靡遑，悲傷道周。匿慝骩謀，忞罔於朝。皇帝聖仁，諄告惛怓。彼悍猰貐，彼心梟獍。礪爪磨牙，齧噬邊境，復戕陳胤。及將命臣，不畏于天，奚畏於人。

帝曰：吁！嗟閔凶豎，溥天之下，孰敢予侮。乃擾天紀，以速天誅。天之所殛，彼其焉逋。爰告神祇，興師弔伐，豫厥善類，殲此檮杌。帝謂將臣，予言爾遵，討不恭命。一二頑嚚，克奔斯矜。傾抗宜怒，怛彼無之。勿究於武，彼都彼野，彼墓彼屋，勿圮勿夷。愛及草木。彼寒而饑，以燠以飼。彼勩而疲，以安以暨。武臣桓桓，肅將皇威。毖受訓言，動罔或違。徒旅嘽嘽，矢於原野。如霆如雷，孰為御者。蠢茲小丑，蟻聚蜂屯，觀望震懾，叫呶星奔。戈船衝擊，鐵騎蹂踐。海波騰立，象兕股戰。螳臂莫撐，蕫螯胡施。電掃風驅，雲散冰澌。既獲元兇，弗裂弗磔，露布飛馳，聿來獻馘。解從俘囚，綏懷無罪。甘雨祥飆，悉煦悉溉。交人稽首，小大咸喜。簞食壺漿，以迎王士。謂始迫脅，實匪乃心。斂手就獮，不圖有今。昔凶厄我，居無寧歲。不耨不蠶，夙夜惴惴。夫勞于役，婦瘁於室。不犯有誅，朝不及夕。雖寒何告，雖饑何愬（訴）。委棄溝途，寧我肯顧。皇帝聖仁，逖念遐壤。撫摩瘡痍，澡瀹鏖甎。如忽際明，如隙啟窒。抹搡妖祲，忽睹天日。肇復古封，大開文治。是正是釐，約我禮義，庇我室廬。措邛衽席，食有饘粥，衣有布帛。我婦我子，安我織耕。悲喟愁吟，化為歡聲。我寢我興，我歌我咢，穰穰豐年，靡憂伊樂。牛放於林，馬牧於郊。夜戶不扃，旅食不包。齠耋胥慶，多祜有秩，其誰予之。皇帝申錫，不威以威。維德是懷，自今以始。民去害菑，德化流行。無遠弗覃，其迪其否，於此焉監。既平安南，四海永清。日月照臨，同仰大明。安南既平，皇帝聖功。輝耀乾坤，萬世無窮。

進平胡記表

臣廣等謹言：竊惟自昔神聖之君，繼天立極，神功聖德，巍巍蕩蕩，充塞天地，光昭日月，傳誦於後世，至今猶耳聞目見。如書之《二典》《三謨》《殷盤》《周誥》，具載唐虞、夏、商、成周之跡，皆史臣所纂錄，號以為經。今之所以仰望於古，與後之所以仰望於今者，同一理也。洪惟聖明，膺受天命，太祖高皇帝，備神武之資，全聖智之德，平治區宇，制禮作樂，劓剔夷狄污染之習，大復中華衣冠之舊，功德之隆，卓冠千古。

皇上聰明仁聖，纘承大統，紹致太平，海內海外，丕明至化。比者北虜弗靖，皇上親率六師往征之。成謀定算，斷由宸衷，運策九重，取效萬里，如指諸掌。天威所加，如雷如霆，犬羊腥羶，即時蕩滅，紫塞蕭條，曠無遺跡。而掃平之功，超邁古今，自三代以來，未之有也。

臣廣等忝職詞垣，護參扈從，日侍□□，備員驅走，謹撰次所聞見者，為《平胡記》一卷。深愧淺陋，塵玷簡牘，聊以備國史所採擇，謹錄以進，無任慚悚，戰懼之至。臣廣等誠惶誠恐，頓首頓首，謹言。

平胡之碑

上天厭元氏之德，命我祖高皇帝，芟除靖治，蕩滌海宇，復千古禮樂之舊。故旄鉞一麾，天光日麗，忽昧就旦，功德之隆，鮮與為比。

皇帝膺受天命，纘承太祖高皇帝鴻基，克集大勳，家視天下，甄陶庶類，俾成得所。凡合齒戴髮，有血氣者，罔不率服。獨北虜遺孽，處於荒裔，雲聚烏合，遷徙無常，倔強黠驕，侵略邊圉，以梗聲教，梟獍豺狼，自相嘬嚌，歲無寧處。皇帝恒遣使諭之，輒見覊留，尋加殺戮。

皇帝曰：「天生萬物，不能自治，必付人君以治之。人君統理萬物，品節制度，裁成輔相，奉若天道，一物失所，歸咎厥躬。朕監於往聖，愍循至德，閔其無知，包荒含忍，撫摩呴嫗，動以至誠，冀乃革心。乃者其人鈔邊，邊將得之。」

皇帝遣使，數輩護還，錫賚隆厚。虜益猖狂，誕肆兇暴，咸被虔劉。群臣請曰：「覆載之內，靡不臣妾。惟此殘胡，以衰微餘孽，匪德可服，匪恩可懷，違天逆命，寇攘疆場，戕殺使臣，在法必誅。今不討，則無以畏四方，且滋其為後世患。暫勞永寧，在斯一舉。」

皇帝曰：「予久戢武肆，敷文德以綏來之。而虜黠鶩若是，予其往征之哉！矧皇考嘗有命，必殄虜寇，以絕邊釁。汝群臣其與聞之，予曷敢不承？稽諸天

道，驗諸人事，虜運已絕。況醜虜自相吞噬，取亂侮亡，寔在今日。汝群臣既予同，予豈敢咈於眾志？」乃詔於天下，告於皇天后土、社稷宗廟、山川神祇，親率六軍往征之。二月丁未，師出北京，虎賁之士、鷹揚之旅數萬，而鐵騎參之，旌旗蔽山，戈甲炫日，長轂轟震，填塞川陸。三月癸酉，出興和道。丙子，次凌霄峰。地燥水乏，夜大雪，人馬俱足。丙申，次清水源。水鹹鹵，忽泉躍出地，高數尺。四月癸卯，次玄石坡。乙酉，次歸化甸。戊申，次楊林戍。丁巳，次捷勝岡。

戊午，次清泠泊，俱有泉湧出於地，士卒歡呼，人倍厥勇。五月甲戌，度飲馬河。戊寅，逐虜至玄冥河。虜來接戰，皇帝率先鋒進擊，遂大敗之，追奔數百餘里。首虜本雅失里，以數騎先遁，獲馬、駝、牛、羊生口無算。俘獲降者，給以羊馬，盡釋而齎遣之。辛巳，封其山川而還。戊子，班師，至飲馬河，大詔天下。六月甲辰，師回抵靜虜鎮。虜偽太師阿魯台率眾來拒戰，帝指麾將士，電掃霆擊，一鼓而破之。虜大敗，盡獲其牛羊、輜重。群臣咸曰：「胡虜為中國患，其來尚矣。漢唐討之，師出□□，鮮獲全功。今皇帝奉行天討，蹴越荒域，犬羊腥羶，即時蕩滅，而沙漠空虛，曠絕人跡，豈但漠南無王庭而已哉？寔由宸算先帝，明見萬里，恢弘隆基，光耀往古，宜有紀述，勒於金石，昭功德於久遠。」

皇帝曰：「皆汝群臣同心，士卒用命，克成茂勳，使國家乂安，邊境寧謐，汝之勞烈，萬世有光。」乃命臣廣為文。臣廣忝列扈從，親睹天威，震盪萬里，謹拜，手稽首為銘，勒于堅碣，以頌歌神聖於萬世。銘曰：

於昭大明，受命於天。全統覆載，德被蠢蠕。桀悍而驕，以梗洪化。獫狁遺孽，攘竊中夏。天子曰吁，彼黠而□。□□□□，□我剪戮。桓桓王師，用彰神武。如霆如雷，奮伐醜虜。乃蹴絕漠，至於玄冥。大振天聲，以洗羶腥。回車載途，虜復逆拒。矢飛如雨，破之一鼓。嗟彼醜虜，獸駭禽奔。電掃風驅，殲其連犿。萬里蕭條，曠無遺寇。民安衽席，烽消斥堠。封山建碣，萬世攸隆。宇宙清寧，天子聖功。

神應泉碑銘

永樂八年春，皇帝親率六師往征北虜，用行弔伐，順天應人，山川神祇，胗蚴效靈。乃三月丙子，駐蹕於凌霄峰，水泉歉乏，夜忽雨雪，平地尺餘，人馬充足。丙申，駐蹕於清水源，土鹹泉漲，忽靈泉湧躍，出地數尺，充溢旁達，沾溉浸潤，沛乎無垠。六軍鼓舞，歡聲雷動。斯皆皇帝聖德咸敷，故嘉徵

迭見。

臣惟自古聖帝明王，繼天立極，平治天下，禦菑捍患，為生民世道之福者，則天必應以禎兆，顯示相右。若黃帝平蚩尤之亂，有卿雲之瑞；大禹著平治之功，有黃龍之祥；文王伐崇密之偆，有丹書之應。斯實炳然章明，可以考見，是以基祚綿而歷年遠也。夫比虜為中國患，其來尚矣。若周之獫狁、漢之匈奴、唐之突厥，跳樑驕恣，乍叛乍服，或攘逐征討，羈縻遷就，鮮獲全功。陵遲至於五季，大入侵擾，糜敝華夏，至宋蒙害尤甚。元乘南渡之微，居統中原，亦幾百年，玄端章甫，悉變左衽，風俗陋矣。天厭其德，乃眷中土，生我太祖高皇帝，聖神文武，卓冠古今，提戈振旅，淨滌污染，制作禮樂，復衣冠之舊，四海之內煥然維新，功德之隆，萬世永賴。

今皇帝睿智聰明，文武神聖，克纘克承，率由成憲。致治之跡，暭暭熙熙，聲明文物，薄極四裔。而胡虜餘孽，茶然偷生，尚肆凶梗，反殺戮使臣，寇竊邊圉，馳毒無厭。

皇帝曰：「吁！殘虜衰微，猶爾無憚，苟滋蔓，貽患無已。」乃整師鞠旅，蹈履沙磧，掃滅腥穢，以雪中華千古之憤，為國家生民〔註2〕無窮之福威。宣令布，如雷如霆，將見小醜授首，風塵掃清，烽戍無警，疆場永寧。神功聖德之隆，有盛於數聖人者。是以天休震動，靈禎預應。臣廣叨列侍從，躬睹盛美，職□紀述，詎可無文歌頌聖德，以傳於永久？謹拜，手稽首而獻文曰：

於昭聖皇，受命於天。綏集裔夷，趨歸有虞。惟彼小醜，豺狼封豕。
以撫以循，而反齧噬。皇帝赫怒，奮整六師。用彰天討，弔伐寔宜。
清水之源，天兵攸駐。茫茫沙陁，水泉深涸。神君獻靈，泉出於地。
泓淳瑩澈，其甘如醴。觱沸騰湧，洋溢充周。人飲其源，馬飲其流，
六軍歡呼，抃踴雷動。灼睹靈貺，人百其勇。其勇伊何，志殲獫鬻。
爰下高闕，以蕩雞麓。眾志先定，視此靈泉。出雖於地，應則在天。
應雖在天，皇帝德昭。顯著神功，嘉應作兆。神泉濯濯，其往如滌，
大震天聲，電掃霆擊。既捕餘孽，沙漠永清。日月照臨，咸仰大明。

賜進士題名記

永樂七年春，天下貢士會試於禮部，簡拔其藝之精者，得若干人，當賜對於廷。伏遇皇上巡狩北京，停廷試。明年十一月甲戌，□車駕還京師。今年春，

〔註2〕此處疑少一字。

禮部奏舉行，皇上可其奏。乃巡故典，於三月朔，臨軒策試，命吏部尚書兼詹事府詹事臣義、戶部尚書原吉、兵部尚書兼詹事府詹事臣忠、尚書臣賓、刑部尚書臣觀、都察右副都御史臣謙、翰林院學士兼左春坊大學士臣廣、右春坊大學士兼翰林院侍讀臣淮，掌其事者禮部尚書臣震、侍郎臣綬。越四日，皇上御奉天殿，賜蕭時中以下及第、出身有差，勅有司於國子監，立石題名，命臣廣為記。

我太祖高皇帝以武功定天下，以文教興太平，戢戈之日，即建學校。上自國都，下及閭巷，莫不有學。《詩》《書》《禮》《樂》之習，充於中而達於外，遐邦異域，咸遣子入學。翕然三代之治，廓然萬世之規。皇上聿遵成憲，隆重學校，激揚獎勵之道，尤加意焉。自元年至今，凡三開科，得人之效，有成周大雅之盛。

仰惟國家敦崇道德，丕闡洪化，所用必賢才，所求必實效，故自卿大夫至於群僚庶士，鮮不出於學校科舉。凡緣學校、科舉而出者，蒙國家甄陶育養之恩，所以修其德行，勉其事功，竭其忠君愛民之道，兢兢夙夜，以求無愧於學校科舉。今登名於是者，將皆有責任於己，當尊所聞而行所知，卓然以道德文章稱於時，垂於後世，使人誦其名，徘徊俯仰，以想慕其聲光氣烈，此則為學校科舉之榮。苟於此而不之勉，惟逐逐於其外，使人指其名而議之，此則為學校科舉之羞，亦非朝廷之所以期待者也。尚勉之哉！謹書此以為記。

瑞應甘露頌

洪惟皇上受天之命，代天之工，體天行道，恢隆治化，保合太和，咸寧萬國，尤必小心以事天，孝敬以事宗廟，寬裕以待下，文德以綏四方，勤儉仁慈，純亦不已，雖堯、舜、禹、湯、文、武之盛，無以加矣。故東西際日月之出沒，南北極寒暑之幽遠，含齒戴髮之類，皆欲其並受福禔，無所傷害。是心，即天地之心，凡囿於治化之內者，生生之樂，如物之榮華，發滋於雨暘風露之下，有莫知其然而然者，此聖人盡天地萬物之通也。

臣聞天生兆民，不能自治，必託於聖人而治之。聖人代天理物，法天之心，行天之事，賞罰政令，一出於天，執天之行，無所差忒，故天道應於上，人事應於下，休徵、嘉瑞，不期而至。皇上至聖之德，協無為之治，克享天心，禎瑞屢至，自元年迄今，無歲無之。乃者麒麟產於北京，嘉禾生於繁畤。維十月甲子，皇太孫演武於方山，甘露降。戊辰，皇上狩於陽山，甘露又降。丁丑，

狩武岡山，甘露又大降，凝於松柯，潔白如雪，取之盈器，光彩炫日。狩罷，賜侍從之臣，甘美如飴。稽之於《傳》，軒轅之精，散為甘露，治政之應。又《孝經》援神契曰：「德極於天，斗極明，日月光，甘露降。」《瑞應圖》曰：「仁瑞之澤，其凝如脂，名曰膏露，又名天酒。」《鶡冠子》曰：「聖王之德，上及太清，下及萬靈，則甘露下。」觀諸傳記，信有足徵。今茲嘉瑞，皆由皇上一心之和，感召天地之和，為國家萬年悠久之應，天豈偶然也哉？群臣屢致賀，皇上皆推讓弗有。

臣知皇上所以弗居其有者，誠欲以一己之福為天下生靈之福。天下生靈舉皆受福者，此皇上盡天地之心也。臣廣草茅微賤，幸生盛世，躬睹上瑞，職在紀載，必當播於歌詠，傳於無窮。昔者，堯以寶露賜群臣，至今傳為美事。臣親沐恩惠，獲沾異味，誠千載之奇遇，豈但聞而知之者乎？謹再拜獻頌曰：

天眷大明，景運隆興。六龍時乘廓，四海維清纘。列聖是承，作□對於京；萬國咸寧，肇千古太平。於皇太祖，陟降於帝所，申錫天之祜，敷于下土。明德是顧，維皇纘緒，以繩厥武。

猗歟聖皇，受命溥將，四海永康，豐年穰穰。協其陰陽，日宣重光，天休紛呈。禎祥粲軒轅，天乳降瑞澤。甘露玉潤冰，互凝甘積素。蜜房下雨，珠連星聚。狩方山、陽山，歷武岡、屏顏。蒼松凡凡，葉泫枝溥，滋芳麗繁。雲蒸氣靄，晞陽不乾。霏旉被幄，爰拂爰有。承以瓊斗，名曰天酒。群臣奔走，蒙賜拜受。如飴適口，歡呼稽首，天子萬壽。於皇天子，仁盛德至。瑞物靈異，於嗟麟趾，嘉禾穟穟。其來無已兆，皇圖萬世。

賀平胡表

伏以四海為家，攘夷狄所以安中國；萬方歸化，伐罪戾所以寧遠人。大興仁義之師，用拯顛連之眾。舉無不克，動惟厥時。共惟皇帝陛下，日月之明，天地之大。仁聲善教，隆恩廣被於域中；睿斷神謀，威武無敵於天下。粵彼小虜，僻處遐荒。敢恣騁其暴凶，屢梗遏於聲教，拘戮信使，侵擾邊陲，在天討之必誅。

啟：

皇心之赫怒，乃整師旅，窮歷塞垣。馬蹄到處，而雷厲風飛；兵刃所向，而山搖嶽動。志惟在於繼序，心實求於安民。故一念之感，而異睨昭敷；致多

慶之祥，而嘉應駢集。昆蟲草木，皆出其色；山川神祇，咸效其靈。或乏水源，則瑞雪降而神泉出；或將渴暍，則甘雨注而清風興。斯皆聖德之昭孚，天心之眷顧。乃致鷹揚之旅，霆擊而電掃；遂使烏合之醜死，瓦裂而星奔。始斬遺孽於殺胡之山，復破渠魁於靜虜之鎮。蕩滌犬羊腥羶之跡，削平豺狼蟠結之根。清沙漠於一室，震天威於萬里。撫循降附，即委用而不疑；放釋俘囚，加錫齎而不殺。是以功超於千古，而恩蓋於八紘者也。

臣廣等或在扈從之行，親睹雄師之大捷；或忝留守之寄，旋聞鳳詔之渙頒。喜動臣民，歡傳朝野。佇俟凱還於日下，恭期撲舞於闕前。引領丹霄，戀聖顏於咫尺；敷陳衷悃，頌神功於萬年。無任瞻天，仰聖激切、屏營之至。

賜誥命謝表

某衙門具官臣某，永樂十年二月初一日，欽蒙聖恩，特賜誥命，榮加封贈，謹奉表稱謝者臣某等，誠歡誠忭，頓首、頓首，上言。

伏以紫誥渙頒，沛九霄之雨露；寶章炫耀，騰五彩之雲霞。恩溢幽明，豈勝感荷。皇帝陛下，功高列聖，德被萬方，昭日月之光明，同天地之廣大。甄陶品物，各有以遂其生；擢任庶僚，得以傚其用。切念臣等材質猥陋，學職空疏，受職顯榮，益懷慚悚。顧無纖毫之裨補，屢叨深厚之寵光。況此異數之加，實出非常之命。俾枯朽回生於泉壤，今微賤增重於聲華，蒙此隆恩，實為艱報。臣某等敢不懋勤夙夜，馨竭鄙愚，期少答於涓埃，求不負於褒賜，贊皇圖於悠久，祝聖壽於萬年。無任瞻天，仰聖激切、屏營之至。

賀瑞星表

欽天監奏：永樂六年十月初六日昏初刻，中天輦道南有星見，大如盞，色正黃，光潤煜然。測候十日，安靜不行。按占書，此為瑞星，見則天下和平，一名德星云。王者制禮作樂，內外得宜，君上壽考，則德星現。今見屬斗分，正當皇畿之內。臣等遇此禎祥，謹當致賀者。

伏以□□呈瑞，德星燁煜於中天；銀漢騰章，光彩交輝於輦道。惟茲嘉應，實兆明時。共惟皇帝陛下，聖德格天，神功蓋世。仁同覆載，普萬物而皆春；明極照臨，光四表而咸被。製作隆而禮樂盛，教化成而福祿臻。蠻夷奔走以來庭，年穀豐穰而有歲。是以禎祥駢集，而瑞星燦明。此蓋人事和於下，而天道應於上者也。臣等睹茲上瑞，豈任歡欣，幸逢振古之太平，莫贊無為之盛治。觀□顏於咫尺，祝聖壽於萬年。

獅子贊　有序

臣聞人君主宰天下，與天為一。天有恆運，日月星辰之服臨，風雨霜露之霑被，無所不遍也。欽惟皇帝陛下體天行道，仁布寰區，化週六合，靡有攸聞。是以引繩懸度之壤，梯山航海之國，服仁歸義，奔走來貢，相屬於道。故殊方異類，紛踏前陳，如麒麟、神鹿、錦豹、靈犀，渥洼龍文之天馬，黑水鬚角之奇獸，畢來呈瑞，不可殫紀。

乃永樂十三年秋，西域來獻獅子。按：獅子，虓也，又名狻猊，如虦，貓毛群之長。人君德及，幽遠則至。夫獅子居絕域深山岩壑之中，食虎豹，齧犀象，猛而難制，非可以鞿櫪馴也。今乃擾伏，從使者度流沙，蹈玉塞，歷數萬里而至於中國，盤旋拜舞於軒墀之下。寔繇聖德廣大，被於幽遠，草木鳥獸咸沐恩光，故凡不可致之物，悉自致也。又況自古頑獷桀驁，威力所難服者，今皆怗然順化，無敢有所齟齬。獅子之來，為斯兆徵，信御之有其要矣。《書》曰：「明王慎德，四夷咸賓，無有遠邇，畢獻方物。」夫慎德者，體天行道之基，成功致治之本也。

臣伏觀皇帝陛下即位以來，宵衣旰食，恭己儉約，勵精政治，修禮樂而敷文教，安中國而撫四夷，恢拓自古所無之疆理，建置自古所無之太平，衣冠萬國，輻湊王會，神化感通之妙，與天地同流，此其效也。每遇祥瑞之來，必謙讓弗有。夫謙者，天之道也。慎德而至於是，所以為保天下太平長久之道者也。將見億萬年，休嘉之應，不啻於此。

臣廣承乏翰林，職業文字，幸際雍熙之盛，頻睹異物之蕃，誠千載之遇，竊當有所紀述，乃作獅子贊一首。雖文辭鄙陋，不足以希古作，聊著事實，傳示無極。謹拜手稽首以獻。贊曰：

流沙之西，月窟之滸，產毓異獸，非虦非虎。銅首鐵額，鋸齒金睛，吐舌燁煜，髬鬣卷縷，勁毫利爪，修尾茸尾，猛勢何殊，雄姿特詭。曠漠為囿，大麓為樊，渴飲河源，饑搜崑崙。遭無不摧，觸蔑不喪。蟻視熊羆，蟣捫兕象。其氣稜稜，其風熇熇，獬貐潛慴，鬼怪陰伏。怒而哮吼，川騰石裂。礮礚瞋目，霆訇電掣。喜而和戲，妥耳斂威。齕唇舞足，霜融日輝。孰閒而服，孰擾而馴。所暨者深，感於至仁。芒芒西極，於千萬里。德教彌流，無遠弗底。勇喪厥威，悍失其驕。奉琛執贄，來獻於朝。拜跽闕下，左旋右闢。備於率舞，以昭明德。物性靡常，逐氣變遷。於搜騶虞，鵬翼遊鯤，猗歟狻猊，易猛為柔。鴻化維神，品類咸休。當寧欣睹，百僚具瞻。奔走路衢，歡洽閭閻。臣忝載筆，叨識奇玩。

編纂多祥，式藏東觀。皇德同天，沛澤充溢。久迪厥猷，世萬無斁。

麒麟賦　有序

　　欽惟皇帝陛下，德侔天地，道冠百王，仁撫萬方，澤被群品。故和氣充溢，流為禎祥，動植之物，屢臻沓至，古昔傳聞而未之有者。今畢來呈，所以昭聖化之廣遠，彰明德於感通也。乃永樂十二年秋榜，葛剌国以麒麟來獻。踰年，麻林國復來獻麒麟。夫麒麟不恒有於天下，今乃疊至，臣固有以知其然矣。昔孔子作《春秋》，文成麟至。

　　伏惟皇帝陛下覃恩積慮，仰觀俯察，修治經籍。大明帝王之道，紹承先聖之統，興禮樂而隆文教，正人心以息邪說，垂萬世之治法，建萬世之太平，此所以致麒麟之來也。於乎！天人之際，相為流通，此感彼應，有不期然而然矣。

　　臣廣忝職文翰，屢睹嘉徵，凡遇祥瑞，必有歌詠，以播揚盛美，傳於後世。況此異瑞所應非常，豈可無述？故不揣蕪陋，謹鋪張為賦，以獻其辭曰：

　　維皇仁之同天，包六合而罔外。妙神化於無跡，爰有感乎異類。睹麒麟之再來，作聖明之盛瑞。當夫三辰順軌，五緯齊明。歲星耀芒，玄枵毓精。濯仁風之沕穆，協四靈之嘉生。觀其瑰形異質，修領豐儀。身防林麕，文綜元龜。蹄踉驊騮之鐵，尾曳髦鬈之氂。心合仁義之懿，角具剛柔之資。顧生芻而弗踐，視蠕動而避踷。備眾德於一體，豈尋常之可期。故其偃息瑤池，嬉遊玄圃。蔭琪樹之清陰，藉玉英之蕃廡。饑餐金芝，渴飲瓊乳。或逍遙以夷猶，獨徜徉而弗旅。雖云長於毛族，實情殊而性異。配鸞鳳以儷羨，與龜龍而並致。出必待時，行必擇地。感文軌之大同，爰以格於聖世。命於騶虞以為先驅，俾狻猊而為從衛。跨滄海之浩瀁，騰煙雲之翁翳。希鴻恩於外苑，呈嘉禎於連綴。於是歷彼荒陬，巵於上國，香飄丹禁，祥開紫掖。微飆蕩塵，卿雲冪帟。登天門之九重，近清光於咫尺。隨雕題以拜跽，匪象胥之傳譯。撫之不驚，逼之不棘。步履中乎規矩，聲音諧乎鍾律。方其招搖指東，火㬥乘震。陽氣發烝，土膏流潤。修厥耒耜，奔彼田畯。扶幼一鳴，萬物畢振。至乃祝融執衡，景風扇候。朱明啟歌，敷華以皐。王瓜初生，苦蕢方秀。餐綏發聲，物咸實茂。及乎少昊司允，灝氣橫空。白露既下，潦水由降。天高高其沉寥，林娟娟其生風。聿藏嘉之回揚，羌斂肅以成功。又若玄冥閉蟄，寒陰凝冱。納稼滌場，塞向墐戶。集霰雪其將零，黯同雲其下布。忽思邊之歊聞，備封疆之永固。斯其順應四時，調和陰陽，倡導宮徵，贊輔家邦。遇至仁而緐出，為希世之奇祥。陋呈書之赤雀，鄙銜鉤之白狼。昔軒後之神化，爰遨遊其在囿。成康修其禮樂，偕儀鳳於

郊藪。詠千嗟於周詩，感春秋於魯叟。絕遷筆於大始，啟雍歌於元狩。彼銀臺之見趾，固已知其烏有。矧載籍之傳聞，亦貽哂於偽謬。豈若今之庭實，眾既見而既觀。

洪惟聖皇，大德難名。恩流動植，澤洞幽明。顯至道以紹五帝，廓人文以煥六經。建中立極，禮備樂興。揭中天之麗日，賁華采於繁星。是以天不愛其道，地不愛其寶，人不愛其情。故麒麟之重見，所以兆千萬世之太平。於惟聖皇，體道謙虛。每遇異瑞，抑而弗居。恒毖慎乎一德，又何有於貞符。故自生民以來之所未有，所以邁漢、唐，超禹、湯，而媲黃、虞也。

臣忝侍從，載瞻載睋。歎曠邈其未觀，奚遭遇之孔多。訪龜書於洛汭，征馬圖於滎河。追景龍於往紀，誦鳳凰於卷阿。比囊跡以尤偉，謹稽首而獻歌。歌曰：

皇道明兮麗八誕，治教興兮人文宣。麒麟出兮彰瑞駢，兆皇圖兮億萬年。

又歌曰：

祥風布兮，靈貺甄；日重光兮，月重輪。子嗟瑞世兮，來麒麟；於萬億年兮，仰聖仁。

賀麒麟表

臣某等伏惟：皇帝陛下即位以來，禎祥屢臻，麒麟再至。如斯異瑞，曠古所無。夫麒麟，仁獸也，感至而來，為盛世太平之應。所在臣民，咸加歡慶。臣某等誠惟誠抃，稽首頓首上言。

伏以聖皇御極，致嘉瑞之駢臻；治道彰明，感麒麟之再至。光華海嶽，慶協神人。共惟皇帝陛下，道大德弘，如天地之無不覆載；仁施恩溥，若日月之靡不照臨。洞徹幽明，沛沾蠕蠢。故九夷八蠻，靡不歸化；而四維萬國，莫不來王。溢和氣於薰蒸，製靈獸之重疊。麕身牛尾，奇祥，紀魯史之書；肉角馬蹄，仁厚，詠周詩之趾。稽往牒以為盛也，在今日而又過之。顯兆升平之符，宏表文明之治。

臣某等屢睹嘉瑞，無任歡欣。極擬讚揚，心欲言而口不逮；惟圖報稱，志有在而意無窮。箟鸂鷺於形埠，豈勝踴躍；會龜龍於宮沼，永樂雍熙。瞻望九重，歡呼萬歲。秉葵心以向日，祝聖壽以齊天。無任云云。

賀壽星表

臣某等南京欽天監言：永樂十三年八月十四日戊寅曉，瞻見壽星見於丙

位，其色赤黃。至二十八日，色愈明大，光潤煜然。謹按占書曰：

明主德至於天，仁恩廣布於天下，則秋分之日，壽星見於丙，主天子壽昌，國祚大亨，天下治平，民庶康樂。今壽星應期而見，誠國家上瑞，實由聖德承天，被於四表，是以上天垂象，顯示嘉徵。謹奉表稱賀者，臣某等誠歡誠忭，稽首頓首上言。

伏以昊天垂象，曜南極之壽星；上帝鑒觀，彰聖皇之至德。嘉禎攸應，福壽永昌。恭惟皇帝陛下聖德同天，被八紘而無外；至仁體物，協萬國以咸和。人蒙熙皞之太平，星顯昭融之瑞應。見當丙位，斯值秋分。光輝燁煜於璿霄，祥彩爍映於玉闕。自宵達曙，粲然銀燭之流丹；益潤愈明，晃若金九之躍赤。稽瑞圖而符兆，應景命之悠長。

臣某等遙望高穹，仰瞻上瑞。身沛沾於洪澤，心慕戀於紫宸。域極九圍，仰大明之皎日：山呼萬歲，祝聖壽以齊天。無任云云。

進書表

茲者伏蒙皇帝陛下，命臣等文學之臣，編輯「五經」「四書」大全及《性理大全》書，今編輯已成，謄寫總若干卷，裝潢成帙，進呈。臣廣等誠惶誠恐，稽首、頓首，上言。

伏以六經之道，昭如日星，經緯乎天地，貫徹乎古今，放之則彌六合，卷之則退藏於密，用之於身而身修，行之於家而家齊，推之於國而國治，施之於天下而天下平。蓋世必窮經而後道明，未有捨經而能治理者也。是以聖王垂憲，必資道以開人；賢哲肇基，必稽古以作範。故伏羲則《河圖》而演盡，大禹因《洛書》而錫疇，孔子刪《詩》《書》，修《春秋》，寓一王之法；周公陳王業，制禮樂，弘百世之規。況乎精一執中之傳，尤重丁寧告戒之旨，如斯顯跡，昭然可觀。自王道既衰，異說蜂起，燔烈秦火之餘，穿鑿漢儒之弊，其間存者不絕如絲，莫能究其指歸，一切趨於苟且，夤緣故習，鮮克正之。

於乎！聖人之道不行，而百世無善治；聖人之學不傳，而千載無真儒。遂令往轍之難尋，益發前修之永歎。夫否必有泰，晦必有明。繇夫濂、洛、關、閩之學興，而後堯、舜、禹、湯之道著。悉掃蓁蕪之蔽，大開正學之宗。不幸屢阨狂言，既揚復抑，又因循數百年之間，卒莫能會其說於一，蓋必有待於今日者矣。天啟聖明，誕膺景運，我太祖高皇帝，天縱之聖，以武功定天下，以文教興太平，首建學校，頒賜書籍，作養人材，茂隆政治，四海內外，翕然同風。

　　欽惟皇帝陛下，文武聖神，聰明睿智，纘承大統，紹述鴻勳。成功盛德，雖三皇而無以加；事業文章，二儀而同其大。治已至而猶以為未至，功已成而猶以為未成。體道謙沖，遊心高遠。乃者渙啟宸斷，修輯六經，恢拓道統之源流，大振斯文之委靡。發抒幽賾，鉤纂精玄，博採先儒之格言，以為前聖之輔翼。合眾塗於一軌，會萬理於一原。地負海涵，天清日曒。以是而興教化，以是而正人心。使夫已斷不續之墜緒，復屬而復聯；已晦不明之蘊微，復彰而復著。肇建自古所無製作，續述自古所無之事功。非惟備覽於經筵，實欲頒布於天下。俾人皆由於正路而學，不惑於他歧。家孔孟而戶程朱，必獲真儒之用；佩道德而服仁義，咸趨聖域之歸。頌回太古之淳風，一洗相沿之陋習，煥然極備猗歟□□氣。常觀之周衰道廢，汲汲皇皇，以斯道維持世教者，惟師儒君子而已。未有大有為之君，能倡明六經之道，紹承先聖之統，如今日者，此皇帝陛下所以卓冠百王，超軼千古者也。

　　臣廣等一介書生，粗知章句。太學賢關，渾未造其閫奧；圓冠句屨，固慚列於車縫。幸逢熙洽之時，謬忝校磨之任。每受成於指教，亦何假於施為。樂睹就編，豈勝歡慶。興天下而同惠，於萬古而有光。尊所聞，行所知，求不負於教育；正其誼，明其道，期補報於升平。無任云云。

卷十・記

劉氏重修宴雅堂記

永豐劉氏甥振，以其家君子仍甫之命來省予於京師，且曰：「家君重修宴雅堂成，就命振徵言為記。」宴雅堂者，子仍高祖桂林翁，年九十五，豫章熊天悟慵先生取衛武公九十有五，作懿戒之詩以自儆，故取「宴雅」以名翁之堂，且為之記，所以考據武公之事，甚悉。

當時，若雪樓程公、麟洲龍公、圭齋歐陽公、申齋劉公皆有題跋，而桂林翁之德行道義見稱於是數公者，垂名於天下後世。顧予何人，而能為宴雅之重輕哉？然敢僭為之說矣。言者類曰：「武公以九十有五之年而享榮名於當時，至於耄而儆戒不衰，斯其有可尚者。取以名翁之堂，謂擬得其倫矣。」予獨以為不然。

夫取武公之榮名以擬翁者，武公有之，而翁蓋無焉。取武公之年以擬翁者，翁既過百有三歲，而武公蓋無焉。尚德之心，耄而益勤，武公有之，而翁亦有之。翁同於武公者有一，不及於武公者有一；武公之不及於翁者亦有一焉。然則修其天爵者，固不係人爵之有無，而翁之一不及於武公者，斯亦不足論也已矣。武公之子莊公之世，入春秋而衛政日非。今子仍去翁已五世，承翁之德而日增培植，抑有過於武公之後。且又新其堂，竭諸先輩之文於中，日以課其子若孫，優游宴樂，不以世慮經心。暇則行歌隴畝，倦則偃休堂下，濯北窗之涼風，曝前榮之暖日，慨思昔人之遺澤，然後取武公之詩以誦之，且以戒儆，且以養德，豈不克繼宴雅者乎？

予聞深山大谷多壽人，而子仍所居依雞山之陽，坡陀蜿蜒，草木叢茂，平

疇衍沃，足稻粱筍蕨之味，而無意外塵雜之撓，則夫壽考康寧者，天必又以錫子仍也。更後數十百年，有相繼而歌宴雅者，必源源而不絕也。予故書此以為記，且以為之兆焉。

皆山軒記

國家建太僕寺於滁陽，以總江淮群牧之政。聖天蒞祚，尤重其事，乃遴選賢能，授以是職。吳侯鑒，以將家子魁傑負才氣，擢為太僕寺寺丞。侯治事有法，率以古之君子期待，不肯為苟且之政。比年馬大蕃息，公私優裕。侯尤好學，於公退之暇，即賦詩寫畫自娛。嘗於官署之偏，築室數楹，為宴休之所。引釀泉為渠，紆流於外，舉目而望，則豐山、琅琊諸峰，環列遠近，發奇吐秀，隱見於煙雲杳靄間，而朝暮之景，變化無窮。乃取歐陽公之言，名之曰皆山軒，徵予言為記。

滁之山水，名大著於天下後世者，蓋自歐陽公始也。公為守於滁，築亭於山水之間，日與滁人遊而樂之。顧望清流之關，思宋太祖嘗破李景兵十五萬，擒其將皇甫暉、姚鳳於滁東門外。求其跡，蓋百年之間，故老已盡，漠然徒見山高而水清，而當時得以樂其樂者，伊疇之力也。滁人蓋未必知之，而公與之言，忠厚之至也。予惟今之滁，非可同於昔日。

我太祖皇帝龍飛淮甸，由滁陽而基帝業，呼吸雷動，群策響應，英雄蕩滅，條祛百年腥羶之風，盡復衣冠禮樂之舊。神聖功德，與開天闢地而同其盛，豈但平一城、擒一二將之足擬哉？昔者滁當干戈之際，為用武之鄉，今為邦畿千里之地。而凡得以居其間者，顧瞻山川，仰思太祖開拓平治之功，而當時故老猶有存者，皆能道其盛也。況草木雲霞蔚蔥炫爛五色之氣，凝為龍文，結為鳳彩，霓旌翠華，儼乎在目。而向之徒見山高而水清者，漠乎其微矣，又烏知有待於今日之盛也哉！昔有睹山河而思禹跡者，禹之功盛大，故人莫能忘。我太祖功德，卓冠萬世，天下之所仰賴，而人心有所不忘。矧侯居官是邦，優游無事，以樂乎雍熙太平之盛，其所以感慕之者，宜何如也？予知侯之修其德而勤其職，思以報夫國家生育之深仁，庶幾侯之心。矧侯之父兄，皆攀鱗附翼以取功名。侯又當思振其家聲，異時忠孝之名，有所聞焉，則是軒與滁陽山水競光華於久遠矣。予竊幸與侯同其遭逢之盛，是以惓惓焉，為侯道之也。

碧潭軒記

廬陵郡城下一舍許，兩山臨江，傾倚如屋。章瀦其下，漫衍而為潭，深不

可測。魚鱉生之，而蛟龍蟄焉。鳧、鷺、鶩、鴛鴦、鷗鷺之所遊，漁舟、客艇、風帆、網罟之所集，有混涵浸潤之德焉。若夫天清氣澄，水波不興，淡然一碧淵，潭沄渟泓，四山倒翠，一鑒虛明，湛天影於上下，浴東日之初升。至於微風徐來，蹴文鱗鱗，棹歌互答，響徹遠汀，忽白雲而飛來，逐孤鳥而遐徵。又若暮煙初散，雪濤不驚，映九霄之皓月，濯銀漢之繁星。則是潭之景，朝暮變化不窮，蓋言不足以盡其勝也。

黃謙亨氏居潭之上，開軒而臨之，優游以樂。蓋謂是潭之景，人皆可以有之，無得而競焉。惟取其有而樂其樂者，獨能得其趣也。乃來京師，徵余言為訖。

予惟水之為物，天下之無心也，隨所遇而賦形焉。是故遇激而為湍，遇深而為淵，汨之而濁，澄之而清，動而行，靜而止。故孔子以智者樂水，而又指以喻道體焉，蓋深有取於水也。謙亨苟能無泥於所有，而於斯有所得焉，然後可以語碧潭之旨矣。遂書以為記。

石屋真武閣記〔註 1〕

廣家滄洲，航章水而西，有山曰牛首山。秀峰峻嶺，峭崖千丈，形勢飛動，來若螭虬之糾蟠，去若犀兕之奔飲。突橫大江約數十丈許，譎怪奇幻，不可具狀。上有蒼松翠柏綠竹紫蘿，下臨深淵澄潭邃谷，杳難測度。鷺水絡繞其趾，玉峰聳峙於前，為吉郡之關障，作贛水之砥柱。而真武神閣巍然在上，誠勝境也，亦仙境也。廣少時聞父老言，此山系瑤埠，夏姓祖塋也。洪武初，夏諱文通公感真武帝兆，捐壙傍隙地，建閣於上，每歲孟春祈穀於斯。此亦仰體天子元日祈穀於上帝之遺意。嗣是閣神靈顯，凡四方祈名壽子嗣，與禱旱澇疾疫者，胥敬謁焉，而神皆答之如響。及廣拜夏君希宗岳翁門，正月之吉，隨夏族眾祈穀於閣，偕盡款洽之歡。爾時並竊自默禱，卒賴神眷，得魁於國，官於朝。每念不忘，常思奉命旋梓，重謁神閣。值蒙天子思偕參樞密，雖不能至，心嚮往之。

今內侄昂以永樂丁酉孝廉出宰長沙，解組歸里，增修加廓。工竣介書京署，徵文為記。廣因憶此山奇拔，甲河西諸峰。昔高祖由薌城卜居山麓之西畔，址基宛存。而曩時登閣默禱，仰賴至今，位居輔弼，莫非神助之力。則是閣神之護國庇民，福利天下，寧有既耶？廣居京師越十餘載，久疏登謁，而山

〔註 1〕原注：廬陵瑤埠。

址原委，建閣始末，知之最悉，故不辭而記，以俟後考。而世修勿壞，庶神閣聲靈與山俱高，與水俱長，而夏姓捐建功德，永垂不替也。記之如右。

靜學齋記

京口蔣君用文以「靜學」名其齋，蓋取諸葛孔明之言也，徵予言為記。予常誦孔明之言，反覆其旨，深有得於孔孟之道，漢儒言弗及是。朱子取其格言，載諸小學之書，以垂世立教，有裨於世教者大矣。先儒謂孔明有儒者氣象，豈非以此歟？而論者，指其措諸事業而言，又可見其言之與行，無相背戾，真豪傑哉！嘗即孔明始終而論之，躬耕南陽，長吟梁甫，不求聞達，則其靜之。所學，以充其遠大之量。及左右昭烈父子，開誠心，布公道，集眾思，廣忠益，立國於蜀，凜然有三代之風，則推其所學而已。東坡嘗云：「孔明不以文章自名，而開物成務之姿，綜練名實之意，自見於言語。至《出師表》，簡而盡，直而不肆。」大哉，言乎！與伊訓、說命相表裏，非秦漢以來，以事君為說者所能至也。可謂深知孔明者矣。其靜學之言，簡要切實，非朱子表章之，則孰知其為造道成德之語？用文取以名齋，其有得於朱子之旨者矣。

夫學固貴乎靜也，靜有所養，則動有所為。摻存涵泳，以充全其德性，則本源深固，體用純備，而措諸事業者，正大光明。苟惟不然，營營錄錄，紛紜轇轕，禮義無以養其心，利欲有以誘其外，杌隉危殆，不能以酬應萬變，則何以修身廣才，以成其學乎？用文深沉篤厚，博通經典，尤邃於軒岐之說。今仕為大醫院御醫，其行義甚著，則其靜之所存，動之所施者，廓然而無所凝滯，而猶孜孜不忘乎靜，學者蓋必求至乎其極也。是為之記。

尊本堂記

永嘉黃君宗豫，與余同官於翰林，於今七年。恒相與嘆曰：「凡人父子兄弟至親，有不能恒處，如吾輩相聚之久，果孰使之然哉？」寔賴聖天子仁恩深厚，煦嫗長育於春風太平之圃，使各得以適其適，有莫知其所以然也。恒相與濯磨規正，以不負聖天子深恩，以無愧於同事之久。然非託於文字間，則異日子孫無以考見其盛。宗豫一日將其家君思恭先生之命，以「尊本堂」徵言為記，曰：「是蓋所謂託於文字間也。」予雖不敏，其何敢辭？

尊本堂者何？先生高祖宋修職郎諱適道，妣安人蔡氏，葬於其邑德政鄉大羅山水之原。曾祖謙齋山長而下，至厥考府君，皆祔焉。結屋其傍，以為樓神之所，下治田若干畝，歲供祀事，此堂之所以名也。曷為而謂之尊本？蓋愛

其所親，而不忘其所尊。自厥考推而上之，至其高祖，猶木之有本，本盛大而末蕃茂，於今享有其慶。夫焉得不思其所從來，而尊其所本哉？蓋嘗觀之，凡人之所以致久遠者，由其有世德也。世德之興，浸漸而長，然守之為誠難。雖以欒卻降於數世，而房、杜不逾再傳焉。得如黃氏之善，守其世德，歷數十百年之久，而益盛且大，如松栢之茂，川流之方至者乎？蓋本之以忠厚，澤之以仁義，而培之以詩書，其積也罔，其閉也固，其發也遠。是故尊本堂之作，以承先德，開來世於悠久無窮者乎？《詩》曰：「維桑與梓，必恭敬止。」此蓋先生之志。又曰：「子子孫孫，勿替引之。」此後之人所當勉焉。而黃氏之子孫，益尊其本，以承其世德，其來也庸可計乎？而予也幸廁名於文字間，相為無窮，此又予之所願欲，亦宗豫之志也。宗豫曰：「是或可以復家君子命。」遂書以為記。

顏樂齋記

胡則顏，廬陵故家子也，攻於醫，專以濟人為心。凡疾病有求之者，不以貧富貴賤輒應之，不為苟難，疾愈而報不報，皆不計，人以是多譽之。今冬，予女兒之夫黃志榮得寒疾，臥於龍江舟中，來告予求醫於市，得醫二，往用藥而疾加甚。歸告予曰：「脈結，殆難治。」予亟求則顏往視之，一見曰：「藥，斯為沴也。」遂與藥服之，即愈。明日，則顏歸，見予曰：「病瘳矣。」予謝之曰：「何其神耶」？則顏曰：「非我能也，病自可愈耳。」又明日，復感，又來告，又求則顏往。至則風，泊舟。渡江北，則顏逐風寒，緣江上下數十里，覓舟二日不得，悵然而歸。明日，飄風急雨，繼之以雪，泥淖不可行，則顏又往，不辭。至則大風濤，拍舟幾去，則顏亟登舟，用藥數劑而愈。於此可見，其為醫濟人之心，雖極勞苦而不辭。

予觀常人，苟有一技能，可以傲幸取利者，百計炫鬻以求售，不如此不足以得大利。甚至有幸人之災，以求利於己，往往皆是，其心何異於穿窬也，視則顏蓋霄壤矣。予欲暴其美，將以告於人，則顏曰：「欲名又非我心也。」予於是益重之。間謂予曰：「家有讀書之齋，先生君子，常見其僻陋，以所處而獨安之，遂名之曰『顏樂』。固雖不敢當，而竊願學焉，敢求為記以晜之。」予歎曰：「善乎！」君子之名，則顏之齋也。夫顏子簞食瓢飲，在陋巷，人不堪其憂，顏子不改其樂，孔子稱之曰：「賢哉，回也！」他日問為邦，知其有王佐之才，即告以四代禮樂，而孟子推之以配禹、稷。夫以顏子居陋巷，何嘗有一日民社之責，而孔、孟稱之者如此，徒以是心可以推見之矣。今則顏以一

介之士，而欲為顏之樂，不已誇乎？然推其所以濟物者，皆仁人君子之心，盡其所有而施之於人，使擴充之以及天下，則豈有不也哉！《傳》曰：「士希賢」。又曰：「學顏子之學」。此先儒拳拳欲人之學顏子也。然則，則顏之欲樂顏子之樂者，以是心而求之，烏乎！其不可也！

睦岡別墅記

太學生西昌曾夢浙踵門而謁予曰：「夢浙家邑之南溪，世久族大，所居地狹隘不足容。家父心尚夷曠，斥斷家事，以付夢浙兄弟。退即睦岡，構屋以居，大江在前，平壤在後，小溪九曲，紆折而流，三顧諸峰，羅列戶外，可觀可樂，遂名之曰睦岡別墅，攜諸孫肄業其中。嘗有命令夢浙求先生為記，今家君不幸見棄，而遺命未酬，願一言以終惠之。」

予聞昔固有心欲而心許之者，後世固高其義也。夢浙之父既有言如此，予焉得不效延陵季子哉？嘗聞夢浙之父曰允升，一鄉之傑然者也。鄉人有鬥爭不決，詣允升辯曲直，斷以一言，人皆自服，為鄉里所畏憚。喜飲酒，客至，即傾倒，醉則陶然自適，豈古所謂一鄉之善士者歟？夫古之士，窮與達，所遇雖殊，要其所至則一而已。蓋窮則信義著於一鄉，達則功名聞於天下。以天下與一鄉論之，天下固大也；以信義與功名論之，信義固內而功名固外。然能行於一鄉，則不患不聞於天下。若允升者，其蓋已行於一鄉矣，雖曰未達，而乃優游卒歲。夢浙又能成其父志，求予文於既沒之後，欲使有聞，是皆可尚也。昔韓忠獻公命其子忠彥求蘇長公作《醉白堂記》，長公作之於忠獻既葬之後。夫以忠獻忠業著於當時，而名聲垂於後世，夫何一堂之記而猶不忘若此哉？長公謂其欲為，無聞人而不可得，此則有以識公之心矣。

今允升命其子求予記，予作之於其己沒之後，雖非有同於忠獻之為，而為之者，蓋窮與達勢異耳。雖然，忠獻之命、忠彥之求、長公之作，皆天理人心之不可己者，而夢浙之志，忠彥之心也。予故不辭而書之，以為記。

重修崇道觀記

吉水崇道觀，舊傳吳赤烏問玉笥山道士江大師，始開基於此。嘗有一人攜瓢笠來遊，以瓢貯飲。一日，置瓢於齋房中，以笠覆之竟去，莫知所之，咸以為異。後聞於吳主，賜額曰招仙。由是觀宇日崇，眾至數百人。至唐時，有曰田真人者，賜「紫隋朝人」，呼為田紫衣，主觀事，視前為盛。宋治平中，始賜今額。南渡末，道流益眾，度不足容，始建太初觀於北門外，分東僚以居之。元

時，崇道為祝壽道場，道士艾文吉，提點觀事，一時人物之盛，有加於昔。又於文水西午岡峰，建仙壇，分其徒，數輩以主香火。元季兵亂，觀廢，眾散處。道士劉方春、匡崇高率弟子游本源周通玄，於午岡西上小陂建焚修道院。

皇明洪武初，方春、崇高相與協謀，圖復舊規。州守費侯震慨然曰：「茲觀，祝釐之所，不宜廢」。乃率耆民助力修之。始建真武殿，將次第新之，而費侯去。後方春謀建三清殿，崇高即出已藏充工費，拘忌陽陽家說而止。二十四年，清理道教，而崇道為叢林，復並太初為一。二十七年，方春出已資，命其徒劉止善，越江湖求良材構殿。是冬殿成，凡若干楹。三十三年，道會遊本源，新其山門。永樂五年，道會張節亨重加修飾，煥堊壀墁之。工始畢，殿堂廊廡及賓客之位、宴休庖湢之所，一復其舊。

觀居闤闠間，去縣治三百餘步，前面東山，後俯文江，接青湖蟠溪之勝，攬山水之會，不出戶庭，舉目有雲峰煙島之奇觀，故學道者出於其間，往往多秀異。今之人物，視前為尤盛。

予官京師，始識太常替禮郎彭永年、北京奉祀饒中正與其徒廖敬昭、傅霞岫，皆敦厚謹飭之士。一日，永年謁予曰：「崇道觀廢，自經營修葺以來，積累四十餘年，方克成就。前代廢興，碑刻湮毀，無以考見其實。今無文，則何以示後世？」乃購石礱之，求予為記，刻而載歸。永年之志，可謂勤矣。

予惟老子之宮，散處於天下者，不可勝計，然未嘗無廢，廢轍興，朝為而夕集。蓋不出於公家之力，則必資於富商鉅室，故其成之之易。崇觀獨復於數十年之後，何其若是之難乎？求其故，蓋道士推己力為之，無所資於人。惟其無所資於人，是以其成之難也宜矣。夫天下之事，易成則易敗，難成則難廢，亦理勢之必然。而崇道觀成之以難，不肯苟且，以圖近效，則其志在於久遠者也。世有取資於人，以殖其家業，曾不知其為難，而欲為子孫長久之計，寧不愧於斯乎？

余與永年，鄉人也，求予為記，有不可辭。以鄉人而記其難成之事，宜乎永年有取於予之文也。

壽萱堂記

清江金方寧，名其奉母之堂曰壽萱，來徵予為記。於今數年，未有以復之，而方寧之請益堅，屬少間，乃為之記。

夫壽者，五福之首，出於天而不可以強求之也。人皆知壽之出於天，有不

可必致，夭壽不貳，一聽於天之所畀。然又有出於人為之所致，超出於造化範圍之外，有非天之所能奪者。故善攝生者，絕於耳目口體嗜欲之累，凡有以害生伐性之物，皆捐之而不顧。所以養其性，全其天，則神完氣固，雖風雨霜露，寒暑襖沴，舉不能奸，往往壽齡遐永，孰謂其機不在於人乎？今方寧取「壽萱」以名其堂者，蓋不敢徼必於天，而乃致力於人。為之可必者，是蓋知求壽之道，而亦善事其親者也。

荀卿子曰：「樂易者常壽長，憂險者常夭折。」夫憂者，六極之一，人皆有所不欲，然一心所感，憂思無窮，豈能使之相忘耶？世說萱草，食之令人忘憂。方寧固有取於萱之義，求其親之常樂而壽，庶幾有合於荀卿之言也。又況人之七情，皆能致疾。大怒破陰，大喜墜陽，薄氣發瘖，驚悸為狂，憂悲多恚，病乃成積，好憎繁多，禍乃相隨。故曰：水之性清，土者抇之，故不得清；人之性壽，物者抇之，故不得壽。方寧能醫，深知於調燮節宜之宜，使其親樂而忘憂，以養其安適和平之氣，宜其母享有壽，豈克如其志之所願欲者乎？

今聖天子建用皇極，錫福於民，天下熙熙然，舉囿於春陽和煦之內，日月所照，皆為壽域，豈但一家之壽樂而已哉！方寧母壽子孝，怡樂於一堂之上者，皆國家太平無事之賜，又當知所本也。

濟美堂記

刑部主事新淦郭鼎貞名其堂曰濟美，蓋取《春秋》季文子之言也。間來徵予言為記。按：郭氏其本居吉水，後割為新淦。至宋有曰彌約者，仕至朝散郎，以能稱。其子名份，字仲質，中進士第，為辰州、道州、南雄州州學教授，刑湖南路轉運司幹辦公事，通判常德軍府事，以功遷秩，擢知興國軍，後除知岳州。所至有異政，民受其惠。當時南軒張先生、子澄、劉先生皆與之交遊。南軒稱其靖端有守，數為延譽。及沒，子澄為狀其行，紫陽朱子為銘其墓，謂其性純儉，不為驕奢，居官斂晦，無赫赫之名。及其遇事，破奸發伏，人亦不能回也。又謂其樂義有為，雅有當世之志，而於吏事尤不苟。觀於此，誠儒者有用之才。其見稱於朱子者，豈易得也？其子蒙，又自力於為善，嘗以田二頃為義莊，周貧族。自蒙而下，世多賢者。

今鼎貞為郭氏之裔，又能發身科目，以躋膴仕，所謂濟美者，信有足徵。世故有高明祖父作之於前，而不肖子孫覆墜於後者多矣。其視郭氏數百年之久，而子孫家道益繁益盛，雖曰前人之澤深厚不艾，要亦後人克培濬之也。

雖然，予尚有屬於鼎貞也。凡人克念其先，是承是紹，固為美矣。有執持不固，始然終否，一人之所為，前後若二人焉。此常人之情，無怪其然。鼎貞既位通顯矣，有如岳州史君，持身操行，始終一致，見稱於當時之大儒君子，為一代之名士，當於此乎取法。能如是，則無忝於前人，亦無負於國家任吏之道，俾後來者承而則之，綿綿不息，豈不世濟其美者乎？遂書以為記。

求志山房記

山房以「求志」名者，吾邑朱求祏氏以名其宴居之室也。求祏居邑之南鄉，得山水之勝，俯仰嬉遊，逍遙卒歲，而世外之慕，泊然而無有也。其所謂求志者，吾則有以知之矣。

君子之於世也，有二道：出與處而已，觀其所趨、捨何如耳。昔諸葛孔明躬耕南陽，而志在漢室；龐德公隱居鹿門，而終身不入城府。論二公之志，固有不同，然論其賢，天下後世均無貶損。苟使孔明志不素立，則其遇先主，必不能成鼎峙之功；德公行不先定，則其遇劉表，必將成就屈之勢。故有志者，恒貴乎先定也。

求祏之志，亦素定於隱處而已。吾嘗膺薦徵書之，至與求祏聯名，然求祏終闕不就，是其志不在天下，而沉痼於煙霞泉石之間，有以得古人之高，傲睨於一世之表，而蕭然與造物者遊，是有足尚也已。

今距其沒已六七載，其子立卓，來京師，徵言為記，曰：「此先子之志也，願畀一言，則先子瞑目九原無憾矣。」吾觀立卓又克成其父志，尤可尚□，遂不辭而書之。

讀書樓記

廬陵桂溪劉孝力氏建樓於所居之傍，積書其上，自六經群史、諸子百氏之言，下至稗官小說，靡不畢具。與其弟孝彰日講誦於其間，名之曰讀書樓，諗予志之。

予觀通都鉅麗，及凡山川之勝，必有樓以資延賞。然而騷人墨客，或假以騁其雄才逸思，或因以攄其羈愁縲憤，是皆役於耳目心志之所惑，豈能於此仰觀俯察，探賾於天人性命之蘊，以求至其極也哉！若孝力之樓，不為登覽之娛，兄弟怡然樂其天倫之美，讀書窮理，明聖賢之道，有足尚也。夫道不出人倫孝弟之外，而世之遊談不經之士，衒辯博而誇詭異，飾其淺近之言，文其狹小之見，以欺世誑俗，謂足以明道，而適足以害道，其去聖賢之途，邈乎絕逵。豈

若孝力兄弟講習於家，求其切近，孟軻氏所謂歸而求之，有餘師者也。

國家混一以來，即表章聖賢之學，而庠序之教益明，以及山林田野之間，人知所趨向，求本捨末，成其德於罔覺。孝力家世為儒，歷變更之餘，不失其所守，得以安居。於是樓，而肆力於所學者，雖曰仁義之澤，足以傳久遠，而擬變故，要皆國家太平教育之賜也。回視鄉閭，昔豈無連甍疊棟，出雲漢而凌飛鳥，倚靡曼而醉濃鮮，沉酣於春風秋月之下，今皆漠然於淒煙碧草之間。其與孝力讀書之樓，大相遠矣。桂溪在群山之中，樓據溪山之勝。至於煙雲風月，呈露於几席之上者，旦暮不窮，皆足以怡悅心情，以資學力，非若尋常之人，假此以留連光景者也。

余家去桂溪不百里而近，異時幸遂幽散，獲登茲樓，顧望四周，借未讀之書而讀之，相與講磨研究，孝力必有以教我也。請虛半席以俟，遂書以為記。

老人亭記

下文江二舍許曰同江，同江西行十里曰桃林，羅氏世居焉。族大且蕃，代有顯者，享壽考者尤多。宋南渡時，有至百四歲者。須溪劉太傅詩云：「已過三萬六千日，又見辛壬癸甲年」，有足徵者。在元時，皓首耄耋，萃於一家，每遇優老之令下，則受絮帛者常十數人，故名其里曰老人里。長幼千餘指，歲時序禮，他不足容，遂構亭於里中，為拜揖之所，亦以「老人」名之。相承六七世，元季廢於兵燹。今養蒙先生仍其舊址，作亭其上，以復其前觀。始於永樂三年八月朔旦，落成於十月望日。凡工用材費若干緡，悉出於己，不以干其族人。先生季子汝敬，登進士第，入翰林為庶吉士，迎先生來就祿養，乃以其事徵予言志之。

予觀人之壽考，非出於山川風氣之所鍾，則出於飲食起居之得所養。其大者，出於國家忠厚煦育之所致。東坡嘗云：「蜀深山之中，多老人至百餘歲者。」岐伯有言：「古之人法於陰陽，和於術數，食欲有節，起居有常，故能形與神俱盡終天年，乃度百歲。」今桃林非有大山長谷，而羅氏素業儒，不由於軒、岐之說，而皆躋壽考，非國家煦育而何哉？我太祖高皇帝，開太平之運四十餘年，而優老之詔屢下，羅氏受賜者不一其人。先生從父復仁，又以弘文學士休致於家，亦以壽考終。

今皇上興崇德教，養蒙先生以幾九十之年，蒼顏白髮，出入京都，幅巾黎杖，逍遙夷猶，為無事之天民，樂太平之盛治，人孰不為之慶幸？於此可以見，

國家忠厚煦育之效也。夫氣之交運，參差不齊，人之有生，所值或異，而羅氏世得其長者，誠遭遇之時然耳。然則老人之亭，其可無記乎？

予思昔遊鄉校，鄉大夫嘗行鄉飲酒禮，先生深衣大帶，賓主揖讓登降，儼乎有容。高年黃者，陳列後先，退而竊歎：國家建極錫福，而齒德者多，今安得復從先生獻酬於尊俎之間，周旋於儀文之數？既罷而遊於茲亭之下，相與俯仰今昔，詠歌聖德於無窮，豈不樂哉！非特一家之樂，蓋天下所同其樂者也。

北堂記

北堂者，盧陵蕭子恭奉母之堂也。子恭生甫晬，其父客死，母王氏矢死不易志，撫育子恭，以長以教，至於有立。今子恭有子，子有孫，而其母康強無恙，天固有以相之也。凡人之遇不幸，一付之於天而已。苟在於己無所歉，於天之報施，寧有差忒？或者遭天之未定耳。至有或抑於前而伸於後，則天雖未定，而有時乎定矣。若王氏孀居，生子方孩，豈能必其成立？固無所恃者，特在於天耳。知天之可以恃，故雖以孑然之孤孽守之，以待其成立，如龜卜數計，果獲其報而不爽。王氏可謂善待其未定之天耳。藉使其視天茫茫焉未可恃，而子之成立為未可必，夫焉得有今日？今北堂歸然，子婦孫甥，羅列後先，調旨甘之味，極怡愉之樂，康寧壽考，享有其慶，豈人之所能為？非天有以相之而何哉？此可以見為善之徵，亦可以為世道勸也。

子恭來謁予文為記。予憶弱冠時，訪其大父蒼雪翁。翁童顏鶴髮，幅巾藜杖，相與逢迎於長松修竹之下。綠陰清晝，芳尊佳茗，宴坐於軒窗之中。縱談劇論，撫掌大笑，不覺有世慮。翁年已八十餘，視予猶儕輩。拒今幾二十載，翁已棄世。俯仰今昔，遂成慨歎。因子恭之請，故並及之，亦以見積善之有由來也。

顯微堂記

客有名顯微者，方外之士也。恒揭「顯微」二字於其所居之堂，來徵余為記。予辭之曰：「我學孔子、孟軻氏之道者，烏知子之所謂顯微者乎？子語子顯微之說，予為子書之。」

客曰：「吾之所謂顯微者，非顯之顯，非微之微也。以顯而喻顯，非知顯者也。以微而喻微，非知微者也。以為有顯乎，莫知其為顯也。以為有微乎，莫知其為微也。有顯可也，無顯亦可也。有微可也，無微亦可也。吾居乎一堂之上，目之所視者色也，茫乎其莫知，其接於吾之目也。耳之所聞者聲也，杳

乎其莫知，其接於吾之耳也。吾之耳目之與物相接，且吾莫得而知。而顯其微，吾烏得而知也。是故顯其顯，微其微，吾不知何為而顯與微也。」

予聞其言，瞿然而有所失，曰：「曠哉，言乎！夫盈於兩間者，理而已。理乘氣幾流行無間。天地之運行，日月之臨照，星辰之布列，寒暑之往來，鬼神之屈伸，山河之流峙，昆蟲草木之變化，以至君臣、父子、夫婦、朋友、長幼五常之倫，九竅、百骸、五藏之體，與夫散分萬殊之理，俱不離乎二氣五行之妙。至顯之中，有至微者存焉。至微之中，有至顯者存焉。所謂體用一源，顯微無間者也。予之所知者，此而已。而子以為何如？」客曰：「吾道吾之可，不知子之可。烏乎！其可？烏乎！其不可也。」遂相視撫髀大笑，書以為記。

孝友堂記

余友分寧石君彥誠謂予曰，其先府君處士存日，嘗欲構堂，名之曰孝友，以勗其兄弟，集材將半而沒。彥誠兄弟痛念其親之志未就，乃日夜聚材，以成先志。堂成於永樂二年之十二月，彥誠兄弟日夜處其間，思其親之訓，矢兄弟終老，門戶不分，且欲期其後之子孫居斯堂者，隆孝友之意，雖百世而不易也。請予記其事，以揭於今而垂於後。

予觀世之君子，莫不欲遺其子孫，能如處士君之遺其子孫以道者，蓋鮮也；亦莫不欲承其先志，而能如彥誠兄弟力行其道而不怠者，尤鮮也。當處士君夫婦相繼而沒，彥誠兄弟居喪盡禮，寢苫枕塊，哭泣不勝，哀躬負土，治二親塋域，伐木以建祠堂。及成，形已骨立，觀者莫不閔歎。其兄弟怡然翕和，兄有勞事，弟輒以身任之；兄不欲勞，弟則推讓再三，藹然和氣，相敬愛如賓客。其孝友之誠，見於躬行之實，可謂克承其親之訓矣。昔太師黃文節公，性篤孝，母病彌年，晝夜祝顏色，不解衣帶。及亡，廬墓下哀毀得疾，幾殆。東坡稱其孝友之行，追配古人，而朱子亦常稱之。天下後世仰其聲光，慕公之為人。處士君居公之鄉，安得不企望而以孝友之行勗其子？而彥誠兄弟又安得不黽勉孝友之道，以承其親之訓者乎？夫孝友者，人之令德，其孰無之，而鮮能得以稱於世，然後知斯名之難稱情也。何獨分寧數百年之間，前見文節，而今見彥誠兄弟，豈山川清淑之氣融結於斯，而鍾為如是之人耶？譬之空青丹砂，出固有其所也。不然，公之高風偉行，表著於鄉閭，家式而人則之，惟豪傑之士能超然自見，若彥誠兄弟是已。於此可以見，公之流澤衣被於邦人者，為無窮也。公在當時，言論不以屈，而彥誠出言方正，不肯妄為是非。於此見

彥誠慕公之深，而不同於眾人之慕也。

予嘗誦南豐之言，竊恨不得一至分寧，以觀其山川風氣。因彥誠請記其堂，而推見文節公之事，以見是邦人才之美、風俗之淳，然後有以釋予之懷也。遂書為記，且以告其後之人，以毋忘其先志，以毋忝於是邦也。

忠簡公翰墨記

先忠簡公淡庵先生手書五通，第一書《與二十一姪學論》，第二書無名，中有「叔此粗安」之句，亦與姪書也。第三書後曰「啟英彥姪」，前稱「二十一學論」者，以家譜考之，即英彥也。三書皆是與之，即誠齋所謂好學刻深，厲操清苦，克肖先生者是也。末書中曰：「羅甥者，公之姊子羅尚志也，常從公於貶所。曰九弟者，當是俊臣也，行八十九，去八十而稱九也。」何以知其然？公嘗有書與兄振文，行五十八，但稱曰八哥，此為俊臣無疑矣。第四書與七十四姪，乃振文次子季劉也。第五書首稱提刑監丞年兄者，以家籍考之，有與司理羅欽若、通判方耕道、寺丞陳剛中，俱稱年兄。欽若，吉水人，極博學，誠齋謂當時備顧問，惟其可，終於武岡守。耕道名疇，通守武岡，有平寇功。紹興戊午，先公上書乞斬姦臣頭，被譴。後守李若樸言耕道與先公通書，坐獄三百餘日，幾死得免。剛中坐以啟賀先公得貶，差知安遠縣，至數月而卒。妻落髮為尼，以歸其喪。觀三人始終未歷提刑，此書非與之者。三君子行事可稱，而《宋史》不錄，甚可歎也。

按：先公登建炎二年進士第，是科自李易而下，凡四百五十人，如王詹事龜齡與先公尤厚。此稱提刑監丞年兄，不可必其為誰，姑俟再考。然公籍不載此帖，而親筆存，豈既書而未遞歟？抑或有所遺歟？廣家藏先公翰墨遺稿，故多，兵亂喪失殆盡，尚存此數紙，先人什襲藏之。嘗僉憲廣西，融州真仙巖有先公封事稿碑刻，先人打碑寄回宗族，家置一本，未數十年，俱已散失，廣為之懼。

今裝表此數書為一卷，朝夕觀覽，如對先公也。夫以為先公忠義名節，爭光日月，萬世之所仰望，豈子孫能為之輕重？公之翰墨，至今猶新，尚有生氣，為子孫者，豈可不敬乎？昔異陵嘗問公曰：「卿寫字宛如卿為人。」公答曰：「臣幼習顏真卿字，今自成一家。」又曰：「朕前日侍太上於德壽宮，閣上治疊書畫，因得卿紹興戊午所上封事真本。太上與朕玩味久之，喜卿辭意精切，筆法老成，英風義氣，凜然飛動。太上自藏之，曰：『可為後代式。』」但其後

為秦檜之所批抹污者，朕啟太上，令工逐行裁去裝褙。」於乎！公之翰墨，在當時人君敬愛之尚如此，而況於子孫者乎？公嘗有言：「昔司馬文正公不喜人寶其祖畫像，但喜寶其祖之字跡，以為字，心畫也，手法也，見其字即見其人。予之後能以文正公之心為心，即賢矣。」誦斯言也，則先公之欲後人之寶其翰墨，後之子孫觀先公之翰墨者，其以先公之心為心，寶之，敬之，毋違先公之訓也。

永樂四年丙戌秋，九月朔旦，十一世孫廣拜手謹書。

行素軒記

福清施定居正謁余而言曰：「定，布衣也。居畎畝之中，與野人處，耕田而鑿井，探山而釣水，以盡仰事俯育之道。冬而裘，夏而葛，飢而食，渴而飲，朝作而暮休。暇則讀聖賢書，夜則反覆以思其理，得之則怡然以悅。雖榮華之紛陳於前，無所欣動；聲利之交雜於左右，而無所羨慕。吾之所行者，唯知若此。」客有喜其志行，「行素」二字以相勉，因置於屋之南軒，朝夕玩之，以加省焉。敢求一言為記，俾益其所未能。

余聞其言，恍然如有所失，乃起而謝之曰：「鄙人也，烏足以知斯？然竊嘗承教於君子矣，謂道之在人，不外乎所行之實，故能者，於其近而求之，則即此而在；不能者，馳心外鶩，反有視其切於身者而不求，此其所以離道之遠也。《傳》曰：『君子素其位而行，不願乎其外。』昔者伊尹耕於有莘之野，而樂堯舜之道，及湯使人聘之，幡然而起，以斯道而覺斯民。方其處也，固不外於是道；及其出也，又豈外於所處之道哉？居正苟知今之所行者，是道也，異日所用者，特推此以施之而已。」余少也，竊嘗有志於斯，而方歎行無所成，忽得居正，喜其志之有合於余，遂不辭而書之，以為記，亦將以自勉。

敏學齋記

學者固貴乎無所不通也。自六經百氏之旨，禮、樂、射、御、書、數之文，皆欲其通而無所滯，然亦豈能卒窮而遽至哉？蓋由心知之明，用力之敏，積習之久，然後能有所成也。苟志氣之昏，情因循而不進，乃有望其門，若登天之難者，夫豈他人之過哉？亦由乎己而已。

六經者，聖道之所存也。凡其傳授心法，微言奧義，具載其中，而諸子百氏之言，所以羽翼乎六經者也。學欲至乎聖人之道，不博極乎六經之趣，其克臻乎聖人之閫奧者，吾未信也。夫道既存乎六經，六經之道又存乎人心，惟明

敏者為能識之，剛健者，為能行之。行之至者，即可以為聖人；不能行者，未免為愚下。若夫百工技藝，術之小者也，然而有工拙之異，亦在乎用力之勤否耳。矧夫聖人之道，而可以鹵莽，厭怠求之乎？《書》曰：「惟學遜志，務時敏。」孔子曰：「敏而好學」。則士之於學，又烏可以不敏乎？且六藝飾文之曲折，六經百氏之浩繁，求之不敏，至有老死而不能通，況欲由是而窺夫聖人心法之微，以造乎至極哉？由乎是而造夫聖人至極之哉？非敏則不能也。

金君幼孜與余言，其徒蕭迪哲好學不倦，嘗以「敏學」名其齋，徵余為之記。余性素不敏，於聖人之道，蓋邈乎其未有所知，將何以為言乎？幼孜之請不可辭，姑以此告之，且將以自勉。

一樂堂記

宮室之麗，車馬之富，圭組之榮，衣服飲食之華美，琴瑟簫舞之聲榮，得之可以為樂。然皆在外至者，常人樂之，君子不樂也。是故君子不以其外至者為可樂，而以得之於天為難得者，為可樂也。孟子曰：「父母俱存，兄弟無故，一樂也。」此所謂得之於天者，天之於人，有萬不齊。閔子騫見棄於其母，孟軻氏見背於其父，周公之不得於其兄弟。其他如《小雅・蓼莪》之「劬勞」，《國風・杕杜》之「踽踽」，或得乎此而遺於彼，雖聖賢亦不得而強也。人有父母兄弟而無他故，豈得不謂之樂哉？故外物之奉其身者，縱可樂，然亦可以力致。而得乎天之樂以為樂者，亦豈人力所能致？

維揚別駕安成劉惟文，獨得乎天而有其樂者也。其二親具慶，兄弟三人，怡怡無恙，乃名其堂曰一樂，蓋取諸孟子之言也。然人孰不願，咸若此以繫乎天者，不可必得。其得之者，所樂為何如，必有非身體耳目之樂所能喻。予知惟文藹然之情，見乎孝慈友弟之間，而和氣萃於一堂之內。天之厚於其父于兄弟者，夫豈偶然？其必有以致之也。

余少失所怙，恒抱無窮之戚，因惟文請記其堂，遂有感乎古人之所不能得者以自悼，而獨以惟文之得於天者為之慶也。

永思堂記

永樂三年，兵科都給事中河南馬君子昭，念其父之早沒，母繼而亡，祿餐有所弗及，恒抱戚於心，乃揭「永思」二字於其所寓之堂，以誠其思親不已之意。間徵予志之，至三四而弗倦。

予乃為之言曰：「人子之思其親者，舉天下之物不足以易其思，故愈久而

愈不忘也，豈若他思之可以已哉？夫思家者，至家而止焉；思鄉者，至鄉而止焉；思寬閒之適者，至寂寞之野而止焉；思繁華富麗之區者，至通都之會而止焉。故凡不得而思，思而得之，則思可已矣。若夫思親者，異於是，親在而思，思而見，尤不可以輟其思。矧夫親沒，思而不可見，不見而愈思，是其思豈有窮乎？故觸於目者，皆思也；聆於耳者，皆思也。見而感，聞而悲，有動於其中者，曷往而弗思哉？矧乎孝悌之性本諸心者，自有所不能已矣。由是思而感，感而應，則親之容湫然，若有以見之也；親之聲愾然，若有以聞之也。色著乎目，聲著乎耳，夫安得不謂之永思乎？雖然，子昭之思，可謂過矣，其有異乎人之思者，存焉。子昭今際過盛時，為天子侍從之臣，凡出納獻替，必思盡其心，以竭其職分之所當為，以無負於寵擢之命，則身益榮而名益著，豈不可以顯其親？此又永思之大者也。」子昭曰：「然。不敢不勉，請書以為記。」

愛親堂記

金川楊彥清，顏其奉親之堂曰愛親，命其子延祉來京師，徵余言志之。

余惟人子之於其親，孰有不愛者？孩提之童至無知也，莫不知愛其親。是愛者，根於人心之固有，而非自外至者也。然人皆知愛其親，亦有不知所以為愛者。故有以飲食之旨甘、衣服之華美為足矣，而不知此乃事親之常，非所以為愛親之道。雖市區五尺之豎，皆知衣食其父母，夫豈足謂之愛乎？亦有刲股廬墓，以為足以盡其愛矣，而君子於此有弗取焉。乃若墨氏一於愛而無差等，卞莊子勇足以塞三比，而於孝不終，斯亦豈足謂之愛親哉？是故君子之愛其親者，一出言不敢忘也，一起居不敢忘也，一頃刻不敢忘也。動必以義，而行必由道，終身無辱於其親，斯可以言愛矣。古之君子，若曾子者，其庶幾乎？故曰吾得正而斃焉，斯已矣。斯愛其身，是愛其親者也。彥清之愛其親者，亦必若是。

其二親俱存，兄弟無故，於飲食衣服供奉之樂，恒有餘矣。今得一命而從事，求無辱其身以及其親，如是而已夫。雖然，彥清於其親，知所愛矣，而於孝敬之道，孰有加於此乎？《詩》曰：「孝子不匱，永錫爾類」。此之謂也。彥清其勖之。是為記。

永思堂記

邑人羅景泰，僑居淮陰二十年，買田築室，將老於是。一日走京師，為余言曰：「某不肖，棄先人墳墓而棲跡逆旅，以客為家，大懼先人不祀是懼。今

焉幸有子矣，欲歸且不可期。於是構堂以奉其先，名之曰『永思』，示不敢忘
也。將以告於後之人，俾知所自，敢請以志其事。幸卒賜之，則某之私願足矣，
而執事之惠，不既大乎！」

余惟人之有身，如木之有本，水之有源，其生其來，必有所自。惟仁者知
其所以而能思之，思之愈久而愈不忘焉。是以有曠千百里之遠，若相逢於跬步
之內；越數世之久，常接見於瞻仰之間。昔之善懷者，必曰「永思」。夫思之
永者，無非由其孝悌之誠著之於心，隨感而見，夫豈外物所使而然哉？

吾知景泰之所謂永思者，亦必如是。當其寄寓淮陰，去鄉里故舊者日已
久，離邱隴骨肉者日已疏，雖欲勿思，其能已乎？或謂景泰之思，睹山河風景
而懷其舊鄉，然而人情懷土，固所不免，是亦有重於斯人之心，豈違其重而從
其輕乎？雖然，景泰之心，余既有以知之矣。觀古之顯者，未必不由東遷西
徙，豈皆拘拘於一鄉哉？景泰苟能致思顯融於其先，則此而顯者，即彼有耀
矣。景泰三揖稱善，請書為記，且以告其子若孫，俾知「永思」之意所以立，
而孝悌之心有所觀，以不負名堂之意。後之讀余文者，尚勉諸。

友松軒記

高車駟馬，足以為榮；顯爵重祿，足以為貴。在常人，則以為誇眩；在君
子，則不然也。夫君子之所貴者，以節義足以立於當時，而功名可以傳於後
世。雖享天下之富貴，而不足以繫累其心。是所摻者正，而所持者固也。常人
之情，狃於物慾，苟利於富貴，則亦無所不至。至於殃國殘民，亦甘心忍為。
雖其奸宄邪慝，足以瞽弄於當時，而公義之誅，不能免於萬世。若唐之楊國
忠、宋之秦檜是已。雖其身極天下之富貴，而後之庸人孺子，聞其名，咸叱吒
而唾罵之。其人雖已朽壞，而其遺臭愈久而愈不息。君子於此，寧不惕然而警
懼哉！是宜，李公撝謙友松軒之所以作也。

公，鳳陽定遠人也，以指揮僉事鎮守於安慶，所謂高車駟馬、顯爵重祿，
皆其素有者也，然未嘗以為誇眩。嘗闢一軒於所居之側，於講武之暇，即退遊
其間，考古載籍，求古之忠臣烈士以自勉，揭其名曰友松，示其志焉。夫古之
忠臣烈士遇患難、臨事變，至死而不易其所守者，如松柏之於歲寒而益勁。今
李公之軒名曰「友松」者，良以此夫？

余嘗聞公秉心莊誠，而臨事不懾。其初至安慶，有無賴數曹為軍民之梗，
即摧折之，以去其患。有僧以妖術惑眾，求其跡，聞於朝而戮之。郡嘗不雨，

有司禱以無應，於是齋戒設壇以禱雨，隨下如注。善撫循軍民，境內宴然。夫以公之所為若此，余知其立大功，建大節，垂名於後世如古之人者，不難矣。介余鄉友曾元恒，求為是軒記。余因古人之忠烈而得乎公之心，有以見世之苟富貴之可羞，而重為公勉。異時公之名，因節義而益彰；友松之名，因公而益著。然後知世之所貴者，不在於彼而在此也。遂書以為記。

絲竹堂記

夫子之四十世孫曰纘，唐末為吉州推官。黃巢亂，避地於新淦之西江，生子曰謙。謙九世曰某者，徙居澧溪。某之子曰某，徙居泉井。至其世孫曰利、仁，能世其家學，不失舊物，信為孔氏之賢子孫。乃名其所居之堂曰絲竹，蓋將以寓其意焉。介余友金君幼孜，求予為記其事。余以未見利、仁而辭之，且未諳其絲竹者，果何謂也。金君曰：「孔氏，闕里之胄，自其先世居新淦，而新淦之有孔氏自此始。由是諭門胄則必曰孔氏，數人才則必曰孔氏，計豐富則必曰孔氏。世遷代移，故家右族淪沒無幾，瞻其門牆，邱墟榛莽；視其堂宇，斷礎荒煙，可以付於一慨。惟孔氏經乎變更之餘，而其歸然之門，嶄然之第，與向之爭，鮮而麗美者，巍然獨存，不與之同為一朽。若是者，果人歟？是未可以曉其故。昔魯共王欲壞孔子宅，以廣其居，聞絲竹金石之聲而止。今其名堂曰『絲竹』者，蓋以此。」余聞斯言，乃歎曰：

夫有常者，天理也；無常者，人事也。人欲以無常而擬諸有常，則有常者乖而無常者應。惟能修夫無常而達諸有常，則天理得而人事盡矣。謂人事無與乎天理，則善者何從而福，惡者何從而禍，是二者較然矣。今孔氏之盛，歷世久而無替者，豈不由其克，以有常而勝夫無常也歟？夫以聖人之靈在天，昭如日星，其子孫散處天下，其麗不億，要皆聖人，有以覆被蔭育之。至其成敗興衰繫乎人事者，雖聖人亦未如之何。然則天理人事之間，其可忽哉？利、仁服縫掖之服，誦洙泗之言，行洙泗之道，若是者，雖聖人有以祐之，而在天理亦有所不能違也。則是堂也，非特可以擬諸一代之變，故將歷於世，世知其必不異矣。孔子曰：「其或繼周者，雖百世可知也。」由此推之，理有必然。用書此以為是堂記，且以告於孔氏之來者云。

恒齋記

天子御極之初，播州宣慰使、懷遠將軍楊昇來朝於京師。天子嘉其勤，命宴賜之，恩禮有加，且命臣廣以玉音之宣布與天下者，畀之以遍及其土也。

天子念遠方臣庶之心，至深切矣。播之為地，在西南萬里外，俗知禮義，而漸濡於詩書之教者，其來尚矣。要皆楊氏長於茲土，克供其識，以盡事上之禮、撫下之道，政孚於民，而眾悅服之，故風移而俗美也。

按：楊氏本太原之族，其先世有諱端者，寓於京兆。唐末南詔叛，陷播州，經略使弗能平，詔募驍勇以討之。端起應募，領兵至蜀，蠻諜知之，大怖，斂退者半，遂乘其退，進搤其吭，諭以唐威德，蠻皆懾服。會唐移祚，感憤而死，子孫遂居於播。歷至於今，數百餘年，而長有播土，非信義素服於人者，其孰能如此乎？

昇與余言曰：「昇本庸劣，無所補於時，然遭逢聖明，而蒙夫覆育之恩者，皆先人之澤所被，豈敢忘先德而不加夫警懼哉？乃以『恒』之一字為齋之扁，而日觀省焉。然未有記，欲求一言以為終身勗，且以貽厥將來。」

夫恒者，常久之道也。《易》曰：「不恒其德，或承之羞。」是故天地恒於覆載，日月恒於照臨，聖人恒於其道，君子恒於為善。推乎天下之理，未有不恒而能長久者也。今楊氏由唐迄茲，享有民土，富貴光榮，綿延不絕，豈不由其有恒之所致者歟？昇益修其德，無忘天子嘉寵之恩，永懷先世繼承之美，則夫所謂恒久之道者，豈有以加於此哉？昇好文而禮士，略無紈綺驕佚之習，是蓋能處乎恒也。知乎恒之道，而能處天下之理，其庶幾乎？遂書以為記。

明齋記

我太祖高皇帝平治海內，誕敷文教，雖遐荒異域，咸知禮文之為美也。三四十年之間，鬱鬱然，文風之盛，求之於古，罕有為比。今天子入正大統，纘承休光，嘉尚禮教，篤視先烈，有加無替，故遐邇向化，翕然景從。

乃永樂元年夏，播州宣慰司長官李某來朝於京師，間謁余而言曰：「某，遠人也，沾沐聖朝之化者非一日。某知習中華之風，而革其舊習者，由乎教化所及之致也。今聖天子仁恩汪洋，沛若江河，被於中外，而我遠人，澡淪浸漑，思所以揚盛美而播成功，不有以自勵，則無以飭其身，終負於國家盛治之意。故常闢一齋，而以『明』之一字揭其扁，敢求執事一言以記之，俾朝夕勗。」

余惟國家風教行乎四海，如日月之行天，水之行地，無所不有，故感於人者，深而化之易也。昔者詩人誦武王之德，曰：「自東自西，自南自北，無思不服。」人之所以服乎武王者，非強威固迫而使之然也，蓋武王之文教，有以

致其來服也。今國家右文而遠，人咸知從化，去其污陋之習，離其暗昧以就光明，豈非聲教之所及歟？余也忝職詞林，才學疏陋，不足以鋪張聖化之盛，於是聞某之言，樂治道之有成，遂不辭而書此，以為之記。

崇書樓記

臨川許行同倫，積書若干卷，為樓以藏之，與其弟同書，日探索討究於其間，名之曰崇書樓，介其友給事中王常氏徵記於余。

余惟良賈之居於市，必蓄天下之貨以待夫人之需求。苟一物不備，所求者不至其門，則非所謂良賈矣。人之於學，必先於積書，積書猶積貨然。積之之廣，然後可以窮搜遠覽，微以至乎天人性命之蘊，隱以探乎鬼神造化之賾，大以盡夫君臣父子之倫，小以極夫衣服飲食之節。至於禮樂制度之懿、刑政禁令之詳、九夷八蠻之交通、四方風氣之開闢、山川道里之遠近、州郡都邑之沿革、醫藥卜筮之源流、騷人墨客之賦詠、風雨霜露之宜、昆蟲草木之變，與夫萬事萬物之理，無所不知，無所不盡，然後可以成其材器德性之美，而至乎聖賢之域，否則不足謂之學者矣。

古之君子，續學以成其名，未有不本於茲。以孔子生如之聖，不待學而後能。至其說《禮》，乃曰：「《夏禮》吾能言之，杞不足徵也。《殷禮》吾能言之，宋不足徵也。文獻不足故也，足則吾能徵之矣。」雖聖人尚有待夫文獻之徵，而況於今之學者乎？故同倫崇書樓之所以建者，非徒然也。是必能廣其所積，窮其心志之力，以底幹成者乎？

余觀今之人有儲書，充棟盈室，然終歲手不一披閱，雖有藏書之名，而無其實。且以余之疏陋懶僻尤甚，顧口體之欲，不以動其中。惟酷嗜書，嘗積至數千卷，然未能遍閱成誦。今幸竊祿於朝，觀館閣所藏之書數十萬卷，茫如望洋，莫知所之。今同倫藏書於家，靜以學之，博以求之，約以收之，必得其歸趣。是無眾人之患，與余之所歎者，皆可羨也。異時東南之間，有儒者出，其必同倫兄弟也夫！遂書以為記。

聽琴軒記

鄉先生鍾君尚賢，顏其宴遊之軒曰聽琴，以予有里衍之好，走書來京師，徵言為記。

余承乏禁林，際聖天子龍飛之初，大召天下名儒，纂修《太祖聖神文武欽明啟運俊德成功統天大孝高皇帝實錄》，朝夕供奉，靡有遐逸，不得即時以答

鍾君之命。今《實錄》告成，玉堂燕暇，君之聽琴軒，宜有以復之。按《列子》：「伯牙善琴，鍾子期善聽。其聲峩峩，知其志在高山；其聲洋洋，知其志在流水。」今鍾君命其軒曰「聽琴」者，蓋取此歟？

夫天下莫難得者，知己也。夫宛之驥，日踔千里，嗒茤食菽，與駑馬共其槽櫪，苟無伯樂以顧之，則亦終焉而已矣。荊山之璞，價重萬鎰，含其光耀，與砥砆雜處，苟非卞和以識之，則亦與瓦礫同塵矣。士之懷才抱器，託重於知己者，莫不皆然。故伯牙善琴，獲知於子期。子期死而知音絕，終身不復鼓琴，以所知者寡也。

今鍾君負淳厚之資，秉循良之性，抱雅正之學，嘗得一命，揚歷州縣，所至持廉介聲。即老矣，退休於夫容峰下，預築一邱以擬歸，盡其超然物外之情，自與世俗不侔，而人之知君者鮮也。君故名其軒曰「聽琴」者，蓋欲聆天下賢者之微音，豈真有意於琴者歟？天下賢士大夫，苟負其能者，聞鍾君之風，挾其伎，走其門牆，求為一聽，君亦必能因其聲而得其心，又將有異於子期矣。君宜洗耳以俟，毋患乎賢者之不至焉。

友琴軒記

邑之蘭溪曾原太氏，蓄古琴一張，取以自適。每良宵暇日，風清月霽，開軒拂席，振襟獨坐，鼓猗蘭之操，揚太古之音，軒窗寂然，略無塵雜。顧視琴曰：「此吾友也，盍以名吾軒？」遂命其軒曰友琴。然未有記，介余同年鄧君子信徵言於余。

余惟人之取友，貴乎知所擇，苟不擇友而友之，則所損者多矣。是故友也者，所以輔仁而成德者也。與其不得君子而友之，曷若取友於物哉？此原太所以友於琴也。夫琴，君子之所常御，而弗去乎其身。以其常御而弗可以去，故名之為友者，夫豈過情歟？且夫君子者，誦聖賢之訓，躬修實踐，佩仁服義，行乎孝悌之道，以尚友乎古之人，若無與於物者。而琴則禮樂之具，非若他物之玩，足以喪其志，而君子有弗尚焉者。故聞其聲者，足以消其邪遄，湛其思慮，蕩滌其心志也。

原泰蓋得乎此，而有超然遺俗之想，其所以取友於斯者，蓋真有益而無損矣。雖然，原泰之友於琴者，余既有以知之矣，抑恐其果以友琴為足，而遂止於此歟？原泰當求一鄉一國天下之善士而友之，苟以此為未足，則當尚友乎古之人。於是，懷淵明無弦之趣，誦虞廷南風之詩，詠《小雅》伐木之篇，三復餘音，書以為記。

杏林精舍記

李允誠氏，廬陵郡城之世醫也。其祖父以來，□有能聲，遠近求之者，足相累於其門。至允誠，年甚富，性溫愨淳篤，克紹其先業，愈人疾如振槁。人有求者，雖暮夜不辭，然亦未嘗責報。往年獻城市之喧嘩，乃卜居於滄州。

滄州，余里也。長江渚澳，環其四面。東則夫容諸峰，蒼翠秀授；西則石屋諸巒，層起群伏。鷺汀鳧渚，白沙翠竹，上下映帶。煙霏雨霽，林薄晻曖。風帆魚鳥之往來，漁歌牧笛之相答。四時朝暮之景，雖其善形容者，莫能殫其妙也。宜乎！允誠樂而居之。築室數楹，前列花卉藥品，後蒔椒果瓜蔬，雜以薯芋。實朋時至，雞酒鮮魚，取具隨時。乃名其居曰杏林精舍。今秋走京師，徵余言為記。

余惟取聲利者，必之乎通都大邑。山林寂寞，惟恬淡幽逸之士得之而為高，蓋所樂者在此而不在彼也。允誠獨能違聲利之途，而樂為山林之高，是有足尚也。余去滄洲日久，而鷗盟釣侶，寥落荒涼，因允誠之請，心馳如飛。何時歸省，訪子精舍，相與酌流泉而濯清風，以尋舊遊之樂。顧視一笑，必有能為之賦者。允誠歸矣，幸語滄州，為致余意謝之。遂出此為記以俟。

蕭氏讀書堂記

余幼時常誦先外祖桂江先生詩集，有《蕭氏讀書堂歌》，亟稱蕭氏子孫能讀書也。中有「不愧當年忠簡筆」之句，又知先公曾為之書扁也。咦！蕭氏不知何如，而前得之於先公，後得之於外祖，其必賢士大夫之家也歟？然竟不識其何誰。既冠，獲交於永和蕭同文氏，乃言及前事，然後知讀書堂歌為同文之家而作也。於是見同文而益敬之，知非尋常世俗之家。

余去鄉里，不見同文者十又五年。今其孫某承其父之命，來京師謁余於翰林，問其祖，曰沒矣。余深悼焉。其復出詩文一帙示余，有歐陽楚公、鄉先生申齋劉公所為《讀書堂記》。讀之，益有從見蕭氏文獻之足徵也。某復徵余言為記。

觀二公既為記於前矣，末學其尚何辭？思昔先公忠義貫日月，聲名聞天下，在當時必不苟許與，而特書堂名以遺蕭氏者，先公之於蕭氏可謂厚矣。夫與人以金帛者，金帛有時而盡；與人以珠玉者，珠玉有時而毀。獨與人為善，使其守之無窮，用之無境，此先公之與蕭氏讀書堂名者是己。夫為善者，固可以善後，而為善之傳遠者，又莫如讀書。夫讀聖賢之書，而窮天下之理，世世

相承，鮮有不善。有不善者，弗之信也；有不悠久者，亦弗之信也。

考於蕭氏之堂，起於乃祖子信，由宋南渡，歷元至今，幾數百年，已十餘世矣。其間更涉變故，而其子孫尚能守其故物而不失，非讀書積善悠久之徵乎？蕭氏之子孫，非惟能守其家訓而不遺，抑且能知先公之意，所以勸飭於蕭氏者愈敬，而不敢忽其源，源而相繼者，詎有艾乎？雖然怠心生於所忽，而廢弛相葬於毫髮之間。操之不固，則良冶之子變而為堨；守之不謹，則良弓之子易而為甕，是何虛名之足恃，而不求於實行者乎？余故推先公之意，書此以置於諸記之末，俾蕭氏子孫讀書之暇，而時一省覽焉，庶幾或有助於萬一云。

淵靜先生書畫像記

先生諱泰，字季通，一名子玉，字成我，解其氏。淵靜，蓋其門人私諡也。其先世自雁門來，刺史於吉州，因家焉。凡吉之故家，多由宦遊以居之。然解氏為最久，子孫為最盛，詩書之業，世世不廢。至先生兄弟，尤為顯特，俱邃於學。伯觀我三舉進士，兄弟必相次聯名，兄必先弟，世傳誇以為奇事。

先生居季，以家事自託，不欲舉進士，乃益自勵，沉浸於學，謂學者求以至乎聖人之道，言語文字非所尚也。閒居倡明程朱之言，上以溯乎孔孟之旨，日與門人子弟相講論，一切非聖人之語，口未嘗言。所居臨鑒湖，湖多種荷花，幾千餘畝。花開時，與其徒徜徉於湖上，吟誦夷猶，以適其適。門有古梅一株，拳跼異甚，下映清池，雪光月皎，獨吟其側，晃然塵慮之相忘也。尤善悔人，隨其才器，皆底有成。性剛介，不輕與人言，接不善者，聞風畏懾，人比之王彥。方其授徒講道，人比之王仲淹云。皇朝平一區宇，首下詔徵賢，有司必欲起之。先生曰：「壯且不欲，矧今老矣，豈所欲耶？」遂辭不就。晚尤深於易理。臨終時，命其孫興誦漸卦一過，聽之，賦詩永決，正衣冠，蕭然而逝。

於乎！非有道者，其孰能如此哉！廣幸託世契之末，第恨生也後，不獲一拜先生，豐義！及先生沒，然後與其諸孫一登先生之墓而拜之。墓在縣東門嶺之陽，山勢蜿蜒，由東山而來，蟠蓄融結，昂俯如渴馬，見泉水而飲之。前面墨潭、夫容諸峰，下瞰文江，顧瞻徘徊，暇想先生神遊之八極之表乎？其不可追矣。先生之孫翰林檢討榮出先生畫像見示，深衣幅巾，從容儼雅，修眉廣額，豐頰美髯，怡然有可親之象，凜然有不可犯之風，使觀之者，肅然失其安肆之心。三歎起敬，書此於後，以識仰慕之私云。

杏林書屋記

余同年友建安雷原忠為余言，其從叔曰伯宗，甫邃於學，復攻於醫，築室數楹，為藏書者之所。前後隙地者，皆樹以杏，因名之曰杏林書屋。然未有記，來徵余言。

建安，閩之上郡，山川秀麗，異於他所。士生其間者，皆明秀俊爽，往往有過人者。昔予朱子倡道於是，承李延平、羅豫章、楊龜山之傳，以續夫廉洛之裔。其道之在天下，雖窮鄉下邑，四夷異域，咸知其言，尊其道，矧為是邦之士，接聞其道德之光華、流澤之充溢者乎？余嘗誦先生之言，而慕先生之道，恨不一游先生之鄉，以想望其遺風餘韻。生於是邦，而得以具悉夫先生訓誘教詔之詳者，何其幸哉！余於是邦之士，重有以建羨也。

伯宗蚤得聞先生之道，故積書以資夫探賾者，要皆先生之訓也。或者謂伯宗種杏，所以慕董奉，是不然。烏有生大賢之鄉，而不為希賢者乎？慕乎董奉者，余知非伯宗之志也。伯宗世儒家，其先世累擢高科，登顯融。伯宗讀書，能不失其世守，而尤審於軒岐之說，是蓋窮理之一端云。然則謂其專於彼而遺於此，其於書屋，果何謂哉？原忠然余言，請書從為記。

雲松軒記

昭信校尉余侯峻，以「雲松」名其軒，介余友金君幼孜徵言為記。詢其言，曰：

侯，慷慨倜儻人也。其先家饒州，因仕於蜀，遂為蜀人。所居臨巴江之上，有山水泉石之勝、松竹雲霞之觀、花木魚鳥之娛。天朝平蜀，侯遂來歸，僑居京師，遷於北京，始棄其故業。聖天子龍飛，以武功授今官。常不忘其舊，乃以「雲松」名軒，識其所思也。

予謂凡人之所思，孰不志於宦達？及其達也，能不忘其舊者，鮮矣。今余侯獨能不忘其舊者，則其人之賢否可知也。夫松竹花卉者，皆其先人之所植，而雲霞泉石，又其先人之所娛，其安得而不思故？今雖居闤闠之中，無雲松之觀，而其心則恒往來於巴江巫峽之上，與雲為徒、松為侶，儼然如見其先人之所居處，夫豈有所間哉？《詩》曰：「維桑與梓，必恭敬止」。此余侯之謂也。雖然，侯之所志者如此，至於干雲霄而出塵埃，凌風霜而傲冰雪，亦必有所在也。予知侯之不忘其先，其肯忘君之恩者乎？《傳》曰：「以孝事君則忠」。余於余侯，蓋深有望焉。是為記。

凝清堂記

掌治京師之官，周曰內史，秦因之。漢始分置左、右。內史，太初間更右內史為京兆尹，左內史為右馮翊，與右扶風為二輔，治長安中。然必以有隆望、聰明、剛直者居是任。當時如趙廣漢、張敞、三王，稱為有聲，後代者，鮮有聞焉。東京則稱延篤、邊鳳。京尹之職，實難其人，至唐、宋猶然。唐置牧一人，以親王為之。宋不常置，亦以親王尹京。後親王無繼者，權知府一人，以待詔。以上充，掌正幾甸之事，中都之獄訟，皆受而聽焉。後罷權知府，以皇子領尹，則京尹之任愈重矣。國朝京尹，亦必擇朝臣之賢能者任之。其間，能執法、謹守，不折於權倖者，蓋亦可數。

廬陵姚侯恕，以冬官郎中出守泉州，自泉州入為應天府尹，位比列卿，可謂重矣。每自勵曰：「吾才力，上無以副朝廷之任使，下無以慰斯民之所望。恒夙夜憂畏，以為古之君子，治有異效，發奸摘伏，豪強屏跡，而吾弗能察。察以為聰，皎皎以為明，訐以為直，矯以為剛，用吾所長，弗能強吾所短，如是或庶幾乎！」乃以「凝清」揭其堂，朝夕修省，徵余為記。予曰：

侯之所謂凝清者，可謂得其本矣。夫為政貴乎不擾，不擾則訟簡，訟簡則政清，政清則理民。以尹譬之則源也，民譬之則流也。源潔則流清，己正而物正矣。若徒事其名，而不究其實，則紛龐叢脞，日給不暇，而欲其清者，蓋亦難乎已。況京畿天下之所瞻仰，其政治之得失，又皆易見，苟非清慎自持，端己澄慮，以應酬事物，則不為所溷者鮮矣。此凝清堂之名所以立，而侯之志為可尚。《詩》曰：「洞酌彼行潦，挹彼注茲，可以餴饎。豈弟君子，民之父母。」余以此為姚侯祝。或者舉韋蘇州「燕寢凝清香」之句，為侯誦之，是匪侯之志，亦非予之所望於侯也。他時予扈從南歸，獲登侯之堂，相與濯清風，攬明月，淪茗鼓琴，誦諸君子之詩，然後樂侯之政有成，當復為侯賦之。遂書此以俟。

道陽山記

永樂三年秋八月，皇帝用建碑孝陵斷石，於都城東北之陽山，得良材焉。其長十四丈有奇，闊不及長者三之一，厚丈二尺，色澤如漆，無疵瑩。賜延臣往觀之，且相其制度之宜。時諸臣往觀畢，越九月戊午，特命翰林臣往觀。於是學士解公大紳、侍講金公幼孜暨廣偕往。

已未早朝罷，由朝陽門出，過十里鋪。鋪外人家夾道連續而居，間有市

肆,直抵滄波門。門外隔平疇,山蟬聯起伏,即城中所見諸山也。山下煙林村落,遠近映帶,耕夫餉婦,橫縱隴畝。有刈禾黍者,有登禾黍於場者,有輓車以載者,有汲以灌畦者,有雉草萊者。余三人觀其作勞,徘徊久之。見田塍畔繫一舟,田間水與大江相通,故有舟。然平疇曠野,見此一舟,亦自奇絕。水之上有古石橋,頹其半,石墮塞橋下。人取便,從下行。橋上草甚深。橋西北有土溝,問之,溝傍人云:「國初取土築拒馬牆,就以疏牆內流水。」

由拒馬牆折北而行,至麒麟門,門額前中書舍人詹孟舉所書。麒麟門折東而行五六里許,漸多坡陀。幼孜與余乘肩輿上,下山崗輒相與步行,以息僕夫之力。解公騎行,常先一二里許,不見余二人來,輒下馬候。又東過一長阪,阪下路岐而二:一依阪足,少折而北;一下田間,少折而南。予將循阪足而北,田間人呼曰:「南行!南行」!遂遵田畔,折入小村市東山麓,度坳入谷,行長陵十餘里,始至陽山。

山下草菱數百餘間,以舍趨事者。樊其周圍,作門二,通山之上下。入門百步,有井一方,小石池一,池水甚清。出門上百步許,有井一,云其下舊有泉,因甓之以為井。井之外有深坑,平山上土石填之,舉石者邪許之聲相應。仰見碑石穹然城立,予足力稍疲倦,心急欲觀之,雖疲亦趨而登。至其下,三人相視,驚愕不已,歎息所未嘗見,謂天生此石,以有所待也。山高數里,其體皆石,其旁巉岩,不便登陟。從碑石之左攀擠而上,一人引手,一人下推,又躋一級,漸至山頂。石如鼇頭者,窅窱者,竅而通者,高者,下者,險不可履,作蟻緣而度。漸過碑石之右,稍平可行。余將俯觀,心掉股栗,因眩不能下視,獨解公登石立久之。余坐息定,更踰山頂數十步,望見長江數百里隱隱而來,舟帆上下如豆。江北諸山,淡然於煙霏霧靄間,杳不能辨。山近東北二峰,峭拔如削,即都城東門,望見二峰青翠高聳者。山之南有舊冢,相傳曰葉丞相墓。按《金陵志》,葉祖洽墓在宣義鄉,即此是也。祖洽熙寧三年廷對第一,官至徽猷閣直學士、太中大夫,政和七年,終於真州,奉勅葬此。蓋葉丞相者,相傳之誤也。南望鍾山,一峰上於天際,秀立如玉筍。都城萬雉,紅光紫氣,蔚蔚蔥蔥,結為龍文,散為霞彩,誠萬世帝王之都。

日過午下山,回至小村市,望見樹林陰翳中,一徑沿澗上,兩傍皆松柏。有古寺甚牢落,梁本業寺也,創於天監九年,五代時碑刻尚存。有古桂二株,其本枯朽,其旁杖復拱抱,又將枯矣,疑與寺同植者。從旁入一小軒,軒外多竹,其南有古井,水滿而清,汲以烹茶,味甘冽,乃命酒酌軒中。酌罷,復尋

寺前小徑，轉登寺後山。山多石，石罅多棘刺，行則鉤衣，以手搴衣，去地尺。徐行至一巨石上，坐息眺望。少頃，從山脊下，至寺已昏暗，取酒燈下更酌，別入一小室，坐久始就寢。山空夜涼，寂無人語，但聞蟲鳴唧唧，窗外落葉撼撼作聲。余久不能寐。《地志》云謝靈運墓在寺近，欲待明訪之。叩僧，不知其處。庚申旦離寺，由故道入麒麟門，緣鍾山麓而行，午至靈谷寺，觀當時善畫者圖雪景海水於壁。寺僧出東坡詩翰，有元諸名公品題，並宋璲篆書《金剛經》，觀之至暮而還。

廣自惟以匪才，際遇明時，荷聖天子寵眷，置於侍從，優游禁闈，無所裨益，夙夜悚懼，況敢為暇逸之事乎？屬聖天子致孝皇考，樹石園林，昭功德於萬世，重其制作，不敢以忽，故三事大夫及百執事咸得賜觀。廣幸從二君子之後，徜徉於山水之間，凡目之所見，耳之所聞，與夫一草一木之微，無不可樂，是皆聖天子之賜也，烏可不知其所自？遂執筆記之。

清白堂記

三代而上，以德行教民，民咸趨於德行，而不以德行稱。三代而下，士習不淳于古，而人乃有以一德一行之可名，循□□後世，舉一德一行以為稱者，使人知德行之可尊，以復乎隆古之道，豈不為風俗教化之勸歟？予於同僚楊公勉仁之所為，有以知其故矣。

勉仁嘗揭「清白」二字於所居之堂以自勵，蓋取漢太尉震之言也。太尉為吏子孫，嘗蔬食步行，或勸為開產業，不肯，曰：「使後世稱為清白」。吏子孫，以此遺之，不亦厚乎？勉仁，太尉之裔也，自弘農徙閩，於今凡若干世，居官守道，取法於古焉，得不本於其先乎？楊氏自赤泉侯喜佐高祖定天下，及將梁侯僕、丞相安平侯敞，至於太尉，父子子孫功名之盛，與兩漢相為始終，其間事業豈無可稱道，而何獨有取於清白之一言乎？夫事業可幾，而言行難踐。自常情觀之，清白一節，士君子行之不以為難，然以褒德侯之碩望而行已，在於清濁之間，夫然後知楊氏清白之為難，宜乎後世所取重者也。雖然，太尉誠不可尚矣，余因其言而又以推見其他焉。

昔有勸疏廣為子孫買田宅者，對云：「顧自有舊田廬，今子孫勤力其中，足以共衣食。今復增益之，以為贏餘，但教子孫怠惰耳。」劉表謂龐公曰：「居畎畝而不肯官祿，後世何以遺子孫乎？」龐公，世人皆遺之以危，今獨遺之以安，雖所遺不同，末為無所遺也。疏廣蓋知足矣，龐公蓋獨善矣。若太尉身為

郡守，公廉不受私謁，以清白遺其子孫者，蓋公天下之心，異乎疏龐之為也。厥後歷位三公，清德數世，要皆太尉一言之教歟？故曰：「仁人之言，其利博哉！」論者謂東京清節，由太尉有以倡之，斯言信然。

今勉仁為天子侍從之臣，日承寵眷，顧思砥行立節，以答恩遇，是故惓惓於太尉之言，振起清白之傳者，其在勉仁也。自茲以往，楊氏世守清白，豈可以數計乎？間命廣為之記。廣幸際聖明，與勉仁同一遭逢之盛，亦以勉求於古之道，以報稱於萬一。迂闊愚陋，無所於歸宿，因勉仁之言有愜於余志，遂書此為之記，且因以自勖。

萬木圖記

《萬木圖》者，今右春坊右庶子兼翰林院侍講楊公勉仁，思其祖之作也。勉仁乃祖達卿存時，力善好施，值歲饑，欲發私廩以振貧乏，不欲有是名，乃託曰：「有能於吾山種木一株者，酬之斗粟。」於是貧者畢來請粟，咸飫食而給之，亦不較其種否。已而隨山之高下曲直，皆有木矣。逾數年，木長茂，望之蔚然成林，即之森然成列。又逾數年，蔚然者益蕃，森然老日碩，可棟可梁，可欀可桷。達卿戒子孫勿售斧斤刊剪，惟聖人之學及浮圖之捨、老子之宇、神祠杠梁，取之無所愛，與貧無以為庇、死無以為葬者，給之為棺廬，子孫守訓不違。以是數者伐之，而本根萌枿，復生發榮，滋長繁盛，猶昔人謂之達卿有及人之德。故山木生意勃鬱，有以見其遺澤之遠。

余聞種樹者求用於近，種德者期效於遠，以近而卜遠，則必有相符者。昔王晉公樹三槐於庭，謂後世子孫必顯，至其子果貴。蘇長公為之銘曰：「鬱鬱三槐，維德之符」。今達卿之樹萬木，雖無期必於後世，其子孫蕃衍，貴列於朝，與蓊然蔚然者同其盛，豈非長公所謂德符也哉！雖然，以達卿之樹立者如此，為子孫者當思所以培其根，固其本，使愈久愈茂，而無蹩拔之患，楊氏之慶，豈有崖涘哉！

今勉仁出仕於朝，不得朝夕瞻望山木，乃作是圖，俯仰低徊，以繫其思，誠不忘乎乃祖之德，亦所以詒訓將來。為楊氏子孫者，居則睹山木之繁陰，出則觀是圖之彷彿，豈得不悠然而重有所思乎！《詩》曰：「維桑與梓，必恭敬止。」勉仁之志，誠有在於是間，徵余言為記，故為之推本其意，以告其來者焉。

高明樓記

距泰和縣治之西四十里，有地曰漆溪，因漆水而得名焉。漆之源，西生、

鵝崗群山之中，縈回曲折，演迤奔放，束湍激瀨於崩崖攲壑之間，或跳珠濺沫於危灘亂石之下，往往亦多奇觀。東流幾百里，與藍潭、冶溪會，始至於漆溪。山開境曠，水澄淳瀏潔，商帆魚艇，日集其上，四時朝暮之景，變化無窮。周氏世居之，修林茂樹，環列左右，良疇沃野，溝澮相接。

有曰天與者，四子皆讀書。其仲子志剛，築樓臨溪之上，亢爽高明，一覽而盡，得夫溪山之勝。遙望武姥、玉華、三顧諸峰，紛然前陳，聘奇獻秀於煙雲霧靄之外。天與為其子名之曰高明樓，因余友翰林修撰梁公用之，徵予文為記。予以未交天與父子為辭，用之曰：「周氏世多顯者，天與端靜篤厚，志剛又好學，請毋辭。」用之於人少許可，其言若此，遂不辭而為之言。曰：

彼所謂高明者，豈非有取於黃山谷《南樓》詩之句乎？山谷文章學問，成於天性，孝友之行，追配古人，足為後世師法。且嘗為泰和宰，政平訟簡，民安其治。當其從容宴間之時，樂其山水之勝，登臨俯仰，倚快閣而詠「落木」「澄江」之句，其悠然之思，超逸絕塵，迥出於萬物之表，流風餘韻之在人耳者，至今不泯。

志剛之登斯樓也，睹江山之秀偉，懷昔人之高躅，消其湮鬱，延其遐曠，寄興於寥廓，豈不高明者乎？用之曰：「此或一端也。天與之志，蓋恐其子之淪於卑下，故以是勖之，願卒有以教之。」余曰：「道之在人，精粗雖無二致，苟能因其所至，以擴充其心之本體，超然不為事物之累，則必有得於予言之外。余之碌碌於斯，未之有得。他時歸老南方，艤扁舟於快閣之下，約用之同訪漆溪，登志剛之樓，以審其所謂高明者，必有以啟發於予也。」用之欣然而笑，請書以為記。

損齋記

君子之學，惟求之於己，無事乎其外也。夫知學之在己，則凡所以懲治其身心者，自不察於不嚴，琢磨刮剔，湔淪疏櫛，益加精密，使無罅漏之可尋，瑕類之可指，仰不愧，俯不怍，如斯則可矣。蓋人之一身，心為之主。心之理，仁義中正而已，固無所偏私，而亦何待於懲治？自非聖賢，則必有物欲之蔽，惡能喜愁哀樂，發皆中節？惡能內外表裏，動靜一致？是故必加乎省察克治之功，去其不善，以全其善。一切有以病吾之德，窒吾之聰，掩吾之明，而害吾之正者，必決去之。固其垣墉，謹其局鐍，毋使其乘間投際，潛藏隱伏於中。故曰：「誠之者，擇善而固執之者也。」人之去其不善，以復其善，學問

之功，豈有以加於此哉？其在《易‧損之六四》曰：「損其疾，使遄有喜。」所謂疾者，即不善之云。凡私欲、忿懥、傲惰、邪僻、驕盈、佚肆之類，舉足以為吾之病焉。得而不損之乎？損之貴速，不使其根蟠柢結，為患滋甚，故必損之。損之至，則身日修，德日明，行日著，其有益於己者多矣，故云「遄有喜」也。監察御史豐城黃宗載，恒以「損」名其齋，於公事之暇，則退省其中，間徵予文為記。

異乎！宗載之善學也。切於為己，而無外騖，誠君子哉！古之善學者，莫若顏子，明睿勇決，一聞天子克己復禮之言，即曰：「請事斯語，他日以能問於不能，以多問於寡，有若無，實若虛。」其真積力久，效驗如此。故周天子曰：「學顏淵之所學，然必從事於斯。」蓋不但不遷怒、不貳過而已。宗載之用力於損者，其亦克己復禮之云乎？宗載由名進士歷仕於朝，德成名立，而尤拳拳於學問之功者，蓋未可量其至也。夫登高山者，底於其顛而止矣；涉曠壑者，底於其際而止矣。若夫學問工夫，無有底極，故雖老而至於耄，猶當孜孜不忘於學。今宗載為法從之臣，其志如此，豈非仕而優則學歟？夫閟奧其中，篤踐其實，君子之為也。宗載職當言路，凡政事之得失，得以辯論，民情之利病，得以舉措，官司之賢否，得以激揚，豪奸宿蠹、匿敝隱慝，皆得以察糾，何者而有損於生民世道，何者而有益於天下國家，舉得一言焉？所謂損益盈虛，與時偕行，宗載蓋亦不得而辭之矣。姑誦所聞，以為之計。顧予之淺陋，何足以與此？然竊願學焉，宗載必有以益予之不及也。

重修湖隱堂記

郡人羅德溫為余言：其先本姓顏氏，世居廬陵值夏。高祖用霖，婿邑北鄉豐山羅氏，遂其姓。曾祖宜則徙居鄉之湖塘，傍有隱塘，泉水出其中，泓瀞澄瑩，雖大旱不涸，久潦不盈。塘之外，陂陀衍迤，林木陰翳，景物幽勝，可樂可遊，有愜於心。乃構堂數楹，介湖、隱二堂之間，教授子弟，遂以為名。當時士大夫有詩文紀詠之。元末世變，堂毀於兵燹。至其祖志同，低徊顧惜，憮然於懷，恒欲重建，以紹先業，弗果而沒。及其父仲繹，亦有志弗就而終。今德溫與其季父某，追慕先跡，思纘厥志，將謀闢其故址，構堂以復舊觀，徵予文為記。

予先世居值夏，與顏氏為鄰。顏氏，故儒家，嘗聯姻譜。德溫之高、曾而上，不可知矣。自其高、曾而下，雖離其故族，而猶能守其家世，不失舊物。

竊惟世之可以久長，不隨俗以淪胥者，惟儒者之家為然。詩書之澤，善慶之積，猶源泉然，濬之則益深，引之則益遠。有賢子孫，又能固其畔岸，增其堤防，使渟蓄瀦瀦，不至於奔放滲泄，則滔滔混混，豈有立涸之患哉？然則德溫之先，取是以名堂者，良有以夫？《書》曰：「若考作室既底法，其子弗肯堂，矧肯構？」今德溫叔從肯堂、肯構作興於數世，廢墜之餘，豈不尤賢已乎？德溫性溫謹篤實，循循然稱其為為儒家子弟，有用心於郭景純、曾文辿諸家之術，其子又能挾冊授徒，不易儒業。此湖隱之源，浸漬潤澤，悠遠不息者歟？是蓋有足徵矣。彼無本者，朝滿夕竭，如蹄涔黃污，曾何足以擬此？是故斯堂不可以不繼作，既作之，又不可無記。記之者，所以著其先世興創之由與其後來承續之意，俾其子孫徘徊俯仰，思濟其美，以求無忝於斯堂也。

長林書屋記

予家螺川之東，夫容峰之麓，滄洲之濱，先人之故廬在焉。舊有豫樟二株，左右對植，相去百餘步，而柯葉承接，繁陰蔽空，連數十畝。其下列以修篁，雜以嘉木，望之蔚然蒼翠。春夏之交，穠綠浸潤，漲滿階闥。風晴日暄，禽鳥和鳴，有自然之韻。炎月盛暑，蕭爽如秋。

予為童子時，讀書齋閣，或繙閱於小樓之上，倦則出門，優休乎長林之下，或坐石而釣，或依竹而吟。間與二三友朋討究經典，或從事與壺觴琴弈，不知塵雜之縈心、飢寒之迫體，與夫日之暮而歲之徂也。暨後豫樟獻林效用，顧材木猶存，雖非往者之勝概，而尚可樂可蔭。予又手植三槐，以補其空。逾數年，亦漸長茂，團覆如蓋。自予官於朝，承乏翰林，致身金馬玉堂之地，翱翔兩京，再扈從北狩，而與長林書屋相別者久矣，豈復有山林幽僻之思乎？

竊惟樗散樸陋之資，遭逢聖天子知遇之深，猥慚學業無成，道德不能充乎己，才能無以適乎用，毫髮靡有報稱。追惟厥咎，蓋緣昔之宴逸邱園，苟且度日，學未就而早有射祿之心，其中枵然無本故也，是以恒有悔焉。

去年春，承命暫歸，獲省桑梓，而先廬故無恙。睹昔之林木，漠然荒寂，求予釣遊憩息之所，則皆非矣。但予所樹三槐，僅存其二，而繁茂過昔，俯仰瞻望，悵然興懷。求予童子時交遊，又寥寥乎其鮮矣。所見鄉黨後生，才俊超踔凌厲，嶄然有以異乎人。凡為吾子弟者，見聞積習，果能憤悱以成其才德否乎？故予獨致意於長林書屋者，非有懷居之私，特重囊時玩愒因循之感，將以告吾之子弟，俾毋蹈予所悔也。中書舍人陳宗淵聞予言，欣然為予繪是圖，因書此於上，而友朋或為予賦焉。

辭劍圖記

伍胥奔吳，追者在後。至江，江上有一漁父乘船，知伍胥之急，乃渡伍胥。伍胥既渡，解其劍曰：「此劍直百金」，以與父。父曰：「楚國之法，得伍胥者，賜粟五萬石，爵執珪，豈徒百金劍耶？」不受。予先人舊有《辭劍圖》，筆甚簡古，蓋名畫也。有前輩題詩於上，予幼時常誦一絕，記憶弗忘。其詩曰：「送君南渡不辭勞，天遣危途贈一篙。邂逅相逢生德色，今人航似古人高。」蓋故元太常博士劉聞之作也。一日，忽忘此畫。逾數十年，畫出里人家，人咸知為予家故物。或欲購以歸予者，予謝之曰：

凡物無常，在彼猶此，烏用購？嘗睹宋丞相文山公脫京口，趨儀真，舟不可得，以白金千兩求諸人。其人曰：「吾為大宋脫一丞相，事成，豈止白金千兩哉？」強委不受，竟得舟而渡。

予竊謂辭劍漁父，與卻金舟子，必皆賢而隱跡於江湖之上者，其重義輕利，異世同符。惜當時不著其名，而史不知載，為可恨也。然則是二人者，既遠於利，又遠乎名，誠無所為而為之，真賢者哉！予高其人，不能忘懷，遂令中書舍人陳宗淵，彷彿是圖，因記其事而並及之，以寄遐思焉。《詩》曰：「我思古人，實獲我心。」畫云乎哉！

明秀樓記

廬陵黃濟亨倚江為樓，群山環列。東南諸峰，夫容天玉之秀，近在几席。墨潭東山，聳立屏障，接於闌檻之外。遠峰露碧，出乎天際。長江千里，演迤於前。舟帆魚鳥，下上游泳。煙霏雲靄，陽舒陰合。江山之景，四時朝暮，變化無窮。登樓敞闥，矚目左右，而有雄偉殊絕之觀。夫居山林者，多幽僻之趣，或乏遐曠之覽。今濟亨之樓不出跬步，而得乎江山之勝概，不亦遐且曠哉！間嘗至北京，介中書舍人許君鳴鶴，來諗予名，並徵文為記。予曰：

善觀山水者，不泥於其形；善為山水之樂者，不汩於其心。夫川流山峙，人孰不睹而知之？然有不可知者，匪耳目所可及要，必心領而意會之。人之生也，稟山川靈明神秀之氣，故獨超然於屑壤之間。惟不混於污濁，而能全其所稟，則其瀟灑絕塵之資，夐出物表，其油然之樂，孰有逾於此乎？非知道之君子，烏乎可以語此？予為名其樓曰明秀，蓋掇其英而去其滓也。濟亨之登斯樓也，徘徊臨眺，呼吸山川沖和靈明之秀氣，以滌其胸胃，養其性靈，毓其精粹，則其中泊然無役於物，雖萬變交乎前，而恒泰然不為之動。日與兄弟子姓聚處

宴笑，以敘天倫之樂；賓朋往來，焚香瀹茗，觥弈琴詠，以談夫道義。於斯時也，必有恍然自得之者，其樂宜何如也？從容俯仰之間，當思所以得之，而有其樂以成其志者，抑孰使之然哉？要皆國家太平無事之賜，又當相與鼓舞，詠歌於照臨沾沐之下，使一家而一鄉皆化而為明秀之士，則由已而推之，於以見山川神秀之氣之於人也，不偏於所鍾也。苟將假此以侈其志氣，張其耳目，聳其形體，而不能造夫高明逴曠之域，亦非予取名之意。

濟亨好學，而喜文，能琴，解詩，間讀《靈樞經》及郭景純諸家之書，用之亦屢取效。其蹤跡半天下於名山川，咸恣遊覽，居家而又有山水之勝，何江山之緣獨厚於濟亨耶？予以其得於山水者多，故期之之至。予家滄州，與之東西相望，隔一航之水，凡濟亨之所有，予皆共之，然不得朝夕以居，故舉以讓於濟亨。幸他時歸老江村，泛扁舟往還於白沙清渚之上，登濟亨之樓，以觀其所以，憑闌四顧，尚當分予所有。為子賦之，遂書為記以俟。

守靜齋記

予友彭子斐為余言：其交朱子貴，寓居北京，於其所居之偏灑掃一室，疏窗虛牖，容納天影，光輝洞徹，几案淨潔，絕無塵垢。置書籍圖畫於中，日宴休其間，雖邇市廛，不漓口雜。其心澄湛，無役於物。客至，則命童子焚香煮茗讀書畫，絕汲汲世俗態，其去尋常居市者遠矣。上清真人雅知其人，嘗書「守靜」二字遺之，因以揭於壁，遂以名齋，愈加修飾。間欲介吾求子之文為記，且以為規子樂，與人為善，其必不靳。予雖不識子貴，然子斐於人不苟交，觀其言，信有以異於逐逐於事為之末者，予烏得而靳？乃欣然不辭而為之記。

夫天地陰陽之理，一動一靜，循環無端。故靜不一於靜，而靜必有動；動不一於動，而動必有靜。天，動也，而其收斂閉藏者，豈非靜乎？地，靜也，而其發生萬物者，豈非動乎？天地之理，具於人心。寂然不動者，此心之體；感而遂通者，此心之用。體極其中，用極其和。惟靜有以養其體，動有以制其用，則天理日明，人欲日消。如此，則何外物之能動哉？此操存之極功，學問之能事，抑子貴之所守者，果有契於予言否乎？雖然，動靜之理，先儒論之備矣。惟篤學之士，真積力行，涵養執持，以詠貫之，則表裏如一，酬酢事變，無所差謬。子貴其尚致力於斯，將必有所得。苟惟一於靜，而不兼察於動，則流於空虛寂滅矣。子姑舉其概，以發其端，俟他日造之，以叩其至，與之焚香細論，固所願學者，當必有以啟發於予焉。

桑園周氏祠堂記

家廟之制,惟有祿之家可以建立。然其制久發,無由考見,世故因循而未有之行也。宋朱文公作家禮,始定為祠堂之制,通貴賤,皆得行之,所以斟酌禮文之宜,使為人子孫者,得以盡其報本追遠之心,尊祖敬宗之意也。然自家禮既行,士大夫之家能行之者幾何?間有行之者,亦未必盡合朱子之意。世俗趨於簡便,苟涉禮文,遂駭觀覽,此禮之所以難行,俗之所以難變也。要必世族之家率先行之,天下士大夫視以為法而舉行焉,則孝悌之道立,而三代太古之風可以復矣。

吉水周君崇述弟夢簡,永樂初,兄弟同年登進士及第,偕翰林為編修,恒有志於稽古禮文之事。嘅其先世祠堂毀於元季,乃質諸從父子勉翁,率其族人,重建祠堂於正寢之東,以奉先世神主。其制度一依文公家禮,凡歲時出入謁告,參獻祭享之節,必循其義。厚哉!崇述、孟簡之心,所以仁其族而重其本者至矣。乃謁余徵言,為文以記之。

予觀先王之教民,《經禮》之有三百,《曲禮》之有三千,豈不繁且夥歟?然非此,則無以防民之欲而禁民之偽,使家齊國治而天下平者,有禮以維持之也。周衰,先王之跡熄,禮樂之教墮,家異政而國殊俗,無善治者幾千有餘年。朱子奮乎千載之後,有太平萬事之心,參諸大儒君子之言,作為家禮,明白簡易,使人皆可行之。而士大夫之家,往往忽而不講,豈非朱子之罪人乎?

余於崇述兄弟有嘅焉者,不惟其能尊所本,而又能尊朱子之說而行之。別一家長幼之序,興悠然孝悌之心,而凌厲爭競之風無有也。使鄉人觀感而成化,其有益於世道者,不為淺矣。豈但行於一家,而仁於一族哉?是〔註2〕書也,祠堂作於永樂十年十一月,成於是年十二月。作之易而成之速者,亦可以見其孝悌之心所同也。維持周氏一家之悠久者,其本於斯。以是為記,俾刻於石。

〔註2〕此處原文有小注,不清晰,疑是「間三字」。

卷十一・序

送羅生回廣東序

南海，古揚州之區，其地與中州相去數千里。稽之於書，禹平水土，而朔南暨聲教。則南海者，其聖人幅員之內，其俗宜與中州不甚相遠。然地志以為其民椎魯，若未及於先王之教者。漢置郡縣，羈縻而已，用此而鄙夷之。

余曩遊其地，以觀其風俗，見其民亦多秀而文，其服食弔問，與中州無甚相遠。求其故，蓋其地富饒，與巨海相接，魚鹽之利，水陸之產，珍物奇寶，非他郡所及。士大夫，或以宦遊，或以罪遷，流寓其間，往往樂而忘反，而子孫遂為編氓。歲月已久，尚能守其舊而不失，無怪其習俗之變革，而椎魯之移易也。今朝廷以德綏海內，以仁懷四夷，凡圓顱方趾，有血氣之類，莫不從風向化，矧夫南海之地近者哉！

余居京師，會羅生與余為鄰。問其鄉，則南海也；問其先世，則廬陵也。因其祖宦遊，遂居之，至於今，數世矣。然猶能讀書，守其先業，而不隨其俗移易，是尤可尚也。一日，生將歸，來徵余言，故與之言此，俾歸以語。夫是邦之人士，使去其風土之習，堅其禮義之守。異時南海之區，聖者相望而出，如明珠大貝，充貢於國都，則凡為世之所寶者，將不在物而在人也，詎可以地自限！

贈郭道士本中省親詩序

有學老氏之學曰郭本中，將歸省其母，介其徒來求予言，以豔其行。余惟老子之道與吾儒不相同，本中不求之於其徒，而求於吾，將何以為言乎？且其

道以虛無為宗，以修煉為術，存神固氣，求以永年。凡為其學者，必之其徒以求其說，苟得其門而入，則其所至亦或易。非如吾儒之佩仁服義，循守於日用之間，應變乎萬物者，以為道也。自君臣、父子，長幼、朋友之倫，秩然有序而不紊，一語言進退而有則焉，一飲食作息不敢違焉。夫如是，則吾儒之道不既勞乎？豈若宗老氏之道，行無所牽，止無所泥，泛若浮雲，無所住著，相忘於矩度之外，其所為顧不易耶？

本中不究於其所易，而欲求余之所難者，是猶欲北而南其轅也。或曰：「本中，篤孝人也。少離其母而從其師，以學夫老氏之學。既得其學，而事其師不怠。」今思其母，浩然欲歸省，不以其絕物離倫之想。而易其孝感之誠，有可尚者。噫！若是者，宜乎本中之求余言也。世反有非其流者不能此，若短其流耶？其能不求其說於其徒，而求之於余者，猶可尚也。遂不辭而為之序。

贈道士徐真常歸臨川序

方外之士徐真常，臨川人也。幼穎敏，從其師以學老子之學，得其說，遂見稱於其流。洪武甲子，以太常樂舞生選居神樂觀，迄今二十餘年，靡有愆失，可謂謹恪之士矣。乃者以疾謁告還其鄉，介其友某來丐予言以為贈。予固辭之，而其請益堅，乃為之言曰：

臨川為江右望郡，賢才之生，代不乏人。雖釋子道流，往往夐絕。在昔晏元獻公起童子，入秋闈，入翰林為學士，遂笇國樞要，任政事，位宰相，書奏論議之文傳天下。惜真常生其處，不得以聞公之盛，慕之而興起焉者，是可憾矣。真常今幸得歸，凡公之出處，見於載籍者，不必道。若公之居於鄉黨，處於家庭，而其事之可以為師法，非載籍之所有者，或有在焉。幸於暇日，訪求於遺老，或者得其一二，足為久遠之傳。如此，則先正之休美益著，而庶幾不愧為是邦之士矣。雖然，元獻公距今亦遠矣，而其事之遺落者，知之有弗可強，至於吳文正公，以卓絕之才，豪傑之見，宏博之學，幽深微妙，以贊翼朱子之道，上究伊洛之傳，以窺夫孔孟之說，為四方學者之宗。以其時，則甚近，其道學之懿，必有得其要領者。子如未之聞焉，歸宜謀諸故舊，試詢其說為何如，亦必有欣然而為子道者。則後之所得，其必有異於今之所聞，勿徒諉曰吾所聞者異乎是，則子之惑滋甚矣。真常歸矣，尚無忘斯言。

贈錢知縣考滿序

守令責任之重，從古然也。今之為守令者，又豈可以易而視哉？其材之能

否，政事之得與失，又皆易見而不可掩，非若府庫、道路、水衡、倉廩之職為比也。古者，舉而任之，非出於公卿大夫之口與夫眾人之口，交稱其賢，則不敢輕授焉。是以古之守令，賢者多而不賢者少也。今天子加意於隆古之治，即慎擇天下守令，非交稱於上下者，拂以授之。以為接千里之地，得一賢守焉，則千里之民受其惠；環百里之地，得一賢令焉，則百里之民蒙其福。其賢者，能率俾就位；不賢者，咸監罰之。於是千里之地，百里之邑，無有遠邇，皆翕然從風，一時守令之賢，不下於古也，而責任之意，不其重歟？

吉為江右上郡，而吉水為吉之大邑，今錢侯實令於茲。侯之為政，不敢徇時俗好惡，始焉，眾皆疑之，久而後信。夫始焉而疑，終焉而信，徒古亦有是病。侯固不以是為輕重，益堅其所守，既而遂見稱於邑之人士者，如出一口，蓋其環百里之尤賢者也。迄今三載，將考績於天官。主簿華亭王侯文富，篤同寅之好，來京師求予言為贈。然予蓋知侯者，有不可辭。且嘗聞侯以賢良稱於其鄉，用薦者起之於朝，授河間故城令，治有能聲，至今民猶思之。今日之政又若此，其異日去於吉水，安知民之思之有不如故城者乎？得於彼，豈有不得於此哉！遂書此，以表錢侯政治之有成，知非苟於為政者。侯字本中，毘陵人。

彭氏族譜序

族譜之作，其來尚矣。古者聖人吹律定姓，以記其族，後之命氏，其義有九，蓋號、謚、爵、國、官、字、居、事、職之謂也。自錫土之制，著於夏書，司商所掌，表於周典。世本起於漢氏，昭穆著於晉家，於是譜學之傳，厥有所由，而屬籍之辨，得以不紊矣。唐初，譜錄既廢，公靡常產之拘，士無舊德之傳。言李者，悉出隴西；言劉者，悉出彭城，悠悠世祚，訖無可按，冠冕皂隸，混為一區。然山東士人，頗尚閥閱，後雖衰微，子孫猶負世望，故有納貲舊門，賈昏為榮者。太宗懼其流弊特甚，乃詔責天下譜諜，參考史傳，合二百九十三姓，千六百五十一家，為九等，號曰《氏族志》。高宗又改為《姓氏錄》。自時厥後，有《姓族系錄編》《古命氏衣冠譜》《開元譜》《姓源韻譜》《百家類例》及《古今人表》《元和姓纂》等編，氏族之學，於是為盛。循至於宋，有《姓解》《姓纂》《姓氏書》《辯證春秋譜》《百氏譜》諸作，推源流，疏派別，又班班可考。是以軒裳綴軌，彌久而彌彰；簪組盈朝，愈遠而愈盛。由是見氏族之學，世既不可以少，而衣冠之家，又豈可以無譜哉！

　　吾鄉多舊家，詩書門冑，櫛比相望，世遷代移，而不隨之以淪胥者，蓋家有譜，以著其世德，子孫從而為之守也。鏡方彭氏，世為衣冠之族。彭君子斐，彭氏之賢良也。以其家譜增而新之，乃持來京師，屬予為序。未幾，其族子仲矩，亦以書來請。氏族之學不講久矣，世鮮克以此為尚，其有拳拳以此為務者，可不謂之賢乎？

　　按：彭氏之先，盛於漢，蕃衍於唐，烜赫於五季，至於宋元科第，彬彬而出。向非其家譜所載之詳，子孫能守之而不失，不然，其相距數十百年久，何足以知之？夫如是，則衣冠之譜，家不可廢；而氏族之學，世不可以無也。因彭氏之譜，益有所感，余故歷序從古以來氏族之由，書於彭氏家譜，欲其後來者守之而不敢忽，俾知作譜之源有所自，又當知其有益於世道，為不苟矣。

贈廖教授序

　　播，蜀西南之境，古夜郎郡也，去京師數千里。在唐獨以為極邊之徼，凡有罪謫逐左遷者居之，而士大夫無事，鮮有至焉者。唐末，太原楊氏，始以威信服蠻夷，長有播土。歷宋及元，子孫相承。

　　我太祖高皇帝平蜀，率先內附。今太平四十餘年，幅員之廣，從古罕比。自播之外，幾萬餘里，悉皆郡縣。以今視播，則內而非外，甚近而非遠，士大夫居之者，亦樂而不厭也。且其地殷富，髦牛、筰馬、茶紙、椒淶之類尤多產，故商賈往趨之者，弗絕於道。如吳之謫越，山行野宿，雖一人荷，不憂盜竊。求其故，蓋由楊氏世能以信撫其人、善其俗者也。宣尉使楊侯孟高，承其先世之美，喜文而尚禮教。乃者請命於朝，欲建學校，官如內郡縣，且以其師廖君伯琛為薦。天子嘉其意，即可其奏。

　　今年春，伯琛來京師，受命將歸。余率交遊賦詩以餞之。余惟伯琛以端愨茂實之資，溫柔敦厚之學，信於播人者久矣。昔者師於一家，則其所及，或有未浹。今師於一郡，雍容於威儀俎豆之間，使人觀感而成化。況夫以素所信於人者，而施於所可行之地，宜無有不及。將見播之境，漸濡於詩書、縫掖之習者，必由伯琛始。又況國家風教漸濡之久，亦為之而無難也。於其行，姑以是贈之。

送邊文進序

　　晉唐以來，善畫之士，有名於載籍者，至今幾三百人而已。今之畫士，求超然可以上下於古人者，亦才數人耳。余得邊文進，蓋其一焉。文進，洛陽人，

幼從其父宦遊，寓居於閩。性閒放，喜交遊，酷嗜花木禽鳥之觀，日置於左右，取以自適。常學邊鸞寫生法，獨悟其妙，以此馳譽於時。

今上即位之初，首延訪天下賢才，雖占一藝之長者，咸被顧問，而文進在召列。既至，寫畫數幅以進，上覽之，稱善，置文進秘府，使區別名畫。

余嘗觀古之畫花木蟲鳥者，非惟施彩色，取形似而已，直有得夫造化流動之機，敷榮生暢，各極其趣，使見之者，精神遐想，若有得於登臨覽物之真者，夫然後可以言畫也。

文進每圖一禽一鳥，狀其飛鳴俛啄之態，曲盡其妙。蓋其心神融會，致思精巧，得古人之高韻，故能如此。余知異時論名畫，與薛鶴、郭鷂、黃筌、崔白輩同稱者，文進將必不能遺也。因其謁告歸閩，凡交遊者，皆賦詩以贈之。而浮邱鄭先生徵予為序，姑書此於首簡。

山莊獨樂詩序

士之徜詳於山水之間者，固恒懷自足之心，而一切身外之慕，不足以易其悠然之樂，其所得必有非眾人之所能同也。夫士得乎一邱一壑之勝，耕田鑿井，以樵以牧，與田夫野老朝暮而同，其作息，其所為不亦勞乎？然語其事則勞，而語其心，則未嘗勞也。蓋田夫野老之所為，役於其身，其勞也固宜，而士之事其事者，所以陶其情性，故樂而忘其勞也。惟能忘其勞，故凡耳目之所得者，皆吾所樂之趣，而耕鑿樵牧，皆吾所樂之事也。故惟達者為能知此，雖萬鍾之富，不能以易之。而拘拘於事，為之末者，其必至於牽外慕而戚窮其心也。

邑人鄒某，樂恬退而忘於外慕之士也。嘗處於市鏖，厭其喧囂，乃斂跡於山中，賣田數畝，築室一區，與田夫野老相雜而處，悠然之懷，出乎事物之外，乃名之曰山莊獨樂。客有賦詩而美之，來徵余言為序。

余以為天下之樂，鮮能獨有也。惟樂之得於心者，非人所得而知，乃可以獨樂。若孔子之飯蔬食飲水，顏子之簞瓢陋巷，蓋自有其樂者也。其餘之所謂樂者，不溺於其所好，則扭於其所喜，是則與常人同，而非可謂之獨也。

今某雖未得乎聖賢之樂以為樂，然能離乎塵雜之外，而樂其所有事，斯其所謂獨樂者，豈不異於常人乎？苟能忘其事之樂，而樂其樂，吾知其所謂獨樂者，又不啻若此也。故以此序其簡首，請以質諸知道之君子，其必以余言為然也。

正固先生挽詩序

正固先生沒，凡相知者，咸哀悼之，得詩若干首。其子用道徵余為序。

余自丱歲時聞先生名，不數年先生物故。嗚呼，悲夫！竊謂世之人，未嘗苟生，生而無善之可稱，不若不生之為愈也。生而未嘗無死，死而無善之可述，則亦徒死而已。其與草木榮華，飄風倏忽，何以異哉！先生之生，學問充於已，而行誼信於人。及其沒，而人痛惜之者，發於詩歌。太史書其德行，傳於墓石，其與苟生徒死之流，相去距不遠絕哉！

予因書所感，以弁於首簡。至其平生行事之實，具見銘述。先生諱某，字某，姓蕭氏。學者私謚曰正固先生云。

京闈小錄序

永樂九年，當鄉舉取士之秋，應天府奏請考官於朝。皇上命臣廣、臣榮承命惟謹，時同考者知州臣孟、教諭臣振、臣某，訓導臣孟恕，職其事者，府丞臣洋、通判臣某，監事者御史臣鏗、臣務，掌卷者教授臣觀，內外執事，咸共罔懈。就試之士，凡千三百人，拔其尤得三百人，刻為小錄，著其姓名、鄉郡，以傳播遠邇，咸俾廣為序。

仰惟聖明育才養士，有鄉學、郡學、太學，所以甄陶作興之至。士之出於是者，皆博達明秀，文藝超越，成譽髦之美。自元年迄今，又四開科，所得皆瓌異卓傑之材，是不負國家教育之盛意，不負科舉簡拔之至公，於學校，大有光矣。諸君子擢秀登名於是者，胥緝有耀。雖然，廣不敢以是□諸君子之多，又將勖諸君子於道也。幸為今之士，遇時行志，毋畫於一得之卑近，而必求造乎高明之域。

科舉，士子進身之階，於文藝固有以考見其末，竊未有以窺其本。本之不立，未云乎哉？諸君子於尚當培植其本，砥厲其末，所謂強學以待問，懷忠信以待舉，力行以待取，其自立有如此者。將見陞於春官，入對大廷，發抒所蘊，上有以應國家之需，下有以副生民之望，豈不為吾道之重？凡未登名於是者，視斯亦可以勉進於德行，充積其文藝，以俟他日之舉，又何患乎不獲？然則是錄，庶幾或有少勸云。遂書此為序。

贈金生還鄉序

金生驥，諭德金公之從子也。去年來者，其伯父諭德於京師，諭德留之於館下，同諸子從師受學。生容貌靚秀，性溫謹，有受教之資，見者皆喜之。居

歲餘，將歸省，其祖母與其父母乃來拜予，求一言以為勖。

予觀生出有賢師良友，為之切磨講明，入有諭德公家庭之訓，於為人子、為人弟、為人少者之道，必飽聞而熟究之矣。矧又睹京師之繁華，人物之都會，以廣其見聞，生之所得者必當。予固未足以知之，其將何以為生勖？雖然，予於他人尚不能亡言，況生為通家子弟，又豈可無言乎？予將勖生以進於道也。道者，不越乎日用事物之間，所謂為人子、為人弟、為人少者之行，所聞所知，在於真知實踐，為修身為已之學，非徒誦說於口耳之間而已。

生歸矣，拜祖母於高堂，拜父母，拜長者，然後拜鄉之親戚先輩。有問生之所學所得，所知者，則以為知；所不知者，則以為不知，毋強以不知不能者，已知已。能如此，則自信之篤，而無罔已欺人之蔽。人見生之切於為已，必樂以道告生也。不然，以所見所聞於外者，誇眩於人，非徒為識者所鄙，而生亦自畫，終不能以進於道矣。予期生以遠且大者，區區務外，非予之所望於生也。生勉之哉！俟子重來，予將徵焉。

贈楊行人歸省序

士之窮經，將以用於世者，以得一舉為榮。然即得矣，又必以進士為榮；於進士得矣，又必以登科為榮；於科既登矣，又必以仕宦為榮；於仕宦既得矣，又必以歸於其鄉，耀於其里閭，以歡樂其親為榮也。然於是數者，有不可必得，而得之者亦鮮。吁！豈不難哉？

余友清江楊君起隆，以春秋領鄉薦，登進士第，仕為行人（司）。今歸省其親，可謂榮矣。於是數者，人有不能兼得，而起隆悉得之。天之於起隆，何獨厚歟！

夫士之出於時，將以行其所學者，於光榮寵顧，雖曰得之，然必欲行其道也。欲行其道者，又必欲施為之得其地。苟不得其地，雖有其學，將安施乎？今起隆仕於朝，而為將命之臣，可謂得其地而行其道者歟？且行人，周官也。太祖高皇帝仿古定制，用以宣布詔令，四方取學問之通疏、才思之敏給者，授之以是任。而其行事有卓然不辱於君命者，又不循資格而超擢之。故內而為御史，外而為臬司，鉅而為方面之司，次而為郡守、州牧之寄，咸於是乎選。而朝廷委任之意，不既重亦乎！故居是職者，必皆進士；為進士而居是職者，每相與飭勵，以毋負於朝廷優待之意。其有非進士而弗潔於其行者，則必群居而斥讓之，甚者恥與為列。故行人之中，凡若干人，舉無有不賢者。而起隆兩承君命，出使於外，以能介之名稱於人，則起隆之克盡乃職，而不辱於君

命，其所以榮其親者，豈不尤在於茲乎？異時以卓然之行，登之於卿大夫，則必無負於天子，無負於其親，無負於所學，而亦無負於科舉之得人矣。夫如是，則非特足以榮於其身以及親，將吾黨之士亦與有榮焉，矧曰閭里也哉！於是其友劉君叔諒聞余言而然之，請書以贈起隆之歸。

贈許子勘序

幼道許君僑居餘里，旦暮往還，識其從兄子勘於其家。子勘，愿愨士也，故自號曰介石山人，蓋取《易·豫》之六二「介於石」之義。余每造子勘，極知愛余，折輩行以相交。又識其兄學文，謙遜謹飭，言不出口，亦□知敬余。未幾，學文受薦，仕至漢川尹。余見許氏之多賢，心竊羨慕，及詢諸長老，則曰：「許氏故家，在先朝多以科第顯。」國朝初，許君茂明以文行舉，仕至武鄉尹。幼道，君家嗣也。居君之喪，哀毀盡禮，寢苫枕塊，不食菜果，醯醬歠粥，面深墨者三年，鄉閭稱之曰許孝子。其處族姻兄弟，曲盡其道，故長幼戚疏之間，舉無間言。

洪武之季，九江之湖口聘幼道為其學師，起之來京。幼道不欲就試，遂以之訓武學，迄今已三年。於是子勘念兄弟之久違，嗟骨肉之契闊，一旦翩然走京師，二千餘里之遠，歷江湖，冒險阻，與其弟一握手於旅邸，遂其怡怡之樂者逾半載，於今浩然有歸志。幼道欲留之，不可將無以慰其離合之情。以余為鄉里舊好，且相知之深，欲求一言以贈。

夫京師，天下之都會，四方之人駢肩累跡相望於是者，不羈於名，則羈於利，非有甚不得已者，不至於是。而子勘非出是二者，獨能行人所不行，而亦無所愛慕歆羨於其間，惟篤其情誼之重若此。許氏一門孝友輯睦之風，其可尚哉！昔詩人詠兄弟之親者，曲盡夫人情，而曰：「凡今之人，莫如兄弟。」讀詩者或不知所以，感發於聲，嗟憫歎之間，乃真以為雖有兄弟，不如友生者，悖理之甚也。今子勘兄弟既盡夫和樂且孺之情，而深得夫是究是圖之實，詩人之旨，豈有以加於此乎？當必有能賦者，以發其精微委曲之意。

余故道此以為之倡，並志其家世族望之美，與其孝悌友愛之實，書之於下方，以告夫未知子勘者，庶有以見許氏之多賢，且以慰子勘之歸也。

贈楊布政序

永樂三年秋七月初吉，皇上命刑科都給事中，西安楊某為陝西布政使。受命之明日，入謝且以本貫辭，弗許。將行，其僚友鄧某、王某合士大夫為詩以

餞之，而以序屬予。

子觀皇上之用材，隨其大小而器使之。所以任某者，以公天下為心，固不以鄉里而為嫌也。某之材，誠為可用，將無所施而不可。在皇上既信之而無所嫌，在某獨何嫌而辭之哉？辭非所當辭矣。所貴乎君子者，德修於己而信於人，不出乎閨門跬步之間，而感動乎鄉黨州閭之外。其機如影響，仕不仕均是道而已。

某之居鄉也，孝悌忠信有以稱於人，昆弟鄉黨，既賢之。今之為政，有不必言語，教詔而信從者。矧夫生民之利病，孰便而孰否，孰得而孰失，皆嘗審查之。其必能與其利而去其害，如饑之食，渴之飲，真知灼見而無過舉矣。此其所以任某也。苟非行其情而戾乎公論，則人孰得而損哉？某蓋不如是也。因其言論抗直，敷奏稱旨，故有今之命矣。予知其所為，將必有異於是，因書此為序以贈。

送曾教授序

西蜀，天下之奇勝也。川流之舂激，山峽之崎峭，極天下之壯觀也。然人莫不以一遊於其間，睹其奇勝為快，其或有至者焉。夫地之在天下，凡有力者皆可得而至。然而有至有不能至者，豈非命歟？至者固得以親歷其奇勝，不能至者，惟想見夫川流山峽之崎險，而終不能如親歷者之得其真也。

余生僻處一隅，常有志遊於天下，為形跡所拘，有所不能，而為天下之奇觀，不得以盡見。惟思想其奇勝，知瞿塘為險矣，鳥道為危矣。然不知危且險者果何如，而實不若真見之。□□□□□□□□睹者慕之，有不可得，其有得之而不一得者，則其快於耳目，壯於心胸，與夫欲見而不得者，相距豈不遠且邈哉！

曾君用臧曩遊於蜀，既盡得夫川峽之奇勝，所謂瞿塘、灩澦、猿蹊、鳥道，皆目睹而身履之，蓋得余之所不得矣。今往教於蜀，又將歷崎嶇，披巉岩，以再騁其遊目，此所謂不一得者也。夫蜀，古稱天府之國，而士大夫多流寓於其間。杜少陵居之為最久。山川雲物，陳從舊跡，每發之於詩，雖幽花野草，蟲魚鳥獸，亦見於歌詠，千載之下，使人誦之者如親歷其地。然少陵遭播遷之餘，所以形於愾歎者，不能無《邶風》虛邪之感，《黍離》行邁之憂，其忠君愛國之誠，無非因所見而發其情也。今天下無事，海宇寧謐，而用臧得以周遊歷覽，窮其奇勝，又非少陵覉旅流落之比。曳裾王門，以行其學，矧遇賢王崇

禮樂，親道德，嘉與士大夫講明孝仁忠義之道，而用藏優游進退於其間，其所以發而為詠歌者，必皆《大雅》雍容之語，而無「變風」風刺之流。山川草木見於風愁雨唱者，用藏必能為少陵解頤也。

余雖不得以遊於是，然嘗誦少陵之詩，而知之於千載之上矣。又必俟用藏之發輝，有以啟余於今日也。

贈周同知序

往年永康朱侯仲智，守吾郡，而富順周侯均福實二之。政出於一，不簡不繁，民安其業，吏守其職，奸蠹不作，環境之內，揖讓相慶，無鬥爭之聲，人孰不樂？侯之治績有成，而惟恐其去已也。吾郡尚禮義而敦詩書，凡吏於是者，以禮義道之，則易動；以刑罰威之，則難從。或者不知，而一以刑威，則民疾視之，有如仇敵，往往誣以為難治，是蓋不知所本矣。二侯知其然。即政之初，登其老者於上，立其少者於下，申其教詔之令，禮其老者，而進其少者焉，故不加威而民勸。嘗行鄉飲酒禮，予時忝從俊髦之列，二侯坐，予於堂以觀禮，竊視其雍容揖遜於尊俎之間，俾巖穴之士，蒼顏皓髮，復睹三代淳厚之風，而老少貴賤之等，不別而定，浮偽之習不戢而無。今朱侯調於重慶，周侯貳於曲靖，二侯之去也，吾郡之民，老少懷其德者至今不忘。

聖天子撫治萬國，登庸賢俊，日晏忘食，拳拳焉，惟以安民為事。侯能率是心以宣昭德澤，移施於吾郡者，以施於彼，安知治傚之成，不如吾郡之易哉！予知侯亦必若是矣。異時之去，彼民之懷思者，亦必不異吾郡人之思。今侯來京師，昔之所常交遊者，眷眷不忍其去，皆賦詩以見其情，屬予為之序，姑道其實，亦以見予之情。侯過重慶，見太守朱侯，煩致予意。

贈鄧主簿序

人之為仕，要不以位之崇庳為戚喜，而必以才稱其位為美也。夫才稱其位，則生民之福由之；不稱其位，則生民之禍由之。古之君子，貴乎自知，無慕乎外。受其事者，必盡其心，則於其位，豈有不稱？惟患居其位而卑其官，以為不足為。故有忽其事而不能以稱其位，求其善治，惡可得乎？為仕之敝，大要若是。余每於此，恒歎人之才能為難得也。

今年春，鄉友鄧資深以慈利縣簿秩滿，來考績於天官，與余相見於旅邸。問其所以為治，資深曰：「吾始至慈利，行未信於民，故未即服從。既而稍稍歸命，久而號召即至。今焉如身之使臂，臂之使指，皆熟吾之使令也。吾無他

能，惟以誠動之而已。」余聞其言而歎曰：

善乎！資深之為政也。其無所慕乎外而恪勤於乃事，可謂能稱其位者歟！今國家愛人，如恐弗及，凡一州一邑有民社之寄，與夫大夫君子有官守言責者，咸能稱其位。如吾資深，則何患乎生民之福不臻也哉！資深尚勖之，毋謂吾治已足，而不加勉於善之中，當求其有不善，以造乎至善，斯為善矣。然資深歷縣職者凡再三，所至有能聲見稱於士大夫間，其必不負於余之所望也。

贈江知縣赴真寧序

先王以大司徒，敷五教，教萬民，民知禮義而成治化之美者，由其教之專而習之熟也。自先王之道不行於後世，而凌厲侵暴之行日作，往往政治不能如隆古之盛者，其弊蓋在於忽其教也。為政者莫不以刑政為先，以教化為緩。苟有志者欲行已之所為，然言未出於口，不見訾於下，則必見詆於上，其不以為迂疏儌薄也者幾希。求其故，蓋由循習之弊既久，而人樂於為目前苟且之政，而不欲行先王經久之道。吁！自司徒之官不設，三物之教罔聞，而民不得以睹治化之盛者，其來遠矣。然而教化之職，厥有在歟？自漢以來，惟責之於守令，故曰守令者，民之師帥也。非特授之以政，而必兼總於教，故必得賢者，然後可以為民之師帥也。今朝廷考核天下守令，察其賢否而黜陟之，興其教化，以復於千古，天下翕然從風，而暴虐強橫者不得作，教化之美，於是為驗。孰謂為政，而可以威驅勢迫哉？在乎力行何如耳。

江君復初作宰於陝之真寧，行且有日，來索言為贈。復初，服縫掖者也，其於入官之道，素所習聞，奚待於余言？雖然，古之君子，不以人之已能而不言。余之所言者，皆復初已知已能者，特懼其徇一時之好惡，而求免過於簿書，期會之閒，而於所謂教化者，有所忽於其行，故以是告之。

夏伯時先生挽詩序

夜光之珠沈，而知者惜焉；明月之璧毀，而識者歎焉。若夫善人君子沒，而世之知與識者，焉得不歎且惜哉！有如吾鄉先生夏君伯時者是已。先生抱有用之才，守專門之學，盡兩試文學官，而未得以大展其用，而遽焉以沒。譬之夜光之珠，未貢於朝廷；明月之璧，未薦於郊廟。而人鮮有不悲且悼者，矧曰歎且惜哉！故一時相知者，咸為詩歌以哀挽之，蓋傷先生之不過也。

夫人所修在己，而遇則在天。惟其在於己者為無歉，則其遇與不遇，何足

道焉？顧惟先生之不遇在己，亦不甚惜，其感於人者，悲傷痛惋之情，自有所不能已。惟其有是悲哀之實，故不覺其形於嗟歎之餘。世固有力侔賁育，富埒封君，死之日無得而稱，其與草木鳥獸同腐也者幾希。若先生生為善人，沒有餘哀，其可謂無愧矣。

先生之子子尚，以書來京師，索予序其挽詩之首。予且悼且惜，追惟先生之不可作矣。而鄉之先輩日寡，焉得不與懷以寄無窮之悲也哉？遂忘其鄙陋，述其說如此。至於先生世家之詳、德行之美，備見於墓誌，茲不復贅。

嗚呼！使先生遇矣，不遇得以行其所學；先生之不遇，命也。生則無辱，沒有餘哀，以彼易此，孰得孰失，夫何憾為？先生其無憾矣。噫！後之欲知先生者，於諸君子之詩有徵，信余言為不佞也。

贈齊知縣赴夾江序

予蹇劣無庸，叨竊祿位而靡所裨益，心切愧恥。每樂詢天下賢士大夫，取其所行以自勉。

僚友楊君弘濟告予曰：「吾友齊復東，字汝陽，賢者也。自幼讀書，卓然有立，即異於群學者。有司考其德行，貢於太學。太學以其德行告於閣部，遂擢以職，仕為徐州蕭縣丞。始至蕭縣，大水漂沒禾稼，蕭民來訴於汝陽，求達於上。汝陽曰：『水殺汝菽黍，事固實在，我豈不欲為汝聞於上耶？然聞於上，必核實，至再三，俟覆至，汝始得服力於田畝。如是積日既久，則汝之田遂不得耕矣。今歲不耕，卒歲之計，汝何仰乎？汝不若因其污下者，種以穀；因其高亢者，藝以麻豆，則汝之田不致於荒蕪。而官府之供輸，亦不致於久負矣。』民從其言，退即就耕。是歲收入，倍於常年，眾咸悅服。鄰境有以水災聞者，卒如汝陽言也。先是，民間輸租皆小米，及是納大米，恐歲以為常。汝陽即以實訴，請勿為例，竟從其言。無何，以事去，民老少相率送於道。及至京，謫役於靈鷲山，視其篋，蕭然無一日之資。汝陽處之泰然，不以為意。既而編祿兵籍，亦然。會有以汝陽之賢聞於有司者，遂拔之，除蘇之嘉定令。邑素繁劇，汝陽治之易易耳。幕僚有不律者，即數其過以黜之。首言薦舉，須用實跡，即是其言。其為政治，率欲效古，一毫不善，不肯苟安。其居家甚貧，暨居官，不異於家。每食，飯一單，蔬一品，無豐饌異味。凡遇祭得肉，即分與群下，不以過三日。所居官舍，未至之先，常有物為妖，人無敢居者。汝陽至，有告者曰，此有怪，不可居。汝陽弗聽，居之，妖竟不作。未幾，丁父憂，居喪守

禮，哭踊祭奠，率如節，歠粥食菜果，必以時，杜門不出，謝絕人事。人見其如此，歎曰：『人須學古人，我且由齊汝陽學矣。』」

予聞其言，每慕其人，而心私識之。今春，汝陽服除來朝，始與之相見。觀其言，溫而志慤，雖貌不逾中人，而其卓然以德行自持者，信如弘濟之言也。乃歎曰：人之學行，欲勉至乎古之人者，不過真知實踐而已。若汝陽者，其真知實踐者歟？觀其所行，類皆若是。求至乎古之賢者，亦何難之有？

今改授蜀之夾江宰，將行，弘濟來言曰：「汝陽德行，嘗聞於子者也。今有遠行，願索一言以為贈。」予即許而不辭。於是述其德行之美，置於簡首，且以告吾黨之士，俾知汝陽之賢也。雖然，夫幼學壯行者，固士之常，然而真知實踐者蓋寡，往往徒能言之，而不能行之。汝陽知而能行，非惟於己克修，而在人亦得以蒙其惠。今之去夾江也，余知其躬行以率民，民觀其德行而成化。異時賢者輩出，汝陽者，將必有其人焉。

汝陽尚勉之，以慰予之所望也。予學問無所成，方賴友朋，以教其不逮。適見汝陽，冀有所取。盍而汝陽遽有遠行，竟不得以沾其麗澤，徒負拳拳之歎。汝陽行矣，幸時惠我好音，以正予之不及。

贈呂從周之平江文學序

士之仕也，思得祿以養其親，非苟仕而已矣。使仕而祿不及其親，雖富有萬鍾，食列方丈，亦為徒仕矣。是故古之仕者，將以行其道也。其或家貧親老，道與時違，而亦不得不仕。故孟子曰：「仕非為貧也，而有時乎為貧」。謂欲得祿以養其親也。古者田必井授，仕者世祿，而黎民不饑不寒，頒白者不負載於道路，七十者衣帛食肉。故人仰足以事父母，俯足以畜妻子，而仕者必俟，以行其道可也。孟子之時，其法已斁，由是世無恆產之家，人有為貧之仕。降及後世，仕雖為貧，思得祿以為養，然仕者，或一得祿，東西相違，越數百千里，雖欲一及其親，詎可得乎？甚失為貧而仕之意。太祖高皇帝許親老者，移近就養，其法良便。

石首呂君從周，曩由科舉發身，署山西蔚州學正，以母憂居家。今年服闋來朝，以父老乞附近就養，遂得署岳州平江文學。平江去石首才數百里而近，從周仕於其間，祿得以及其親，而無違離隔越之憂。士至於此，亦云幸矣，復何憾哉！

從周將行，其內弟楊君弘濟華其歸，求諸士大夫賦詩以贈之，且命余序其

首。余以不才，幸叨祿仕，違離親側，不得以朝夕養，顧從周之歸也，焉得不敬羨歟！天下之所同者，人心也。心之理，仁義而已矣。然孝悌又為仁之本，孰有不感發者哉！從周之歸平江，迎其親以就祿，竭其奉養之誠，人將見而化之。興於孝，興於弟，有不必言而從也，亦其心之所同然耳。余既書此，以復弘濟之命，且將為平江士君子之賀，並為從周得祿養親之慶，而有見夫古道之可復也。

贈劉司徵序

余友劉君公潛言於余曰：「吾宗人伯紀，仕為將樂司徵，以考滿而來，今將復任，願求一言以為贈。」

按：劉氏為歐陽公鄉之望族，以儒為業，科第相承，累世不絕，簪纓蟬聯，至今尤盛。伯紀克守其世家，不墜先緒，在洪武間，有以才能薦，遂得仕為今官。又能恪盡乃職，以考書最，是亦難矣。夫人惟患恃其先世有足以高人，而在已則不之修，恃其才居下位，而弗共乃職，往往於家，則墜厥聲，於官則曠厥事，舉無足稱者。今伯紀無是二者，於劉氏，則為賢子弟，於籌商則為良司徵，豈但無忝於祖考，而亦不負於朝廷用人之意也。今其重歸將樂也，余益為之喜。夫將樂本龜山楊先生之鄉，二程夫子講道於伊洛，先生從之遊，得其道而南，其山川秀麗，人物繁盛，甲於諸邑。

余嘗欲遊其間，以觀先生講道之所，追想其流風餘韻，然僅一望其境而歸，不得以撫其遺跡，至今猶以為恨。伯紀幸宦遊於其地，得以罄其山川之美、人物之盛。先生遺風，存者必心領而意會之矣。其所得有非他人所能與知，而伯紀獨知之，然於余尚有憾焉。余意深山長谷有得龜山之道樂而不反者，伯紀倘尋而師之，於先生之道，必有得其無言之秘，異於所想望而得者。夫如是，則伯紀之仕不為徒仕，而學亦不為徒學矣。伯紀行矣，予俟子重來而卜之，必將有以啟發於余也。

善樂堂詩序

人之所為，皆委責於天，而不責之於己。天為可必乎？天未可必也。已為可必乎？己有可必也。人惟求之於不可必，而不求之於所可必，故天下事常相反而不相同也。天下之事，相反而不相同，則委之曰天也，非人也，是其惑不既甚矣乎？夫人惟當修之於己，而不責之於天。修於己，苟善矣，則其以類應者，有不求而自至。苟昧乎善，而惟惡之是從，欲責報於天，得乎？或

曰，斯理之難曉，在已有可必，亦有所不可必也。顏子善，人不為惡矣，然剛顏子何為而夭？盜跖惡，人不為善矣，然則盜跖何為而壽？善惡之報，何其相戾乎？曰是不然。顏子雖夭，而其善與天地悠久；盜跖雖壽，而其惡亦與天地悠久。豈非在己者有可必乎？於乎！善可為而惡不可為，世之人莫不知之。然能違惡而趨善者，往往蓋□其要，乃昧乎在己，而惟取責乎天。嗚呼！其可必哉？

余每於此而重有所感焉。適歐鄉陳氏啟明告余曰：「吾家本寒族，然自吾上世以來，知為善而不知為惡。吾父獲為善之報，嘗名堂曰『善樂』，吾父志也。今吾父既沒，吾敢不夙夜以戒，以敬承先人之志乎？於是求當時之能詩文者，以發揚其義，凡得詩若干首，然未有序以弁其端，願求一言以為規。」余聞其言乃歎曰：

陳氏一門，克有其善，可謂能責之於己，而不委責於天，其為善，不既實矣。夫惟其在於己者，實有是善，故在其心者，亦實有是樂，謂之善樂，不亦宜乎？視彼浸淫於聲色，酣酗於歌舞，取悅於耳目之好，得其外而不得其內者以為樂，其與陳氏之樂，相距豈不遼絕哉？矧余嘗登其堂，觀其子侄之繁衍，兄弟之怡怡，是皆善樂之征，而取獲於所可必者也。於是不辭而為之序，且以戒夫世之委責於不可必者云。

贈劉子相歸田序

士之抱一才一藝，將以求用於世、於進身之階，百計以求之，紆徐曲折，迎合遷就，必欲得之。苟得矣，則中心喜悅，誇眩於其妻子，驕傲於其里閭；其有不得，則其心恒戚戚然以恥。士之求利達者類如此，其去古之人遠矣哉！古之君子，其仕也以道，懷藏仁義，取足於己。其上者，必俟乎人君而致敬盡禮，然後出而仕；其次則必公卿大夫聞其賢，舉而用之，然後起。然猶有高世絕俗，輕視富貴，長往而不來者，雖萬乘之尊，不得以屈之，其亦異乎今之所謂士也。嗟乎！奔競之風生，而廉恥之道息。其要豈非洈涊自售之徒，有以斨喪之也歟？今之取士非不嚴矣，然而卒不聞一人卓然於功名事業之間，彷彿於古之士者，豈盡今之人不如古之人哉？寧不以濫進之塗，開賢者恥而屏跡，親昵之私惑薦舉者，忽而鮮擇歟？今之用人，欲得賢者，必考其德行及其才藝，詢之於鄉黨，察之於州閭，眾咸曰賢，然後試之。試其果賢，然後用之。如此，則奔競之風可息，而自售之塗可塞矣。每於此與二三友朋莫不痛惜而熟講之，然未足以拯其弊，竊歎廉退之風，不得而作也。

　　鄉先生劉君子相，以長沙文學薦舉來京師，與余相見。觀其無一毫仕進意，余甚疑之，以為子相窮經力行，將以致用。今其出也，適當斯時，而其志乃若此，非余所能知也。未幾，試於翰林，一不偶，即辭老以歸，絕無顧惜留戀之意。其視夫紆徐曲折、迎合遷就者，大不侔矣。人之知子相者，咸曰：「以子相之學，乃足以為人師表。」然而卒不合者，豈非命歟？子相曰：「吾老矣，血氣衰矣，吾尚何心以求祿仕哉？得之不得，吾何較焉？」乃抗手而別，其志亦異夫尋常之所為矣。於是，士君子咸高其行，賦詩以餞之，屬余序其首。余因書此，以贈其歸。

贈巴典史歸任序

　　京師，天下之都會也。四方遠近之人，日萃於茲。於凡有司之能否、政事之得失、善惡美刺，交接乎耳，若睹乎目，未有是之親且切也。故聞一賢者，弗以位之崇庳，士大夫交口而譽之，稱之於公卿，誇之於同列，惟恐人不知其善；聞一不賢者，則交口而嫉之，訴之於公卿，揚之於同列，惟恐人不知其惡。是以賢者之名益彰，而不肖者之名益損。嗟乎！人之賢否，關乎世之好惡者如是，有民社者，盍知所省懼哉！

　　余居京師，於人之賢否，亦樂稱道誇揚之。每聞泰和主簿永嘉吳勝祖之賢，士大夫稱其仁厚廉公，明辨果斷，民咸戴之。既而以疾卒於官，舉邑哀慕，余亦為之痛惜。又聞其典史巴氏壽山之為人，和厚平易，克有所守，菜羹糲食，處之裕如。其贊縣政，以愛民為務，每涖事，未嘗施鞭箠，事亦不勞而舉。稱道之者，往往如出一口。故聞之者咸惜其賢，憫其居下位而弗克以盡其才也。今年春，督運來京師，於是嘗聞壽山者，咸曰：「昔聞其人，今得其實。」觀其怯然一布衣，殆與昔之所聞者不異，其為人果賢也哉！夫人於富貴利達，求足於己者為易得，而欲其名聲稱揚於士大夫之間者，為難得。且壽山一典史耳，以官論之，則至庳而能卓然自守，乃遂得譽於公卿間，夫豈易也哉？觀夫言與行違，名浮於實，欺誑於一時，而貽虐於生民者，位非弗崇，反不能若是，為士大夫之所唾棄，其視壽山能無愧乎？是以不可不慎也。

　　壽山，徽之歙縣人。曩以國子生除今官。當言路者，廉察今之典史，將必有超拔之舉。余知壽山，亦必不久於是任矣。今蹍事將歸西昌，仕於朝者，合諸士大夫賦詩以餞之，徵余言為之序。余因書此以贈之，且以規於凡有政事者。

贈王都督往鎮雲南序

古之善交者，不以窮達易其心，不以患難改其操。惟視夫義之所在，雖死而不避者，若管、鮑、陳、雷是已。其人雖已遠，而其風足以使人興起，要其所為，實曠世之所罕有，故人人喜稱而樂道之。世俗之輕交也，其來久矣。雖翟公猶不能免於一死生、一貧賤之歎，況其他乎？孔子稱晏平仲善能與人交，當是時，賢者固多，孔子獨稱晏子之善交者，以見夫世俗之偷，而人之篤是道者鮮矣。夫道有污隆，俗有升降，孰謂今之善交者，不如古之人乎？若都督王公思忠、徐公子安可以觀矣。

二公垂髫交，志同道合，誓相死生而不改易，非惟見之空言，而實見之於所行也。徐公嘗厄於難，王公以身保之，極言犯死不顧。所謂死生之交者，於斯見矣。管、鮑、陳、雷，尚何多哉！昔王晉公以百口明符彥卿，無他，世謂晉公有陰德，以致子孫之顯融。今王公之於徐公，雖其素交之深篤，非彥卿之事可擬，蓋忠厚之風，有同於先烈者歟！然雖不能因言而免其家禍，當時孰肯伸一語以自處於嫌疑之際乎？是蓋人所難為，而王公能之，亦曠世之所罕，較之於古，夫何歎哉！

今王公承天子命，往鎮於雲南。徐公若有所不忍於別者，乃道其平生交友之誼，來干予言，以為贈。夫雲南邊陲之地，負固阻險，服從最後。太祖高皇帝平定之初，即命重臣以鎮之，於今二十餘年，畏威懷德，弗敢有違。今天子嗣登太寶，撫念黎庶，無間遠邇，一視同仁。故重選人以鎮茲土，王公適膺是寄。夫宣上德而達下情者，臣之職也。今王公為天子重臣，其必能體皇上憂，勤四海之心，以綏靖一方，使九重宵旰無西南之憂。遐陬僻壤，沾雍熙之化，則公之是行也，不在干戈驅迫之間，而在安輯教道之耳。公宜夙夜匪懈，以副皇上圖治之心。然公急義人也，其於交友之誼，尚篤如此，而況於君命乎？徐公曰：「然」。請書以為贈。

贈行人楊渤使安南序

聖天子即位之初，仁恩溥博，旁及無外。四夷異域，仰承德化，畢獻方物，惟恐或後。乃永樂元年，安南遣陪臣奉表來貢。聖天子嘉遠人慕義，於是命使臣往諭焉，而行人楊渤實膺是命。戒行有期，京華之大夫士多賦詩以餞之，中書舍人吳某俾為之序。

夫安南居南荒萬里外，我太祖高皇帝混一宇內，奉職來朝，修其禮物，逾

三十年，罔敢或怠。而朝使往來，宣布德意，亦比比焉。然而克共其職，不辱君命，見諸紀載者，每有其人，至今猶能使人起敬。為使臣者，其可不思，所以自勵乎哉！

余觀古之詩人，詠歌使臣者，有曰：「每懷靡及。夫宣上德而達下情者，使臣之職也。」苟有每懷靡及之心，則於其職分，豈有不盡？夫君之德，猶天也，天不能遺物，必假四時，以成歲功；君不能遍布其言，必命使臣，以宣通德澤。為使臣者，詎可忽乎？然渤當將命遍於四方矣，其言語行事，素所練習。今是行也，益當展其所蘊，以誕敷聖天子之休命，俾遠人漸濡聲教，達於禮分，以明夫綱常之義者，渤之責也。遂書以為序。

贈周貳守復任序

古之善為政者，不必求赫赫之聲、籍籍之譽，惟勉夫所行之實而已。為政者，徇夫赫赫之聲、籍籍之譽，苟使得之，而過於其實，如王龍之於并州，何益之有？其所行誠有實，惠及於民，雖夫赫赫之聲、籍籍之譽，庸何病焉？古之善觀人者，亦必不於彼而於此也。夫聲譽未必無也，要必合乎人心之公，非違道以干之，自然而得之者，然後為君子之善治乎？世不知此，為政者，或專事以緣飾；觀人者，或取之為重輕。苟有學古行道之君子，則亦何以自見哉？昔歐陽文忠公承包孝肅公尹開封，公不事風采，無赫赫之聲，或以為言，公曰：「人材性各有所長短，捨其所長，強其所短，以徇人求譽，我不能也。」既而大治。君子於此，孰不稱道而歎慕之，謂公之善為政也。嗚呼！以歐陽公之所為，當時之言者，尚如此，矧夫今之為政者哉！盧陵，江右文獻之郡也。凡為政於是者，苟非其人，未有不即得毀，而能有譽者鮮矣。

富順周侯均福來佐是郡，與太守金華朱侯恊力一心，撫字丞庶，興利而去弊，修廢墮而振綱紀，孱弱者，得其所；奸慝者，不得作。郡之人，無老少，咸嘖曰：「侯，吾父母也。寒能衣我，饑能食我，勞能逸我，使我亡飢寒困苦者，侯之惠也。」其不求赫赫之聲，而得夫籍籍之譽，夫豈偶然哉？且人譽侯者若此，余則以為不在於是。自侯下車，佐守出令，政不苛察，善祀鬼神，三年怪雨盲風不作，五穀蕃稔，民皆樂業。境內熙熙，有古循良之風。於此則可以驗侯之為政，與及民之實惠也。昔之觀人者，入其境，田野闢，道路修，而其賢否已瞭然。苟有使者如范延貴之過境，則侯之所為，又何籍乎？人之譽乎？有公卿如張復之之求賢，則侯亦將如張希顏如之獲升矣。惜觀賢察能者，

異乎是。

　　侯來考課於天官，績稱為最。將歸於郡，凡廬陵之士，喜侯之重惠於是邦，咸賦詩以餞之，徵余言序其簡首。余知侯為深，故獨舉其實，又嘉與士大夫道之，然非所謂譽也。侯學古而行道，樂與賢者講明夫仁義之美，知夫譽者非侯之意，故特書此，以贈之。

一視同仁堂詩序

　　京口王從善氏，以醫名家，尤長於針灸，受其濟者頗多。郡太守楊侯遵以「一視同仁」名其齋，靖江郡王書四字以與之。前太常少卿高公遜志為之記，而士大夫多賦詠之。然未有序，因友人張某求余序其簡首。余雖弗及交於從善，知其為尚德之士者歟！某致其言懇悃，姑不可辭。

　　先儒謂，仁者，天地生物之心，人得之最先者也。仁者，視萬物猶一體，莫非己也。醫家者流，本以活人為務，其所為庶幾乎仁也。夫人之有疾，非特痛害於其體膚，抑且死亡以之。故為醫者，不可不慎。存夫閔恤之心，以拯夫人之阽危也。近世之弊，苟利之徒挾伎以攘人之貨財，人有疾不即愈之，反投劑以甚其疾痛，使人求之愈急，而己愈緩，不如是不足以得利之多也。及得利，然後以一劑愈之，則疾痛者之受其苦已多矣。噫！此其不仁甚矣。

　　從善獨異於是。常積善樂，遇有求者，則即與之，未嘗有一毫計利心。凡人有疾，甚若己，有人獲其惠者，眾名其齋曰一視同仁，夫豈過情哉？昔柳子稱宋清之樂施，為清之言曰：「取利遠而獲報厚」。蓋不求於眾人，而或在於一人。從善之所施，無間於富貴貧賤，其均無所望於報，豈不尤賢於清者乎？柳子謂清居市而不為市之道，以諷當時之人，然未嘗以仁許之。今從善得以仁見許於人者，其賢於清遠矣。由是推而行之，達乎天下之理，夫豈遠於仁哉？

濂溪遺愛亭詩序

　　濂溪周子繼百世之絕學，開萬世之堙塞。其道學之傳，學者當如飲食布帛，不可一時而捨也。今之士，苟有志於聖賢之學者，弗由其言，則不能以探夫聖賢之隩，鮮克因其語而悟其心也。余嘗讀《愛蓮說》，觀周子心遊於道，若無與於物，乃有取於蓮者，以其「出淤泥而不染，濯清漣而不妖，中通外直，不蔓不枝，香遠益清，亭亭淨植，可遠觀而不可褻玩焉。」且謂蓮，花之君子也。余謂周子豈真愛蓮哉？特愛夫君子之人而有以取於蓮也。故曰：同予愛者何人，蓋深有望於將來者乎。

雷州劉成章氏，好學之士也。始由太學生仕為延平之沙縣丞。嘗於其公廨之前植蓮一池，構亭其上，日玩遊於中。間誦周子《愛蓮說》，因其語而得其心，乃曰：「此濂溪之遺愛也」。遂以名其亭。其心之所得意者，必有以契乎言意之表，非拘拘於愛蓮而已也，愛乎周子之道也。夫舉近以見遠，即此以知彼，苟非善學之士，有所不能。成章，其可謂善學者歟？其有得於周子之道者歟？夫以蓮之愛，成章既有以同於周子，安知於道之愛，其有不同於周子者乎？雖然，周子之道，天下之通道也，非一人所得而私。至其著圖以闡陰陽之秘，作書以發精義之蘊，成章必能先得余所未得，余將因是而質焉。

成章來京師，將士答夫為之賦詠者詩，凡若干首，介中書舍人吳某求余言，以敘其端，故為之說如此云。

送鄒全州敘

自古守令以久住為美，以驛更數易為弊也。夫守令，民之師帥。凡任夫一州一邑之責者，一州一邑之民情物態與其利病，務必周知，然後能興其利而去其害。夫環數百里而為邑，民情物態與其利病，豈能即周知之？必俟久而後可見。

我太祖皇帝深察乎此，一灑先代之弊，故守令之任，率以九載三考，而觀其殿最，然後為之黜陟，著為令。蓋唐虞三載考績，三考黜陟幽明之意。夫古法之不行於後世者，其來尚矣。往往治效不復三代之盛者，大要責任之速故也。是以官之去職，如遞傳捨；民之疲弊，勞於迎送。故官之視民，若與己不相干；而民之視其官，亦易易耳。由是上無及下之惠，下無敬上之心，上下之間，交相慢易，求其改治之復古，可得乎？要知，欲復乎三代之盛者，必久任然後為庶幾也。

全州守鄒君希南，守全之三年，來獻其績於天官，考稱為最，且復歸於全。全民之情弊，將能周知而悉舉也。夫全極湘楚之際，雜乎溪猺峒獠之間，其民情物態，似未易遽得而周知。鄒君治已三載矣，況今復臨之，周共民情物態，去其害而興其利，其政績之成，亦可以徵久任之得矣。

余知其重來，則全之民必相謂曰：「我父母其去我也。恐去我弗復歸於我邦，必有攀於轅、臥於轍以相留。」曰：「我父母，其終惠於我乎！」夫然後可以觀鄒君之政與民之情也。上下之間，寧有不孚也哉！夫政惠之可以及民者，惟守令為然。行一善政，則民即感；發一善令，則民即服。其餘雖貴為

公卿，有惠及民，而民鮮克知之。鄒君今歸矣，其嘉惠之及於全人者，可勝道哉！其亦全人之幸也。余將為鄒君賀，且以賀於全人。於其別，遂書此以贈之。

贈黃德修序

太學生延平黃德修，將歸省其親，其友王永年氏來干余言，以華其行。余與德修且嘗相知，又與其師陳仲全相知之舊，於其別豈可無言乎？延平，李先生之鄉也。其山川明秀，有九峰雙溪之勝。士生其間者，往往奇偉卓絕。德修生乎是鄉，蚤遊庠序，承先生長者之教，獲聞昔賢之緒論，故貢於太學，陞於上舍，有本者如此哉！今居太學三年，例得歸省，將必有以慰其親而榮於鄉邑者也。

夫士之承教於師者，將以行於己；形於家者，將以施於國，非苟為利祿而已。德修昔之學於鄉，固將有以施於國。今學於太學，其於施於國之道，既審且備矣。雖未及見於用，然其質已具，將無所施而不可。夫抱已具之質，歸以見其親，則其親詎不喜且慰曰：「子昔者學於鄉，所聞如是；今遊太學，所見如是。」而鄉邑之人咸相與誇異而稱詡之，則豈不足以為慰其親哉？雖然，此未足以為至也。德修異時才見於用，澤及於人，可以顯親揚名，夫然後足以慰悅其親者也。余重為德修期之，於其別，逐書此為贈。

送王壽州序

聖天子蒞祚，改元之初，加意圖治，屢下明詔，求賢審官。而人才之至者，必慎加遴選，試其才藝之高下，而擢任之。於是宜山尹王廷傑，適以考績來朝，命其歷試於刑科，以觀其能否。凡四閱月，眾咸稱之，遂超壽州守。將行，來徵言於余。

余嘗聞廷傑之尹宜山也，蒞事明敏，撫字循謹，民懷其惠。夫宜山遠處南荒絕徼之外，其民則猺獞獞獠，非一類也。其俗則頑獷暴戾，至難治也。喜則人從，怒則獸縱，往往叛服不常，出沒為寇，搶劫其弱，眾凌其寡。然非得良有司誘而治之，不猛不縱，羈縻遷就，不能致其貼然無事也。廷傑為治，蓋得是道，故能安其俗，民終其任，不為寇盜。於其既去也，而益思之，是皆可尚也已。今其知壽州也，余知其為政，將必有大於是者。

夫壽州邦幾千里之地，民淳俗厚，習於詩書禮義之教。廷傑撫而治之，如駕騏驥而馳於康莊之衢，益得以展其才俊，又非若宜山僻陋之比也。將見廷傑

之譽日廣而名益彰，異時朝廷考其績而超擢之，抑又不啻於斯矣。於其行，故以是期也。

贈彭主簿序

曾生慎來言於余曰：「慎之友某，好學而多能，先慎出以仕，今為宜倫主簿。宜倫在大海之南，俗至難治也。某治之若甚易，已歷三年，考來獻課於天官，且將歸於宜倫。慎與為友，敢求先生一言以贈之，且以勉其未至。」余與某無一日之雅，且將何辭以勖之？顧自求尚有弗暇，矧暇以言語勖人乎？以此屢辭於慎，而慎請益力，於是為之言曰：

古之仕者，非徒曰干祿取榮而已，要必利澤，可以及人，聲名足以傳後。世之苟利祿者，則不然，惟知貪慕富貴，而不知愛民之道，故身沒而名隨以泯。而視君子之澤遠名流者，蓋遼絕矣。

今某之主簿於宜倫者，其當以古之君子自期，毋曰簿之卑不足以盡其才，而僅酬答於簿書期會之下，于其遠且大者，忽而不究，此則不可。或但徇其名而不務其實，徒取誇眩於外，此又不可。惟當盡其在己者而已。蓋簿雖卑以任重，古者上自三公及御史府，下至九寺五監以至郡縣，皆有主簿，以鉤考簿書，非賢而有德者，不以任之。故仇覽為蒲亭長，王渙聞其以德化人，署為主簿。由是可見古之主簿，必得賢者為之。若所謂高士不為者，蓋御史府之主簿也。某尚勉之。余知枳棘非久棲矣，慎曰：「所言善矣，請書以贈之。」

贈裴太守之通州序

鴻臚少卿建寧汪景亨謂予曰：「山東裴某，曩嘗守吾郡，廉而不暴，不為赫赫之聲，而有籍籍之譽。既以事放歸田里，吾郡之人咸懷思之。未幾，以薦者復起為華州守。踰年，丁內艱去官。今服闋來朝，調知通州。戒行有日，凡交遊者咸賦詩餞之，欲求執事一言，以弁其首。」予與某雖未獲一識面，以知其為人之果賢否也。然景亨信實之士，其言不浮，足有可徵，乃不辭而為序。

夫人之為政，不必求知於人，而常揆之於心。於心苟無所歉，而人之知不知，蓋不足恤也。不求知於人而人知之，則其譽毀一皆出於至公，而非有偏好惡之私也。某守建寧時，距今已六七年，今建寧之士大夫尚懷之，如此是不求知而人知之也，於是可以徵其為政矣。今其知通州也，移其治建寧之政，以加於彼。予知通州之人士將必愛之者，又有甚於建寧焉。無患乎人知之者，不如建寧也。

余聖天子統馭華夏，憂念黎元，宵旰孜孜，每詔銓曹，嚴擇守令，又責天下風憲，考核治效，凡有郡縣之寄者，咸當勉力，以副上心。況某歷任郡長、州伯，其於撫字之道，孰究於心，必不待督責懲勸，而自有所施為矣。通州自曩歲以來，民困兵戈，今幸蘇息，某宜加意撫摩之，俾生養，遂而衣食足，庶或可以少紓聖天子一方之憂。

湖西羅氏族譜序

永豐湖西羅氏，族大以蕃。當宋南渡時，以科第振拔者，先後相望。至於今，子弟守詩禮，不墜其家聲，信其積蘊之深，而流澤之長也。世所謂故家者，非謂其他也，為有禮義之訓，相承於悠久，以不覆墜於厥緒，又有譜以著其世澤之所從來者也。或者不知，以為其他子孫守之有餘，無事乎是，往往見嗤詆於佩仁服義者。及今視之，則其子孫弗守，門第移易，亦有荒基斷礎，漠然於寒煙野草之間，為行道之所諮嗟。噫！是向之所恃者，誠不足道，夫然後知仁義之懿為可貴也。

國子學錄師程，克紹其家世，其心唯恐弗遠，拳拳焉以修其家譜。以為譜者，著世族之所由來，盛衰離合，於此乎繫，有不可以闕焉者。故序其世次，則顯微者無不錄；疏其派別，則幽遠者無不存。而又求當時大夫士以表揚之，欲以垂示於後世，其用心亦仁矣。間來徵余言為敘，姑書此於篇末，將以告於羅氏之來者，俾益有所勵焉。嗚呼！世之觀羅氏之譜者，烏得不油然而有感於斯。

蕭氏族譜序■■■■■〔註1〕

族譜之作，非所以彰榮耀而示誇詡也，蓋以隆孝悌，美教化而善風俗者也。夫聚一族而處，有親者焉，有疏者焉。親者有服，而疏者無服。有服者，其聚處歡洽，孝悌慈愛之情，有不待於感發而動。若夫無服者，亦若是不敢有所違者，有義存焉耳。夫一族必有長，凡有事而必以告焉者，義也。有不告焉者，必群處而誚讓之。故人獨恥蒙不義之名，樂然於孝悌之歸。由是親其親，長其長，幼其幼，動必以義。少而孤寒者，不患無所字；老而貧匱者，不患無所恤。不義不悌之習，漠然而無也。然則族譜之功於世道者，夫豈少哉！

吾鄉多大族，而倚富蕭氏為著姓。自南唐御史大夫儼來居之，歷至於今，

〔註 1〕此處被塗抹遮擋 5 字。

數百餘年，而蕃盛不衰。若然者，其積之有本也歟？今其裔孫曰時選、時徽伯仲，將其家譜續而廣之，辨其親疏，序其長幼，定其尊卑。親而遠，疏而近，不以遠近而間其親疏也。其長而貧，幼而富，不以貧富而紊其長幼也。其尊而少，卑而老，不以少老而失其尊卑也。秩然禮分之宜而不亂，故足以示法於其鄉黨鄰里，而成其風俗之美，而先王六行之教，於是乎在矣。夫世之悖慢凌厲，虧骨肉之恩，違孝悌之道，鮮為人之所容。其視蕭氏之譜，能不有所感乎？蕭氏之子孫，其必鮮有犯是名者。其一有犯是名者，將必不容於其鄰里鄉黨，矧於其族者乎。時徽曰：「然」。請書為序，將歸以告於族之人，庶幾有所勉，亦以勖諸來者。

贈王司訓往教會昌序

余外兄王所存氏，幼失怙恃，家貧孑然無所依。間往來余家，不與群兒戲，獨喜與予談論終日，未嘗及世俗事。每見人讀書，欣然好之。然無資可致書籍，偶得朱文公四書，晝夜誦不離口，雖負荷亦攜行以閱。一旦掩熟，背誦如流，已通其大義，其精微未領其要。乃慨然曰：「雖熟其辭，未造其奧，徒熟無益也。」於是差谷日齋，沐浴焚香，告於其先人，欲求師以究其指歸。矢學不成不已，遂往郡學謁謝易菴先生。先生憫其勤，悉以其說告之。即守其師說，以躬修實踐為務，靡有少怠。先生並授以《詩經》，教之習舉子業，由是棄置家事，不以經心，雖隆冬盛暑不暫休。遇歲大比，輒邀遊場屋，與多士較藝。其為文，理暢辭質，不合於有司。故每不捷，退則愈加磨礪，恬然不以得失為意。然尤好義，凡人有急，力可為者，皆身任之，不辭於物。視非所有者不苟取。嘗以公誼服其鄉人，宗族長幼咸信而稱之。故其行誼日著，交遊莫不愛重之。

今年夏，虔之會昌遣書幣走聘，為其鄉校弟子員師，來就試於京。余時承乏翰林，與相見，未嘗一言及榮利，但曰：「就試已非也，隨所有而應之，利不利有命，不可違命以圖僥倖耳。」

余觀其言，則其志之誠而守之確，其所得者益多矣。既而試，合式入選，將歸於會昌，中書舍人徐君崇威合凡相知者，各賦詩為贈，且以序屬余。余故道其所行之實，以冠諸卷端，非以為佞也，蓋以張其美，亦固以見夫世之所尚者，有不在於其外者歟？由是推其所得，以施於會昌，使其學者知去浮華而務實踐，必於茲行，余將有望焉。尚勖之哉！

秋闈小錄後序■■■■■〔註2〕

人才之興，關乎氣運也。氣運盛則人才盛；人才盛，故治道隆。此古昔盛時，致雍熙泰和之治者，若唐虞之百僚師師，成周之思皇，多士可見已。然盛治之時，賢才之眾，雖曰氣運所關，要亦必在於教養造就之耳。

我太祖聖神文武、欽明啟運、后德成功、統天大孝高皇帝，以上聖之資，受天明命，奄有四海，為億兆之君師，制禮作樂，身致太平，興崇學校，養育人才，一道德而同風俗。雖遐荒僻壤，咸化其習。四十餘年之間，鈞陶士類，大以成大，小以成小。每三歲大比，登其道德明秀、才藝精敏者而任使之。故領政要，總出納，典風紀，司獻替，及夫方伯郡守之職，州牧邑宰之寄，咸於是乎選。得人之盛，萬古為盛。

噫！龍興而雲從，虎嘯而風生，物固以類而相感。況乎聖人在上，時亨道泰，諸福駢集，而人才之出，豈有不盛也哉！矧夫教養造就之功，如此其至乎！所以德被黎元，祚錫後嗣。肆我皇上誕膺隆眷，克集茂勳，秉義持仁，肅清內難，入正大寶，纘述舊章，懷保萬方，紹開文治，育才造士之功，視昔一轍。而士之際遇明時，叨蒙樂育，咸相慶幸，莫不欲爭先快睹也。

洪武三十五年秋，適當大比，有司以期逼，奏以明年補試，皇上可知。永樂改元之秋，京畿當試，禮聘四方耆儒碩士，以司選校，而典文衡者循舊制，奏取於翰林。皇上遂命學士臣王景、侍讀臣胡廣以往。受命以來，夙夜祗懼，顧惟猥陋弗堪，至期入院，合太學，畿甸才俊之士，凡千二百又奇，皆奔騰軒譽，奮飛鼓舞，抽其秘思，吐其華藻，獻藝於文翰之場，簡撥之力，不敢不精，以稱乎皇上取士之意也。乃選其優者三百人，將刻其姓字郡邑及所為之文，以為小錄，監試御史，暨京府官僚，咸俾為序。自古風氣之開、人才之盛，固由乎聖人在上，亦本乎作興之功。唐虞然矣，而文王作人之功，見於歌詠者尤著。夫有作於前，必有以繼於後。文王既作人矣，有武王成康以繼之，故有周之士獨盛。

今國家養士，我太祖教育於先，皇上作新於後，人才之盛，與有周比，隆士之超擢於今日者，匪唯聘其文辭，尤當砥礪其志行，他日陞於春官，入對太廷，行將有官守言責矣。當思其生也，有關乎氣運之盛為不偶，然必盡心於所事，以勉其德業，如唐虞成周之士，則於國家有無窮之休，於已有無窮之聞。

〔註2〕此處被塗抹遮擋5字。

苟為不然,惟窮科名以矜世眩俗,不以遠且大者自期,固非朝廷育才養士之意,亦非愚之所望於諸君子也。

送太學士黃先生詩序

永樂十年春二月丙辰,聖天子推錫仁恩,特賜在廷文臣誥命,光榮其身,以及其所生,幽明存沒,均被顯耀。受賜者凡十有四人,而廣亦忝在列。十四人中,有偏侍者,有永感者,而具慶者不過一二人,右春坊大學士,兼翰林侍讀黃淮宗豫其一焉。宗豫既受命,即走一介,迎其父思恭先生來京師,拜謝於闕廷。先生且至,服五品服,蒼顏華髮,神清氣和,步履康強,拜跽不倦。人皆歆羨其壽老,嗟其遭逢之盛也。先生居數月,有桑梓之思,宗豫不敢強其意,遂拜辭闕下而歸。於是凡與宗豫為僚友者,咸賦詩為餞,屬廣為之序。

竊惟人之仕也,莫不欲得其祿,以養其親者,亦莫不欲得榮名,以顯揚其親者,益有所難必也。如予輩之偏侍永感者,雖抑荷聖天子之寵,光祿足以養親而親不逮,榮名足以顯揚其親而親不見,深有慨夫二者之難得。先生父子,獨兼人之所難得者而得之,豈不重可慶乎?且以廣之菲才,承乏翰林,夙夜惴惴,惟恐惰墜。恒與同僚,切磨警勵,修其職業,以求無負於聖天子寵眷。思欲一聞父師之訓,有沒齒不可得之恨。而先生父子家庭之訓,必有出於橋梓天器之外者,而予輩不得以聞於此,故尤以羨於先生父子者也。

先生歸矣,奉五花之雲章,粲星辰於奎壁,光耀鄉閭,優游晚景,以樂太平之樂。時有嘉訓,以教令子,原無斳以相及。

梅氏族譜序

余郡之南關,有大學生梅君和丕,持其家譜至京,徵余言為弁。余觀其世系,出自北海殷梅伯後,歷傳至漢而生銷。銷為漢番君將,伐秦功大,封十萬戶侯,世襲祿位。自是族大嗣繁,散處江右。有貢捐別駕職曰吉先,世居豫章,自子若孫,詩書不絕,作求世德。傳至元末明初,有和勳、和丕、和樂兄弟,為吉先之耳孫,避難吉贛。和勳散居章貢,和丕散居吉州,和樂仍守豫章祖基。然和丕,余自弱冠時,在薌城山祖居處得交,時相往來。彼之為人,毫無吝嗇,喜讀書,愛飲酒,賓朋至家,殷勤追洽,有忠厚長者風,誠為有道之士也。故以譜諜屬余,所以不辭而為之言。

族譜之作,昭孝子仁人之念也。遠總前哲之芳徽,後啟嗣續之繁衍,且以著遠近,分親疏,別尊卑,序昭穆,非仁孝者,孰有志於此也?矧和丕又係先

世顯族，後屬流離播遷之遺，別宗室於數百里之外，接見時稀，會晤無期，不有譜諜以紹其傳，則世遠年堙，將何以明其遠近、親疏、尊卑、昭穆之倫，焉得不急急修葺乎？譜者慮子孫暌違遼遠，歸家無日，一旦浩然而有思歸之志，不知其本源之所自出，而先人之湮祀，不幾頓喪乎？後之為子孫者，可不因其流，以索其源，彝桑梓之居，以為歸宿之地，而有隰籜底根之詠哉？